Eine kulinarische
Entdeckungsreise

durch Thüringen
und das Eichsfeld

Micaela Seiferth-Wilde · Angela Liebich

Eine kulinarische Entdeckungsreise

durch Thüringen und das Eichsfeld

UMSCHAU :

INHALT

INHALT

THÜRINGEN

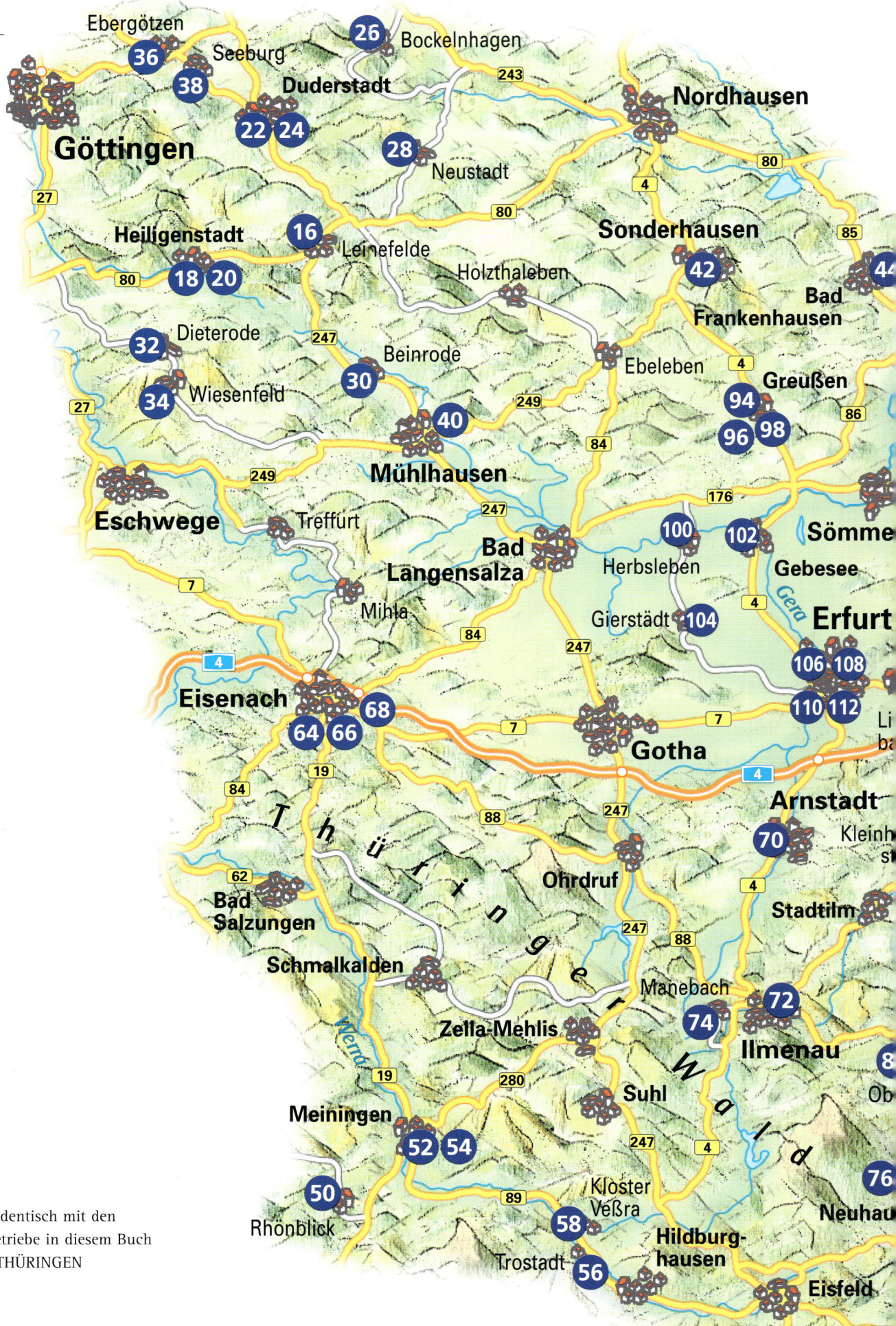

Die Zahlen in der Karte sind identisch mit den
Seitenzahlen der einzelnen Betriebe in diesem Buch
und bezeichnen ihre Lage in THÜRINGEN

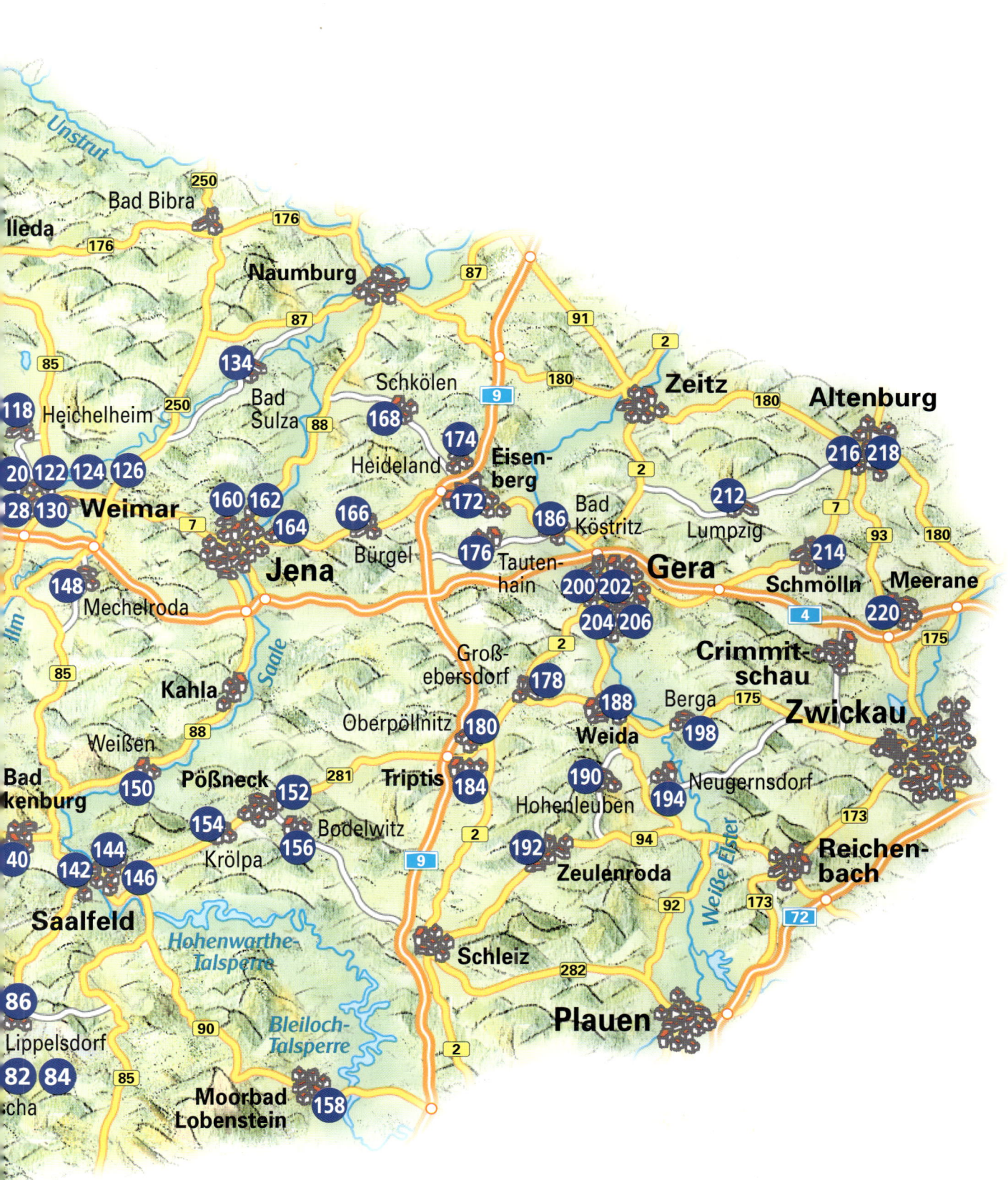

Unstrut

Illeda

Bad Bibra 250
176

176 85

Naumburg

87
87

134

Schkölen

Bad Sulza 250
88 168
Heideland 174
Eisenberg

91

9

2

180 Zeitz

180 Altenburg

216 218

118 Heichelheim

20 122 124 126
28 130 Weimar
7

160 162
164 166

Jena

Bürgel

172

176 Tautenhain

186 Bad Köstritz

Lumpzig 212

2

7

93 180

214

148

Mechelroda

200 202
204 206 Gera

Schmölln 220

Meerane

4

175

Kahla

Saale

Groß-ebersdorf

178

Crimmit-schau

Zwickau

Weißen 88

150

Pößneck 152 281 Triptis

Oberpöllnitz 180

184

188 Berga 175
Weida
190 198 194
Hohenleuben Neugernsdorf

173

Bad kenburg

154

Bodelwitz

2

192 Zeulenroda

94

Reichen-bach

40 144
142 146

156

Krölpa

9

173 72

Saalfeld

Hohenwarthe-Talsperre

Schleiz

282

92 Weiße Elster

86

Lippelsdorf

90 Bleiloch-Talsperre

2

Plauen

82 84

85

Moorbad Lobenstein 158

cha

DAS GRÜNE HERZ DEUTSCHLANDS

Wassermühle im Kloster Veßra

Duderstädter Schützenfest

„Wen Gott lieb hat, dem baut er ein Haus ein Thüringen." Nach mehr als achtwöchiger Recherchetour durch das „grüne Herz Deutschlands" hätten auch wir diesen Satz ausrufen können, hatten wir uns doch auf der langen Reise in so manches Eckchen des Landes verliebt. Doch Herzog Ernst I. von Sachsen-Altenburg ist uns – vor Jahrhunderten schon – zuvorgekommen. Nun denn, leihen wir uns ein Goethewort: „Thüringen ist ein Land, in dem es an einem Fleck viel Gutes gibt." Der größte Schatz ist seine Natur. Vom Altenburger Land hinüber ins Saale-Holzland, quer durch Thüringens Mitte und den Thüringer Wald bis hin in die Rhön und das Eichsfeld bietet sich dem Natursehnsüchtigen ein anrührendes Schauspiel in mehreren Akten, in dem sanfte Hügel und hohe Berge, tiefe Täler und romantische Flusslandschaften, dichte Wälder und grüne Höhenzüge, urwüchsige Borstgraswiesen und dunkle Moore die wechselnden Hauptdarsteller sind. In dieser Kulisse tummelten sich schon vor Jahrtausenden Kelten, Angeln, Warnen, Slawen, Hunnen und Hermunduren. Hier regierten Ludowinger und Wettiner, Reußen und Schwarzburger in derart vielen Linien, dass Thüringens Landkarte einst wie ein Flickenteppich aussah. Doch die auf die Spitze getriebene Kleinstaaterei begründete gleichzeitig auch den Ruf Thüringens als kulturelles und geistiges Zentrum. Politisch zur Bedeutungslosigkeit verurteilt, stürzten sich nämlich die Herrscher der zahlreichen Zwergfürstentümer auf die Förderung von Kunst und Kultur. Schlösser und Burgen – mit 400 an der Zahl dicht im Land gedrängt –, Bibliotheken und Theater, Kunstwerke und Baudenkmäler sind die Hinterlassenschaften, die bis heute Besucher aus aller Welt anziehen. Sie wandeln dann auch auf den Spuren jener Dichter, Denker und Künstler, die später von Thüringen aus ihre geistigen Impulse in die Welt sandten. Was wären wir

Traditionelle Handwerkskunst

ohne Meister Eckhard und Martin Luther? Was wäre
die europäische Literatur ohne Goethe und Schiller,
Herder und Wieland, die Musik ohne Johann Sebastian
Bach, Heinrich Schütz, Franz Liszt und Richard Strauß?
Zur großen Künstlerschaft und so verdienstvollen
Wissenschaftlern wie Carl Zeiss und Ernst Abbe ge-
sellten sich in Thüringen viele „kleine Künstler" wie
Griffel- und, Maskenmacher, Buckelapotheker und
Olitätenhändler, Töpfer und Glasbläser, Porzellan- und
Spielkartenmacher, Puppen- und Büchsenmacher, Tuch-
macher und Weber. Aber gleich, ob groß oder klein –
alle Menschen im Thüringer Land einte stets das Eine:
die Genussfreudigkeit bei Tische. Wurden die Tafeln
früher allerdings eher karg gedeckt, weil oft Schmalhans
Küchenmeister war, servieren heute die Thüringer die
überlieferten, schlichten Gerichte als lecker abgewan-
delte und variantenreiche Köstlichkeiten. Das Spezia-
litätenquintett unter den Kulinarien: Thüringer Rostbratwurst, Thüringer Klöße, Thüringer Rostbrätl, Thüringer
Schlachtewurst und Thüringer Blechkuchen – nass oder
trocken, ganz wie es beliebt. Halten die Landsleute mit
Recht ihre kulinarischen Traditionen hoch, verzichten sie
doch gleichzeitig nicht auf Erfindungsreichtum. Fahren
Sie also hin ins „grüne Herz Deutschlands" und kosten
Sie, was die Thüringer aus ihren Hütes, Hebes und
Knöllas so alles zaubern, probieren Sie vom köstlichen
Wildbraten, vom pochierten Forellenfilet, von einheimi-
schen Bieren, Weinen und Likören, lassen Sie sich
Prophetenkuchen und Schmand auf der Zunge zergehen,
testen Sie die würzigen Ziegen- und Räucherkäse und
kommen Sie bloß nicht wieder, ohne vom Feldgieker,
Mutzbraten und Detscher gegessen zu haben!

Micaela Seiferth-Wilde und Angela Liebich

Rudolstadt

Das Kyffhäuser-Denkmal bei Bad Frankenhausen

Rimbach

Bildstock im Eichsfelder Land

Mingerode

Zu entdecken gibt es in der „buckligen Welt" des Eichsfeld und in Nordthüringen mit seinen Menschen, seiner Natur, Geschichte und Kultur wahrlich viel. Hier stößt man noch auf echte Geheimecken, ohne vom sonst üblichen Touristenrummel übermäßig belästigt zu werden. Landschaft und Kultur der aneinander grenzenden Regionen sind derart facettenreich, dass jedes Urlaubs-, Freizeit- und Herzensbedürfnis erfüllt werden kann. Neben den „geschenkten" Naturschönheiten, die es

hier gibt, wie den bewaldeten Muschelkalkflächen, den Buchenwäldern im Hainich, der Kulisse des Ohmgebirges, der hügeligen Hain- und Windleite sowie dem Kyffhäusergebirge sind es die über die Jahrhunderte von Menschenhand geschaffenen Hinterlassenschaften wie imposante Schlösser, stolze Burgen, erhabene Kirchen und stille Klöster, die das Eichsfeld und Nordthüringen zu einem Erlebnisort sondergleichen machen. Dazu kommen attraktive Ausflugsziele wie das europäische Brot-

museum in Ebergötzen, die mittelalterlichen Zentren von Duderstadt und Heiligenstadt, die idyllische Seenlandschaft rund um Seeburg, das Eichsfelder Heimatmuseum nahe des Heilbades Heiligenstadt, das Grenzlandmuseum in Teistungen, der „Bärenpark Worbis", das Erlebnisbergwerk in Sondershausen und Barbarossahöhle, Kyffhäuserdenkmal und Panoramamuseum mit Tübke-Riesenrundbild in Bad Frankenhausen. Einige der genannten Pilgerstätten sind von internationaler

St. Martin in Heiligenstadt

Bedeutung, so auch der Hainich. Das Naturparadies gilt als eines der größten geschlossenen Waldgebiete Mitteleuropas. 75 Quadratkilometer Buchenwald wurden 1998 innerhalb der Flächen des Naturparks Eichsfeld-Hainich-Werratal als erster Nationalpark Thüringens ausgewiesen. Das Areal ist reich an Biotopen und hält für den Naturfreund viele Möglichkeiten zur stillen Beobachtung der hier lebenden Pflanzen- und Tierwelt bereit. Stille Beobachtung und demütige Andacht lässt auch der alte Kaiser Barbarossa zu, der auf seiner längst verfallenen Burg im Kyffhäusergebirge in Stein gehauen, an einem Tisch schlafend auf den Tag seiner und des Reiches Wiederkehr zu warten scheint. Lebendiger geht es am Mittelpunkt der „Goldenen Mark" in Duderstadt zu, die als eine der schönsten Fachwerkstädte Deutschlands zu Recht die „Perle des Eichsfeldes" genannt wird. Der historische Stadtgrundriss ist seit mehr als 700 Jahren nahezu unverändert. Stolz überragen die Türme der St. Cyriakus- und der St. Servatius-Kirche die Straßen und Gassen der Stadt. In einmaliger Geschlossenheit reihen sich mehr als 550 farbenfrohe Fachwerkhäuser verschiedener Stilepochen harmo-

nisch aneinander. Das Rathaus, Wahrzeichen der Stadt, wurde bereits zu Beginn des 14. Jahrhunderts erbaut und vereint in seltener Harmonie Baustile von der Gotik bis zur Renaissance. Reizvolle Blickwinkel auf das historische Zentrum bieten sich dem Gast zudem bei einem Bummel über den Wall mit seinem Baumbestand aus bis zu 300 Jahre alten Linden und Kastanien. Der Wall gehört wie der Westerturm mit seinem eigenwillig gedrehten Helm und der restaurierten Stadtmauer zu einem ausgeklügelten mittelalterlichen Befestigungssystem. Und auch das von gleich drei Hallenkirchen geprägte Heiligenstadt nebenan ist der Entdeckung wert. Denn man kann hier den Spuren des berühmten Bildschnitzers Tilman Riemenschneider folgen und Theodor Storm nachspüren, der in Heiligenstadt lebte und über das Eichsfeld schrieb: „Ich weiß nicht, daß ich jemals von der zauberhaften Schönheit eines Erdfleckens so innerlich berührt worden wäre." Vielleicht ist der poesievolle Schreiber damals schon bei einem der fröhlichen Eichsfelder und Nordthüringer Feste dabei gewesen. Bis heute werden farbenfrohe Osterfeuer, schwungvolle Pfingsttänze sowie sinnenfreudige Kirmes-, Schloss-

und Brunnenfeste gefeiert. Neben diesen Spektakeln ziehen Jahr für Jahr die traditionellen Wallfahrten tausende Pilger ins Eichsfeld, das sie mit zahlreichen Wegkreuzen, Bildstöcken und kleinen Kapellen begrüßt. Am Abend, am Mittag oder am Morgen treffen sich alle Gäste in Landgasthöfen oder Burgküchen, nehmen Platz an rustikal oder festlich gedeckten Tafeln und genießen die würzig-aromatische Eichsfelder Küche. Dazu gehören unbedingt Braten vom Leineschaf-Fleisch, Eichsfelder Schmandkuchen sowie die in der Lehmkammer über Monate gereiften „Eichsfelder Feldgieker", „Stracke" oder „Eichsfelder Kälberblase". Für diese Spezialitäten wird handverlesenes Schweinefleisch nach alten Hausrezepten warm verarbeitet. Weißer Pfeffer, Koriander, Knoblauch und echter Nordhäuser Doppelkorn sind nur einige der dabei verwendeten Zutaten. Der Name „Feldgieker", so erzählt der Volksmund, stammt von dem Brauch, mit der vom Feld aus deutlich sichtbar aufgehängten Wurst den Lohn eines reichhaltigen Essens nach getaner Arbeit in Aussicht zu stellen. Keine Angst! Sie dürfen heute die Wurst auch genießen, ohne vorher eigenhändig pflügen zu müssen.

Meiningen

Meiningen

HVE EICHSFELD TOURISTIK

Eichsfelder in ihren Trachten vor Schloss Gieboldehausen

Figur der Justitia am Duderstädter Rathaus

HVE Eichsfeld Touristik

Bahnhofstraße 22
37327 Leinefelde

Telefon   0 36 05 – 50 36 60
Telefax   0 36 05 – 50 36 61

„. . . Man nehme eine vielfältige Landschaft in Deutschlands geografischer Mitte,
die zum Verweilen und Entdecken einlädt,
dazu malerische Souvenirs der Vergangen-
heit, die auf eine Jahrhunderte alte, das
Land und die Menschen prägende Geschichte verweisen, füge einen ganz eigenen Menschenschlag mit Charme und Humor, auf
den man sich verlassen kann, hinzu: weder
Niedersachsen noch Thüringer oder Hessen,
sondern eben echte Eichsfelder (sprich:
Eiksfelder), würze alles mit den Verlockun-
gen der Eichsfelder Küche ... und erhalte so
Eichsfeld-typische Rezepte für einen rundum gelungenen Urlaub". Was für ein Satz!
Doch eigentlich benennt die zwar ver-
schachtelte, aber dennoch knappe Botschaft,
die die Eichsfeld Touristik ins Land geschickt hat, bereits alle wesentlichen Trümpfe, mit der die einzigartige, zwischen Harz
und Werra gelegene Region besticht.
Natur und Kultur, Land und Leute lassen
sich dabei auf vielfältige Art und Weise
erkunden, auf landschaftlich romantisch-
verwunschenen Wegen und mit allen Sinnen: sehend, riechend, hörend, schmeckend
und fühlend. Die tiefste Verzauberung er-

lebt, wer dabei auf dem Fahrrad oder per
pedes unterwegs ist. Die Gemächlichkeit
der Bewegung erlaubt dann nämlich einen
längeren Blick auf die Schönheiten der wel-
ligen, oft engen Täler, in die sich idyllisch
schmucke Dörfer schmiegen, auf die bunten
Streuobstwiesen und sanften Hänge mit
Trockenrasen, auf die ausgedehnten Laub-
und Mischwälder, die sich besonders im
Frühjahr und Herbst in prachtvoller Farbigkeit zeigen, und auf die überall plätschern-
den Bäche und Flüsse, die dem Wanderer
erfrischende Kühlung versprechen.

Abwechslung fürs Auge bieten neben zahlreichen Burgen und Schlössern, Klöstern und Kapellen auch die hübschen Eichsfelder Städtchen wie Duderstadt oder Heiligenstadt, die mit ihren verwinkelten Gässchen und Fachwerkhäusern mit meisterhaften Schnitzereien, mit ihren prachtvollen Bürgerhäusern und imposanten Kirchen lauter spannende Geschichten aus der über 1100-jährigen Regionalhistorie nacherzählen. Hat man sich satt gesehen, kann man das Eichsfeld „erschnuppern", und zwar das ganze Jahr über. Besonders aber im Frühjahr, wenn auf den quer im Land verstreuten Streuobstwiesen die Knospen der Apfel- und Kirschbaumblüten knallen und ihr Duft über das Gras weht, wenn in vielköpfigen Herden die Leineschafe die Trockengrashänge durchstreifen oder wenn sich überall in den Kräutergärten der Region die wür-

zige Pflanzenpracht entfaltet. Die nuancenreichen Düfte von Flora und Fauna erfüllen das Eichsfeld von Nord nach Süd, von West nach Ost und sind besonders variantenreich zu erleben im Naturpark Eichsfeld-Hainich-Werratal, im Naturschutzgebiet Lengenberg, wo sich der größte Eibenwald Europas befindet, oder im Heinz-Sielmann-Naturerlebniszentrum. Und sie liegen auch in der Luft, wenn die fürs Eichsfeld typischen Brauchtumsfeste und Wallfahrten stattfinden, wie die für Deutschland einmalige szenische Leidensprozession am Palmsonntag in

Hergotts- und Madonnenschnitzer

Heiligenstadt oder die so genannte Pferdewallfahrt zur Kapelle Etzelsbach. Die appetitlichsten Duftnoten aber steigen jenem in die Nase, der die bodenständige Eichsfelder Küche genießt. Lust am Schmecken und Riechen bereiten vor allem die typischen Wurst- und Schlachtspezialitäten wie Feldkieker, Kälberblase und Lammbraten, der berühmte Eichsfelder Koch-, Streich- und Schnittkäse, die kräftigen Brote, die saftigen Kuchen, die würzigen Biere und das für mich Leckerste von allem – der Eichsfelder Schmand. Die „Eichsfelder Küchengeschichten" hat der Heimat- und Verkehrsverband Eichsfeld in einem gleichnamigen, reich illustrierten und kenntnisreich erzählten Buch zusammengefasst und herausgegeben. Bei der vergnüglichen Lektüre erfährt der geneigte Leser, warum eine Gans so lange

Im Kurpark von Heiligenstadt

im Ofen garen muss, wie lange der Kirchgang dauert oder wieso in früheren Zeiten auf einer Eichsfelder Hochzeit der eine Gast ein größeres Stück Schmandkuchen bekam als der andere. Heute dagegen wird im Eichsfeld jedermann reichlich mit leckersten Speisen und feinen Weinen in Gasthöfen und Restaurants, in Kneipen und Wirtsstuben verwöhnt. Die Schätze der Natur und Kultur sowie den Charme der Eichsfelder Leute gibt's ganz ohne Aufpreis dazu.

Die Teufelskanzel

Burg Hanstein

Erstkommunion in Heiligenstadt

HOTEL „NORDDEUTSCHER BUND"

Hotel „Norddeutscher Bund"

Familie Kaufhold
Göttinger Straße 25
37308 Heiligenstadt

Telefon   0 36 06 - 5 53 00
Telefax   0 36 06 - 55 30 30

Ruhetag: Heiligabend

$\mathcal{F}$ern der Heimat und doch zu Haus darf sich der das idyllische Eichsfeld durchwandernde Urlauber im Hotel „Norddeutscher Bund" fühlen. Und auch viele, die einst vom Eichsfeld auszogen, um die Welt zu erobern, und immer mal wieder einen Abstecher zurückmachen, betrachten das Hotel als ein Stück Heimat. Die Einkehrenden genießen neben der guten Küche die ideale Lage der gastlichen Herberge inmitten der schönen Altstadt und die traute Nachbarschaft zum reizvollen Kurpark des Heilbades. Von hier aus kann man am Abend noch „um die Häuser ziehen", ohne sich all zu weit vom erholsamen Nachtlager zu entfernen. Darüber hinaus ist die Mitte von Heiligenstadt ein guter Ausgangsort für Kurztouren in die reich von der Natur beschenkte Umgebung.

Man kann natürlich auch „zu Hause" bleiben, das Hotel bietet dafür alle Annehmlichkeiten. Für den angenehmen Aufenthalt und die familiäre Atmosphäre im Haus sorgen seit 1990 Elke und Stephen Kaufhold. Das Haus, in dem sie wirken, ist allerdings wesentlich älteren Datums, es wurde bereits

1855 als Gasthof & Fleischerei eröffnet. Den uns heute merkwürdig erscheinenden Namen verdankt das Hotel der „patriotischen Bekundung" seiner damaligen Besitzer: „Norddeutscher Bund" bezieht sich auf den politischen Zusammenschluss der deutschen Nordstaaten vor der Reichseinigung durch Bismarck. Aber keine Sorge, die Sprödigkeit der Bezeichnung setzt sich im Inneren des Hauses nicht fort, im Gegenteil. Nach umfassender und detailgetreuer Restaurierung zeigt sich das Fachwerkgebäude außen hübsch und innen urgemütlich. Zwölf geschmackvoll eingerichtete Doppel- und neun Einzelzimmer stehen den Besuchern frei. Gespeist wird im fein eingedeckten und mit frischen Wiesenblumen dekorierten Restaurant, das mit seinen pastell-lindgrünen Wänden, den stoffbezogenen Rundecken und dunkelgrün umrahmten Eichsfelder Landschaftsmalereien von Heinz Heinlein wie ein großes Wohn-

zimmer wirkt. Hübsch sind auch Terrasse und Wintergarten, dessen Helligkeit und Transparenz ausstrahlendes Interieur von viel Holz, Glas und Grün bestimmt wird. Das natürliche, ungekünstelte Ambiente wird durch ein Küchenkonzept abgerundet, das sich ebenfalls authentisch zeigt. „Man nehme die besten Zutaten der Region, so frisch wie möglich aus unserer rauen Höhenlage und belasse ihnen bei der Zubereitung ihre Eigenart", so lautet die Überschrift, die gleichzeitig den Inhalt umschreibt. Aufgetafelt werden vor allem Eichsfelder

Spezialitäten, deren deftige Zutaten aus der hauseigenen Metzgerei der Kaufholds kommen. Dort werden Wurst und Fleisch, wie es in der Region Usus ist, warm verarbeitet, und in der Reifekammer gedeihen nach Familienrezeptur zubereitete Feldkieker und mit viel Knoblauch gewürzte Leberwürste. Diese sind, auf dem „Knatschbrett" mit Blutwurst und Nordhäuser Doppelkorn oder einem

Leichte Variation vom Eisbeinfleisch mit jungem Lauch und Gartenkresse an Kartoffelschnee

Zutaten

600 g kl. Kartoffeln
200 g Lauchzwiebeln (nur das Weiße)
200 g Porree (nur das weiße)
4 Eisbeine (vom Metzger gepökelt)
(à 800 g)
2 El Olivenöl
30 g Butter
200 ml Rinderfond
Salz, Pfeffer
gemahlener Chili
2 Schalen Gartenkresse

Eichsfelder Gebirgsenzian serviert, bei den Gästen sehr beliebt. Regional typisch, aber nur im „Norddeutschen Bund" so lecker, zeigen sich auch der „Kutscherteller", das Eisbeinfleisch mit jungem Lauch und Gartenkresse an Kartoffelschnee, der „Pfaffentiegel", die Eichsfelder Garwurst – eine Blutwurstspezialität aus eigener Fleischerei – auf Bratkartoffel-Bohnenpfanne mit zwei Spiegeleiern bedeckt sowie „Stadtkämmerers Lämmerei", ein zart rosa gebratener Lammrücken (aus dem im Eichsfeld bekannten „Sieberschen Schafstall") unter einer würzigen Kräuterkruste auf geschmortem Sommergemüse mit frischen Kartoffelklößchen.

Passend dazu kredenzen die Hausherren ein herbes Bier, aber auch Saale / Unstrut sowie internationale Weine. Für Weingourmets lagern zudem im Gewölbekeller, in dem auch gesellige und von Kulinarien umrahmte Verkostungsabende stattfinden, so feine Tropfen wie der rassige 2001er Gavi di Gavi (für den Wirt der beste Weißwein aus dem Piemont) oder ein kraftvoller roter 1997er Barolo DOCG-Collezione Marchesini. Trinken Sie ein Gläschen, tafeln Sie genussvoll und schlafen Sie gut – dann kann es passieren, dass die ferne Heimat auf einmal ganz nah erscheint!

Zubereitung

Die gepökelten Eisbeine kochen, bis Schwarte und Knochen sich leicht abtrennen lassen. Dann beiseite stellen und warm halten. Kartoffeln schälen und weich kochen. Den Porree in 2 cm dicke Scheiben und den Lauch in 3–4 cm lange Stücke schneiden, in Olivenöl kurz anbraten, nicht zu braun werden lassen, herausnehmen und beiseite stellen. Butter in der Pfanne erhitzen. Das magere Muskelfleisch vom Eisbein in 3–4 cm große Stücke schneiden, in der Butter mit dem Lauch schwenken, mit Salz, Pfeffer und Chili würzen. Danach alles mit der Rinderbrühe auffüllen und einkochen lassen. Die gekochten Kartoffeln durch eine Spätzle-Presse auf dem Teller locker wie Schnee anrichten, mit dem Ragout vom Eisbeinfleisch und Lauch umlegen, mit reichlich Gartenkresse bestreuen.

L'ARENA

L'Arena

Irlana Morandin & Gioachino Barp
Wilhelmstraße 39
37308 Heiligenstadt

Telefon   0 36 06 - 60 04 30
Telefax   0 36 06 - 60 19 26

Was für Namen! Venezia, Belluno, Irlana und Gioachino – wer da kein Fernweh bekommt, gehört sicher nicht zum Gästekreis des Eiscafés „L'Arena" in Heiligenstadt. Irlana Morandin, die Chefin des süßen, in Versuchung führenden Etablissements, stammt aus der Region Veneto ebenso wie ihr Geschäftspartner Gioachino Barp. Beide betreiben den „Eis-Cultur-Salon" im Fußgängerboulevard des im Eichsfeld gelegenen Heilbades seit dem 9. 9. 1999. Der Name „L'Arena" ist bewusst gewählt und zitiert „L'Arena di Verona" – ein berühmtes Amphitheater der römischen Zeit, das in der Region Veneto in Verona zu finden ist. Die Hausherren haben es nicht bei dem beziehungsreichen Namen belassen, sondern auch ein architektonisches Bild dafür geschaffen: den imposanten, als breites Halbrondell angelegten Treppenaufgang, über den man ins Innere des Cafés gelangt. Oben angekommen nimmt man Platz und kann von dieser „Pole Position" aus das

Treiben in der Fußgängerzone ohne Bildstörung verfolgen. Abgelenkt wird man dabei auch nicht durch überflüssigen Schnick-Schnack in der Einrichtung – das Café ist sparsam dekoriert und weiträumig wie eine italienische Piazza. Sofas und gepolstertes Gestühl erlauben ein bequemes Zurücklehnen. Die Krönung des Ganzen aber sind die Eisspezialitäten, in deren Erfindung und Zubereitung die Italiener bekanntermaßen seit mehr als 200 Jahren wahre Meister sind. Zur Meisterschaft kommt im „L'Arena" noch die Kreativität der beiden Inhaber. Über allem steht die Philosophie des Hauses, die Tradition und Sicherheit bei der Eisherstellung in sich vereint und die eigene kulturelle Identität in ihrer facettenreichen Erscheinung im Ausland – konkret im idyllisch-ländlichen Eichsfeld – zur genussvollen Bereicherung der Einwohner einsetzt. Absolute Frische, gute Zutaten und ein jahreszeitlich bestimmtes Angebot an Früchten machen die 26 verschiedenen Sorten der „Götterspeise" im „L'Arena" zum Bestandteil einer gesunden Ernährung. Und so genieße auch ich einen „momento italiano" und nehme die Empfehlung von Gioachino an. Serviert

inklusive Eiskaffees, Shakes, Diät-Eis sowie Getränken, Cocktails und italienischen Köstlichkeiten aus der kleinen, aber raffinierten mediterranen Gastronomieabteilung. Bruschette in vielen Varianten, mit Thunfisch, Briekäse, Oliven oder ganz klassisch mit Tomaten, aber auch Parmaschinken mit Melone, Wachteleier oder hausgemachte Marmeladen stehen zur Auswahl bereit.

Die herzhaften und süßen Offerten werden nicht nur zum Frühstück gerne angenommen, sondern auch, wenn Irlana Morandin wieder einmal zum geselligen Abend ins „L'Arena" lädt. Die kulturinteressierte Italienerin macht ihr Eiscafé gern zur Bühne (im Winter fast jeden Freitag). Dort sitzen dann bis zu 100 Gäste und lauschen russischer Literatur, sudanesischer Musik oder deutschen Kabarettisten. Und nicht wenige aus dem Publikum krönen das Hör-Erlebnis mit dem Genuss-Erlebnis, das beispielsweise die Eiskartoffel bietet – ein wunderbarer „momento italiano" inmitten internationaler Kulturkulisse.

wird eine von ihm kreierte „Eiskartoffel", eine „unübliche Zubereitung des bekannten Nachtschattengewächses" steht im Untertitel. Und wahrlich, was da vor mir steht, sieht aus wie ein Erdapfel in Paprika-Tomaten-Sauce. Das Bild ist aber nur eine Fata Morgana, denn was meinen Gaumen gleich darauf verzückt, ist eine wahre Sinfonie von zart schmelzendem Nuss- und Vanilleeis, überpudert mit Amaretto- und Kakaostaub und schwimmend in Orangenlikör und Erdbeersauce. Ähnlich phantasievoll komponiert zeigt sich das Zitroneneis mit Basilikum, das Joghurteis mit Holundergelee, das Maracujaeis mit Estragon oder „Die unendliche Geschichte" – eine Spezialität des Hauses, an der vier Genießer gleichzeitig ihre Freude haben können, denn es sind 25 Kugeln Eis, angerichtet mit frischen Früchten der Saison, drei Likören und Nüssen sowie Schoko- und Nusssauce. Der zarte Schmelz und die intensiven Fruchtaromen, die den Eiskreationen in der „L'Arena" ihre Klasse verleihen, kommen nicht von ungefähr, sondern sind in der Verwendung ausschließlich bester Zutaten begründet. Für das Bio-Eis, das es im

„L'Arena" auch gibt, liefert ein Eichsfelder Biobauer Milch und Früchte. Mit dem biologischen Jahreskalender ist die Abwechslung im Eiscafé vorprogrammiert.
Angeboten wird nur das, was die Natur gerade schenkt. Trotzdem bleibt die Vielfalt enorm. Der Gast kann zwischen 124 kulinarischen Möglichkeiten aus der Karte wählen,

HOTEL & RESTAURANT „ZUM KRONPRINZEN"

Haus" ist die Herberge gewachsen, indem die historische Fachwerkarchitektur mit modernstem Innenleben erfüllt worden ist. Hier fühlen sich Urlauber und Feierrunden, Tagungsgäste und Geschäftsreisende gleichermaßen wohl und gut behütet. Sie genießen besonders die persönliche Ansprache, die im familiär geführten Hotel Usus ist, erfreuen sich am rustikal-gehobenen Ambiente, das Geborgenheit und Gemütlichkeit vermittelt und lobpreisen die schmackhaften Gerichte, die Küchenchefin Annemarie Otto (Mutter Franz-Josefs) kocht.

Die kulinarischen Offerten kosten kann man im blauen oder roten Salon, im ländlich-urtümlichen Restaurant oder auch draußen auf der Freiterrasse. Dort ist es im Sommer besonders anheimelnd, weil das stetige leise Plätschern des Bächleins „Fuhre", das hinterm Haus entlangfließt, die dörfliche Stille angenehm untermalt. Die romantische Stimmung bleibt auch den vielen Reisegruppen, die hier einkehren, nicht verborgen. Die unternehmungslustigen Gesellschaften stärken sich im Restaurant mit einem kräftigenden Mahl für die anschließende Rundtour

**Hotel & Restaurant
„Zum Kronprinzen"**

Franz-Joseph Otto
Fuhrbacher Straße 31-33
37115 Duderstadt

Telefon   0 55 27 - 91 00
Telefax   0 55 27 - 91 02 50

Das dem Hotel „Zum Löwen" in Duderstadt schwesterlich verbundene und ebenfalls von Gastgeber Franz-Josef Otto charmant geführte Landhotel „Zum Kronprinzen" liegt in Fuhrbach, einem der drei Bergdörfer der naturschönen Kulturlandschaft Eichsfeld. Was in Fuhrbach einst mit einer Gastwirtschaft und Hotelbetrieb samt zwei Zimmern begann, hat sich in ein wundervoll restauriertes Anwesen mit nun 52 Zimmern verwandelt. Zu einem „Haus im

Potpourri aus Eichsfeld pur

Zutaten

1 kg Rindfleisch (aus artgerechter
Haltung)
Sauerbraten, Tafelspitz, Rindsroulade
Rotwein
Lorbeerblatt
Nelken
Wacholderbeeren
Wurzelgemüse
Salz, Pfeffer
Senf
Bouquet garni
grüner Speck
Zwiebeln

Zubereitung

Den Sauerbraten in Rotwein, Lorbeerblatt, Nelken, Wacholderbeeren und
Wurzelgemüse 10 Tage lang einlegen.
Den Tafelspitz mit 1 l Wasser und
etwas Salz zum Kochen ansetzen. Nach
etwa einer Stunde das Bouquet garni
zugeben. Rouladenfleisch schneiden,
pfeffern, salzen und mit etwas Senf
bestreichen. Mit einer Scheibe grünem
Speck und Zwiebeln füllen, rollen, in
heißem Fett anbraten und im Backofen
gar schmoren lassen. Den Tafelspitz
mit Meerrettichsoße, den Sauerbraten
mit Lebkuchensoße und Backobst, die
Rouladen mit Rotweinsoße servieren.
Dazu passen Apfelrotkohl und Klöße,
aber auch Salzkartoffeln und Ge-
müsebukett.

durch den Harz, das Eichsfeld und Duderstadt. Man lässt auftafeln, was die Küche
hergibt. Und das ist nicht wenig, denn die
Speisekarte zeigt sich umfangreich und bietet
Köstlichkeiten für jeden Geschmack, ob
Suppen-, Fleisch-, Fisch- oder fleischverach-
tender Gemüseliebhaber. Alles wird frisch
aus heimischen Produkten und à la minute
zubereitet.

Franz-Josef Otto umschreibt das Küchenkonzept mit „ländlich-rustikal", wobei ideenreich
verfeinert wird. So arrangiert die Küchenchefin im Sommerhalbjahr ein Filetsteak mit
Frühlingszwiebeln und Cognac-Sahnesoße an
Butterbohnen, serviert mit Marktgemüse und
Bratkartoffeln ein Gorgonzola-Rinderrücken-
steak und bringt Tournedos vom Rinderfilet
mit Pfifferlingen und Trüffelscheiben auf den
Tisch. Das ganze Jahr über dagegen gibt es
aus dem Eichsfeld stammende Traditionsge-
richte wie Hochzeitssuppe, Eichsfelder Mett
mit Zwiebelringen oder Frikadellen mit
Schmand-Kartoffelsalat. Geschmacklich geschickt kombinierte Alljahres-Arrangements

sind auch Truthahnsteak mit kandierten
Früchten, Kalbsschnitzel auf Spaghetti und
„Kronprinzentopf" – zarte Filetspitzen sau-
tiert mit feinstem Gemüse, Rieslingrahm
und Lyoner Kartoffeln. Solcherart Gaumenfreuden haben schon selbst so kulinarisch
verwöhnte Prominente wie Michael Gorbat-
schow oder Roman Herzog verzückt. Und
alle, die hier verweilt, gespeist und ein
bequemes Nachtlager gefunden haben, wollen gerne wiederkommen. Allerdings ist der
Wiederkehr-Rekord schon vergeben.
Der Siegerpreis und von niemandem zu top-
pende Treuebonus geht an Thekla und Karl
Schröder. Die beiden sind fast schon zur
Familie gehörende Stammgäste im „Kronprinzen". Seit 1968 nehmen sie jeden Tag
ihr Mittagessen in der gastlichen Stätte ein.
Und damit der Weg nicht länger so weit ist,
hat das Ehepaar kürzlich seinen Wohnsitz
nach Fuhrbach verlegt. Wenn das Schule
macht, wächst das Dorf demnächst zur
Kleinstadt. Den Bürgermeister und die
Familie Otto würde es freuen.

HOTEL & RESTAURANT „ZUM LÖWEN"

mehrmals die Besitzer, und auch die Räumlichkeiten änderten von Epoche zu Epoche und je nach Zweckbestimmung ihr Äußeres wie Inneres. Seit 1988 gehört es zum Besitz des Duderstädter Unternehmens Otto Bock und wird seit vier Jahren von Pächter Franz-Josef Otto betrieben. Der Hausherr stammt aus einer alteingesessenen Gastronomenfamilie: Seit fünf Generationen fühlen sich die Familienmitglieder den Wünschen von Gästen aller Coleur verpflichtet. Hotel und Restaurant „Zum goldenen Löwen" sind eine willkommene Rastoase für Stadtflanierer. Das „Vier-Sterne-Haus" steht inmitten des Fußgängerboulevards. Den Weg dorthin weist eine bunt bemalte Skulptur des „Anreischke" – einst Baumeister und nun künstlerisch gestaltete Leitfigur von Duderstadt. Wer dann einen freien Platz auf der Hausterrasse gefunden hat, kann das kleinstädtische Treiben ungestört verfolgen. Schön ist es aber auch drinnen. Wählen kann man zwischen dem edelrustikalen Marktstübchen „Alt-Duderstadt", einem urtümlichen Schützenzimmer, dem stilvollen Restaurant „Zum Löwen", einer romantisch-gediegenen Gourmetstube oder dem sonnigen Wintergartencafé, dem sich eine kleine Cafébar anschließt.

Hotel & Restaurant „Zum Löwen"

Marktstraße 30
37115 Duderstadt

Telefon   0 55 27 - 30 72
Telefax   0 55 27 - 7 26 30

$\mathcal{H}$ätte einer von „Molths Hoff Cavallier zu Meiningen nicht vor einig Monath des Jahres 1693 alhier im Wirds-Hause im güldenen Löwen zwey Ring verlohren", wüsste wahrscheinlich kein Mensch mehr die Entstehungszeit des im Zentrum von Duderstadt liegenden Hotels zu bestimmen. So aber wurde der Umstand des Ringverlustes ausführlich dargelegt und damit schriftlich verbrieft: Das Gasthaus „Zum goldenen Löwen" gibt es schon seit mehr als 400 Jahren. Über die Zeit wechselten

Festgesellschaften feiern im Salon, der mit edlen Hölzern und zarten Tuschezeichnungen an den Wänden ansprechend ausgestattet ist. Es gibt für kleine Gäste sogar ein Kinderzimmer, in dem sie toben, malen oder ein Nickerchen machen können. Für das Nickerchen der Großen stehen 42 Hotelzimmer inklusive einer Suite zur Verfügung. Um das leibliche Wohlergehen aller kümmert sich Küchenchef Olaf Becker mit innovativen Rezepturen, die von hiesigen Kochtraditionen geprägt sind, aber auch internationale Trends beinhalten. Ein kulinarischer Kalender führt die Gäste durch das Jahr. So locken im Herbst Wildwochen, Apfel- und Birnenmarkt sowie Spezialitäten mit Grün- und Braunkohl, während im November und Dezember zu weihnachtlichem Wintergeflügel eingeladen wird. Geht es in der Marktstube kulinarisch rustikal zu, so erwarten den Gast im Restaurant Speisen aus der gehobenen Küche. Wie wäre es zum Beispiel mit einem ligurischen Kaninchen mit sautierten Artischocken an Polenta? Verheißungsvoll klingt auch gefüllter Tintenfisch mit Spinat und Fetakäse oder rosa gebratene Barberie-Entenbrust an Thai-Currysauce mit Kokosreis. Fremdländische oder deutsche Gäste, die regional Typisches kosten möchten, sollten die original Eichsfelder Kälberblase-Mettwurst auf Bauernbrot probieren oder Eichsfelder Vesperplatte mit heimischen Wurstspezialitäten und

hausgemachte Sülze mit Remouladensoße, Keniabohnen und Bratkartoffeln. Einen Höhepunkt für Vegetarier setzt Olaf Becker mit gefüllten Kartoffeln in Mascarponecreme mit Trüffeln und Parmesanspänen, bevor zum Nachtisch das Aprikosenkompott im Hippenblatt auf Vanilleeis die Gaumennerven aufs Angenehmste stimuliert. Stimulierend für Erholung suchende Eltern ist auch folgende Offerte: Urlaub mit Kind in Duderstadt. Dabei wohnen und speisen die Eltern im Hotel, während die süßen Rangen im nahe liegenden Camp der Heinz-Sielmann-Stiftung schlafen und essen, auf Fotopirsch gehen, den Bärenpark in Worbis unsicher machen und im Nationalpark Harz auf Abenteuersuche gehen. Ein Arrangement, erfunden vom einfallsreichen Hausherrn in Kooperation mit der Stiftung, das mir persönlich sehr gefällt.

Lammkarree an Keniabohnen

Zutaten

4 St. à 400 g Lammkarree
Salz, frischer Pfeffer
Knoblauch
500 g Keniabohnen
frisches Bohnenkraut
8 Kirschtomaten
Zucker
Zwiebeln
Butter
Gemüsebrühe
Basilikumöl

Zubereitung

Die Lammkarrees von überflüssigem Fett und Sehnen befreien. Mit Salz, Pfeffer und frischem Knoblauch würzen und in Olivenöl anbraten. Anschließend 5–8 Min. (je nach Dicke) im Ofen bei ca. 180 °C rosa garen. In Alufolie eingewickelt noch etwas ruhen lassen. In der Zwischenzeit die geputzten Keniabohnen mit sehr feinen Zwiebelwürfeln und etwas Butter auf kleiner Flamme anschwitzen. Wenig Gemüsebrühe aufgießen und bissfest garen. Mit Salz, frisch gemahlenem Pfeffer und Bohnenkraut würzen. Anschließend ein Stück feste Butter hinzugeben, cremig einkochen und auf angewärmten Tellern verteilen. Die Kirschtomaten halbieren, mit Salz, frischem Pfeffer, etwas Zucker würzen und in dem Basilikumöl leicht schmoren. Zur Garnitur um die Bohnen legen. Die rosa gebratenen Lammkarrees auf den Bohnen anrichten. Dazu schmecken Bratkartoffeln mit frischem Rosmarin und würziger Rotwein von der Rhône.

THÜRINGER KALTBLUTZUCHT HANDT

Thüringer Kaltblutzucht Handt OHG

Familie Handt
Hauptstraße 11
37345 Bockelnhagen

Telefon 03 60 72 – 9 05 31
Telefax 03 60 72 – 9 07 89

Früher zogen sie breit ausladende Eggen oder mit Bierfässern beladene Wagen, heute dürfen sich alle auf der Weide vergnügen. Nur die „Damen" haben ab und zu Termine, wenn der Melker kommt. Die Kaltblüter der Familie Handt haben es gut getroffen. 150 der vom Aussterben bedrohten Nutztiere umfasst der Zuchtbestand des 1990 gegründeten Handt'schen Familienbetriebes, der damit die größte Kaltblutzucht in Deutschland besitzt. Jährlich erblicken rund 45 Fohlen das Licht der Welt. Dass die wertvolle Rasse nicht ausstirbt und ein erfülltes Pferdeleben hat, dafür sorgen Konrad, Ehefrau Karola und Bruder Dieter Handt. In Bockelnhagen sind Kaltblüter schon lange zu Hause. Vor der Wende

dienten sie als forstwirtschaftliche Helfer. Als die Familie nach der Wende 112 Pferde kaufte und sich auf 180 Hektar landwirtschaftlicher Nutzfläche sowie 130 Hektar Wald betrieblich „einrichtete", kam ihnen – neben dem Aufbau der Kaltblutzucht – noch eine weitere Geschäftsidee. Diese hatte mit ihren Kaltblüter-Damen, mit einem Geschenk der Natur und nicht zuletzt mit Bad Lauterberg zu tun. Die unbedingt erkundenswerte Stadt (ein paar Kilometer nördlich von Bockelnhagen gelegen) gilt als das größte Kneippkur-Zentrum Norddeutschlands. Und die Handts verfügten über ein natürliches Kurmittel: Stutenmilch. Die Pferdezüchter begannen mit dem Vertrieb des gesundheitsfördernden „weißen Saftes".

Stutenmilch, die in ihrer Zusammensetzung der menschlichen Muttermilch sehr nahe kommt, gilt in China schon seit 3000 Jahren als Heil- und Wundermedizin. Die Kaiser der Ming-Dynastie schworen auf die Wirkung des „göttlichen Nektars", der im 19. Jahrhundert in Russland bekannt wurde. Dort öffnete im Jahr 1858 das erste Stutenmilch-Sanatorium gegen Magen-, Darm- und Stoffwechselstörungen seine Pforten. In Deutschland war es der Arzt Dr. Rudolf Storch, der sich als erster mit der Stutenmilchtherapie beschäftigte. Der Mediziner war von den Behandlungserfolgen derart beeindruckt, dass er 1959 das erste deutsche Stutenmilchgestüt gründete. Bewährt hat sich die fettarme Milch bis heute vor allem

bei Stoffwechsel- und Hauterkrankungen. Gleichzeitig stärkt sie das Immunsystem, ist eine gehaltvolle Säuglingsnahrung und wird von Gesundheitsbewussten auch bei Fitnesskuren angewandt. „Wer Stutenmilch trinkt, nimmt die perfekte Nahrung zu sich", fasst Konrad Handt die positiven Wirkungsweisen des Getränks zusammen.

Dieser Meinung sind auch die bundesweit verstreuten Kunden, die Bockelnhagener Stutenmilch ordern und sie für eine Trinkkur verwenden. Vier bis sechs Wochen lang einmal täglich 0,25 Liter Stutenmilch lautet das empfohlene Gesundheitsrezept. Ebenso gesund, verspricht Konrad Handt, seien Wurst und Fleisch vom Pferd. Kaum einer weiß, dass Pferdefleisch besonders cholesterin- und fettarm ist und über mehrfach ungesättigte Fettsäuren sowie über eine hohe Dosis Omega-3-Fettsäuren verfügt. Damit ist es eine gute Grundlage für die gesunde Ernährung. Der Hofladen auf dem Handt'schen Bauernhof in Bockelnhagen hält beides bereit: Stutenmilch sowie Schinken, Wurst und Fleisch vom Pferd. Und da Familie Handt auch Mitglied der Eichsfelder

Erzeugerbörse ist, gibt es zusätzlich noch allerlei regionale Kulinarien zu kaufen wie Bier und Säfte aus der Neunspringer Brauerei in Worbis, Honig, eingelegte Gurken oder Paprika, Kosmetik und Liköre aus Stutenmilch. Das Angebot nutzen vor allem Reisegruppen, die das Bockelnhagener Anwesen zum Ausflugsziel erkoren haben und sich dort über Kaltblüter, Pferdefleisch und Stutenmilch informieren wollen (Verkostung inklusive). Aber auch Urlauber, die auf dem Handt-Hof Ferien machen, kaufen gern im Laden ein. Der Aufenthalt in einer der drei Ferienwohnungen lohnt sich, denn Bockelnhagen ist ein idealer Ausgangsort, um den Südharz auf Wanderfüßen zu erkunden. Außerdem locken der Bärenpark in Worbis, das Spaßbad und die Altstadt von Bad Lauterberg oder das sehenswerte Duderstadt. Und da die Hausherren auf dem Hof leben, sind die Gäste sozusagen freundlich aufgenommene „Familienmitglieder", die das tägliche Tun auf einem Bauerngehöft hautnah miterleben können. Mittendrin die Kaltblüter, die übrigens nichts gegen einen Ausritt haben.

BURGGASTHOF RUINE HOHNSTEIN

Parkplatz stehen und wandern Sie zum Gasthaus. Der viertelstündige Spaziergang durch den Wald wird Sie angenehm einstimmen auf das, was Sie oben erwartet. Magisch angezogen werden die Ankömmlinge von dem wunderbaren Landschaftspanorama, das sich jenseits des zum Gasthof gehörenden Biergartens eröffnet. Wie in einem preisgekrönten Naturfilm liegt im Breitwandformat ein großes Stück Thüringen vor dem Betrachter: Rechts erheben sich die Harzberge, in der Mitte teilt die Eichsfelder Pforte den Höhenzug, links davon erheben sich Hainlaite und Kyffhäuser, während sich unterhalb Neustadt wie ein Spielzeugland ausbreitet. Den Film als meditative Endlosschleife genießt, wer sich im Sommer auf einem der 150 Plätze im Biergarten niederlässt. Während des kostenlosen „Open-Air-Kinos" kann man genüsslich speisen, trinken und die gute Kurluft atmen. An kalten Herbst- und Wintertagen ist es im Gasthof, mit dem Rücken am bullernden Kachelofen lehnend, komfortabler. Vor allem, weil Wirt Kai Prengel aus dem 1908 erbauten Gebäude ein Schmuckstück mit urig-gemütlichem Innenleben gemacht hat. Vor wenigen Jahren erschloss und sanierte er das Haus und verwirklichte sich damit einen Lebenstraum. Seit drei Jahren nun lädt der Hausherr in romantische Gasträume, deren mittelalterliches Ambiente die Nähe zur Burg nicht vergessen lässt. In Wandnischen hat er die besten Stücke seiner Historiensammlung ausgestellt. Bilder, Jagdtrophäen, dicke Kerzen in schmiede-

Über dem Harzstädtchen Neustadt, einem hübschen Luftkurort im Norden Thüringens, erhebt sich auf einem Porphyrkegel die imposante Ruine der fast 900 Jahre alten Burg Hohnstein. Die stark befestigte Anlage diente einst den Grafen von Hohnstein. Als 1627, im Dreißigjährigen Krieg, kaiserliche Truppen die Grafschaft besetzten, wurde die Burg ein Opfer der Flammen. Die bis heute übrig gebliebenen Mauern lassen die einstige Pracht der mittelalterlichen Anlage noch erahnen. Unterhalb der Feste, die als größte und schönste Burgruine im Harz gilt, liegt der Gasthof Ruine Hohnstein. Meine Empfehlung: Lassen Sie Ihr Auto auf dem

Burggasthof Ruine Hohnstein

Kai Prengel
Stieger Straße 27
99762 Neustadt / Harz

Telefon   03 63 31 - 4 90 49
Telefax   03 63 31 - 4 98 78

Ruhetag: Montag

eisernen Leuchtern und das grob gehobelte Holzmobiliar versetzen den Gast in längst vergangene Zeiten.

Ob damals die Mägde und Knechte gastfreundlich waren, wissen wir nicht. Im Burggasthof jedenfalls ist das Servicepersonal freundlich und flink. Und auch Küchenchef Matthias Göttling beherrscht sein Handwerk. Er kocht vornehmlich gutbürgerlich, erfüllt aber auch ausgefallenere Wünsche. Von der einfachen Brotzeit bis hin zu gebratenen Riesengarnelen an frischen Champignons reicht die Palette. Im Mittelpunkt jedoch stehen Wildgerichte wie Harzer Wildgulasch oder Hirschrückenmedaillons, aber auch „Hohnsteiner Gaumenfreuden", wie Gauklerteller und Rittertoast. Außerdem kann der Gast unter weiteren Fleisch-, Fisch- sowie vegetarischen Speisenfolgen und einem erlesenen Weinangebot wählen. Dazu ein Insidertipp: Fragen Sie Kai Prengel nach Lübecker Rotspon! Eine Rarität, die er im Weinkeller versteckt hat und nur für wahre Genießer hervorholt. Sind Sie ein sinnenfroher Mensch, wird Ihnen auch das Rittermahl gefallen – ein ganz besonderes kulinarisches und kulturelles Spektakulum. Unterhalten von humorigen Sprüchen und fröhlichen Spielen sitzen dann allerlei Gesellschaften beieinander, während der Burgherr die Tischregularien verliest. Danach wird aufgetafelt, bis sich die Tische biegen: Hohnsteiner Bierbrotsuppe, Bauernbrot mit Griebenschmalz, Kräuterschweinebraten, gebratenes Federvieh, Erdäpfel aus dem Ofen, Salate aus

Schnitzel vom Hohnsteiner Hirsch in Mandelkruste an Pfefferkirschen und Kartoffelscheiben

Zutaten

600 g Hirschkeulenfleisch
2–3 Eier
150–200 g Mandelblättchen
3–4 El Öl
300 g entsteinte Schattenmorellen
$^1/_4$ l Rotwein
$^1/_8$ l Sahne
4 cl Kirschwasser
60 g grüne Pfefferkörner
2–3 große Pellkartoffeln
Zucker, Mehl
Salz, Pfeffer
Butter

Zubereitung

Das Hirschfleisch von Häuten befreien, in 4 Scheiben schneiden, leicht plattieren und würzen. Die Eier, etwas Mehl und die Mandelblättchen in je einen tiefen Teller geben.

Die Fleischscheiben nacheinander in Mehl, Eiern und Mandelblättchen wenden und alles gut andrücken. Das Öl in der Pfanne erhitzen und das panierte Fleisch darin goldbraun anbraten.

Die Pellkartoffeln mit der Schale in 8 Scheiben schneiden, mit Salz und Pfeffer würzen und in der Butter goldgelb braten. Inzwischen die Kirschen in einem Sieb abtropfen lassen, dabei den Kirschsaft auffangen. Die Schnitzel aus der Pfanne nehmen und die Pfefferkörner kurz in dem Bratensaft durchschwenken. Dann den Rotwein, etwas Zucker und Kirschsaft dazugeben und aufkochen lassen. Mit der Sahne die Sauce leicht binden. Kirschen zufügen und mit Kirschwasser abschmecken. Die Schnitzel auf einem Teller anrichten, mit der Sauce umgießen und mit den Kartoffelscheiben umlegen. Guten Appetit!

dem Burggarten, Obst und Käse. Neben den Kulinarien macht der Barde „Rathimer Theodorius Disphonicus" den Abend mit Sangeskunst, Gaukelei und Feuer zu einem Erlebnis, über das man noch lange danach spricht. Man erzählt sich, dass auch in der

Walpurgisnacht an jedem 30. April, zum Burgfest an jedem 2. Augustwochenende, während der Konzerte im Oktober und an den Adventssonntagen gleichermaßen Unvergessliches im Burggasthof geschieht.

ARMINS BAUERNHOF

Armins Bauernhof
Landwirtschaft & Hausschlachtung

Armin Siebert
Burgweg 3
37327 Beinrode

Telefon   0 36 05 – 51 25 34
Telefax   0 36 05 – 51 98 71

Ruhetage: Sonntag, Montag, Dienstag

Auf dem Bauernhof von Armin Siebert ist alles ein bisschen anders. Ferkel heißen bei ihm „Wurstpflanzen" und frisches Gehacktes nennt er „Eichsfelder Gemüse". Auf einer weiträumig eingezäunten Wiese tappen rund 200 Schweine übers Gras, den Rüssel dicht über der Erde. Einige suhlen sich in einem Schlammloch, andere haben sich, vor der Sonne Schutz suchend, in einen Unterstand zurückgezogen. Schweine auf einer Grasweide – das ist neu für mich. Und dass die rosafarbenen Fleischlieferanten einen tüchtigen Sonnenbrand bekommen können, habe ich ebenfalls nicht gewusst. Der Hof-Rundgang mit dem Hausherrn verspricht spannend und unterhaltsam zugleich zu werden.

Auf den ersten Blick könnte das Bauernhofidyll nicht schöner sein. Ein buntes, selbstgebautes Wasserspiel begrüßt den Ankömmling auf dem weitläufigen Anwesen, ein Dutzend Katzen schleicht hin und her, aus dem mit Stroh ausgelegten Stall hört man weitere Schweine grunzen und am Hofladen geben sich die Kunden die Klinke in die Hand. Hinter der friedlich-ländlichen Kulisse wird allerdings hart gearbeitet. Denn

der Bauer (und dreifache Vater), seine Frau Marietta sowie elf Mitarbeiter betreiben hier seit mehr als zehn Jahren nicht nur Ferkelproduktion und Schweinemasthaltung, sie bewirtschaften darüber hinaus auch 100 Hektar Land, auf dem für die Tiere Grünfutter sowie Getreide angebaut wird, das zudem noch selbst gemahlen und gemischt wird. Zum Hof gehören außerdem eine eigene Schlachterei und Fleischerei, der Hofladen, ein eigenes kleines „Kraftwerk" für die Stromerzeugung und als wichtiges und traditionelles Standbein eine Leineschafzucht. Und zwar nicht irgendeine, sondern eine von der Familie seit 200 Jahren betriebene und längst preisgekrönte: Im Jahr 2002 wurde Armin Siebert mit seinen Leineschafen Bundessieger. 450 Mutterschafe der robusten, aber vom Aussterben bedrohten historischen Eichsfelder Rasse und deren Nachwuchs hat der Landwirt im Bestand. Die Schafe dienen wie die Schweine der Zucht, aber auch als Fleisch- und Felllieferanten. Mit der gesamten genannten Leistungspalette hat sich Armin Siebert auf dem Bauernhof einen geschlossenen Kreislauf geschaffen, der ihn einerseits unabhängig macht, andererseits den Kunden Transparenz und Sicherheit vermittelt: Sie sehen, woher Wurst, Fleisch und Schaffellprodukte kommen. Und sie können auch hautnah die Herstellung miterleben. So veranstaltet der Bauer auf Voranmeldung Hofbesichtigungen, die von Kindergärten und Schulklassen, von landwirtschaftlich

interessierten Gruppen aus aller Welt rege genutzt werden. Manche kosten dann auch gern von der Wurst, die hier besonders lecker schmeckt. Das hat seinen Grund, schlachtet doch der Hausherr seine Schweine weder vor ihrem ersten Geburtstag noch mit weniger als rund vier Zentnern Gewicht. Durch die lange Aufzucht und gemächliche Mast ist das Fleisch dann wesentlich dunkler, saftiger, fester und gehaltvoller als das der herkömmlich gemästeten Tiere. Zudem wird im Eichsfeld und so auch auf dem Hof generell warm geschlachtet. Jeden Tag. Aus Schwein oder

Lamm entstehen dann immer frisch – nach alten Rezepturen und handwerklich zubereitet – deftige Köstlichkeiten wie Leber- und Blutwurst, Lammgulasch und Garwurst, Stummel und Stracke, Feldgiecker, Gehacktes und vieles mehr. Selbst der Knoblauch – die traditionelle Zutat in Eichsfelder Wurst – wird dabei noch per Hand geschält und gehackt. Die Mühe zahlt sich aus: Viele Kunden nehmen gern einen weiten Weg auf sich, um in den Genuss der frischen und schmackhaften Würste, Schinken und Bratenstücke zu kommen. Und sie reisen Armin Siebert sogar hinterher, wenn er auf einem

der Feste und Märkte der Region zu Gast ist. So führt er zum Stadtfest in Leinefelde (Juni) die Schafschur vor, hat immer am letzten Augustwochenende auf dem Bauernmarkt in Kallmerode sowie im Dezember auf dem Weihnachtsmarkt in Heiligenstadt einen Stand und präsentiert seine würzige Ware nicht zuletzt jeden 1. Advent in der historischen und weihnachtlich geschmückten Kulisse des ehemaligen Klosters Beinrode. „Wer weder in den Hofladen kommen noch reisen kann, der bestellt bequem per Post", sagt Armin Siebert am Ende unseres Gesprächs. Bevor ich gehe, zeigt er mir noch eine Schafwolljacke. Die wärme nicht nur, sie sei auch Beweis für den geschlossenen Kreislauf des Hofes wie für die eingespielte Siebert-Familie. So habe der Vater die Schafe aufgezogen, Sohn Armin hat sie geschoren, Mutter Mechthild die Wolle gewaschen und Oma Anna das Garn gesponnen und verstrickt.

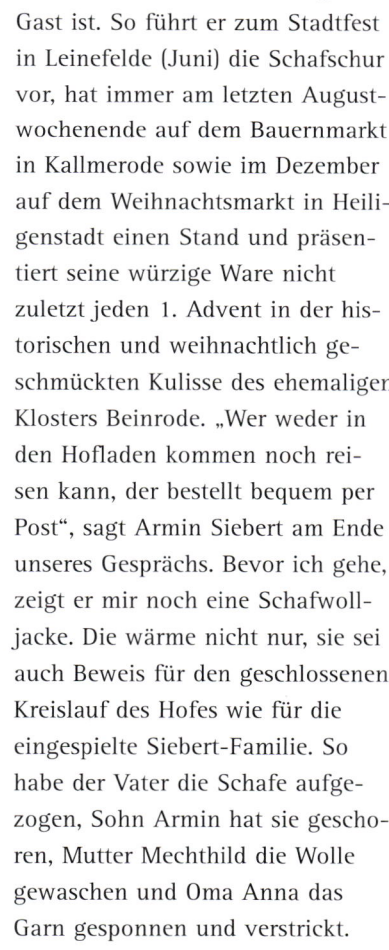

RESTAURANT „ST. GEORG"

Restaurant „St. Georg"

Dr. Werner Freund
Dorfstraße 16a
37318 Dieterode

Telefon 03 60 82 - 4 21 28
Telefax 03 60 82 - 9 03 68

Ruhetage: Montag bis Donnerstag

„Choquons, mademoiselle, à votre santé", ruft der Meister. „Vous me faites beaucoup d'honneur", antworte ich lächelnd. Und schon beginnt sie, die aufregende und sinnenfrohe Reise durch die kulinarische Welt von Werner Freund. Der Germanist mit Doktortitel ist gleichermaßen Maître de Plaisir wie Maître de Cuisine im „St. Georg", einem entdeckenswerten, von französischem Flair erfüllten Kleinod inmitten des hübschen Dörfchens Dieterode, das sich adrett ins Eichsfeld und an die Deutsche Märchenstraße schmiegt. Fahren Sie hin, erforschen Sie Land und Leute, flanieren Sie durch die üppige Natur, machen Sie Rast bei Dr. Freund und schauen Sie sich den Schatz an, den der Gastgeber mit dem „St. Georg" gehoben hat.

Das Restaurant ist nämlich untergebracht in einem äußerst liebevoll bis ins letzte Detail mit Fachverstand sanierten, 1630 errichteten Renaissance-Fachwerkhaus, das der Hausherr zudem mit einem Inkognito-Neubau (man sieht es ihm nämlich nicht an) vervollständigt hat. Jedes Stück Pflaster im zauberhaft idyllischen, steil abfallenden

Terrassengarten, die mit Quellwasser gespeisten Forellenteiche, sämtliche Schnitzereien unterm Dachfirst und alle Bleiglasfenster sind entweder original oder mit hoher Handwerkskunst neu und in Anlehnung an den ursprünglichen Stil angefertigt. Den historischen Laubengang, der um das Gebäude führt, hat der Gastgeber im Elsass ersteigert. Diese mit Kenntnis gepaarte Lust am Restaurieren und Einrichten zeigt sich auch im Haus. Restaurant, Kaminzimmer und selbst die Küche sind liebevoll und urgemütlich ausstaffiert. Das epochenübergreifende Holzmobiliar stammt aus so hohen Häusern wie Schloss Ahlen oder dem Erfurter und Nürnberger Rathaus. In uralten Backöfen, die draußen vor der Tür und drinnen im Gastraum stehen, werden Brot und Kuchen gebacken und im Winter Gänse und Enten gebrutzelt. Selbst am Küchenofen hantiert der Meister wie vor hundert Jahren: Mit Buchenholz wird ein Feuerchen entfacht, gekocht wird auf eisenberingten Platten. Darauf stehen dann gusseiserne Pfannen, denn auch bei den Kochgefäßen geht der zu französischen

Kochtraditionen berufene Gourmet keine Kompromisse ein. „Je älter der Topf, desto besser die Suppe", parliert er und wirft sich die Küchenschürze um. Eine Speisekarte gibt es nicht. Was die Natur gerade hergibt wird spontan verarbeitet und als französische Rezeptesammlung auf einer Schiefertafel kundgetan. Eine besondere Spezialität ist Tarte Flambé, auch als Elsässer Flammkuchen bekannt. Zudem eröffnet der Koch mit Confit de Canard (in Fett eingelegtes Entenfleisch auf Salat), mit Cassoulet de Castelnau dary (Lamm-, Enten- und Schweinefleisch, Knoblauchwurst in Bohnen und Zwiebeln geschmort), mit Potage aux Cepes (Cremesuppe mit Steinpilzen) oder Magrets de Canard aux Cerises (Barbarie-Entenbrust mit Kirschen) ein kulinarisches Feuerwerk, das er selbst bescheiden als unverfälschte cuisine nature ohne viel „Zampano" bezeichnet. Anregungen für die Rezepturen holt sich Werner Freund in seiner Kochbuchbibliothek, die sogar ein Exemplar von 1775 enthält und im Obergeschoss des „St. Georg" zu bewundern ist. Die Leidenschaft des Hausherrn für schönes Ambiente und schmackhafte Küche hört bei der Weinauslese nicht auf. Einzigartig in der Region ist seine Sammlung an feinen Sorten, die den besten deutschen Weißweinen viel Platz einräumt, vor allem aber ausgewählte Rebensäfte aus Burgund und Bordeaux offeriert. Eine schöne Offerte ist

auch die Einladung, hinter die Kulissen zu schauen: Dann kocht, isst und trinkt der Gastgeber gemeinsam mit Gästen (ab 10 Teilnehmern), erzählt dabei über französische Küche, Speisen und Weine. Die Nachfrage ist groß, es empfiehlt sich eine Vorbestellung. Und ich empfehle darüber hinaus, über Nacht zu bleiben. Gleich gegenüber vom „St. Georg" warten wunderschöne Schlafgemächer, deren südliches Flair provenzalische Träume hervorruft. So denn: Au revoir et bon voyage!

Poule à la catalan

Zutaten

1 Poularde
Pfeffer, Salz
granulierter bunter Pfeffer
1 Tasse Olivenöl
0,4 cl Cognac
100 ml Muskat de Reversaldes
50 ml süße Sahne
1 gelbe Paprika
1 rote Paprika
1 grüne Paprika
4 Knoblauchzehen
4 mittelgroße Zwiebeln
geschrotete Chili

Zubereitung

Die Poularde in acht Teile teilen. Mit Pfeffer und Salz würzen. Olivenöl in eine Rundpfanne geben und die Poulardenstücke kräftig von allen Seiten anbraten. Ablöschen mit Cognac, Weißwein und Sahne. Dann die Paprikaschoten, Knoblauchzehen und Zwiebeln grob würfeln und dazugeben. Die Pfanne mit dem Deckel verschließen und das Gericht 20 Min. bei mittlerer Hitze schmoren lassen. Danach auf dem Teller anrichten und mit Chili bestreuen. Dazu gibt es hausgebackenes Baguette und einen Château Grès Saint Paul.

HESSEL

macht, haben ebenfalls streng geprüfte Bioqualität. 10 Liter des wertvollen weißen Saftes der Kühe braucht sie für ein Kilogramm fertigen Käselaib, erzählt die Käserin und beginnt damit das Lehrstündchen über die Käseherstellung. 450 Liter fasst der Käsekessel, in den die Frischmilch direkt vom Milchtank der Melkanlage hineingepumpt wird. Ist das vollbracht, wird die Milch bei 62 °C schonend pasteurisiert und danach unter Zugabe von Milchsäurebakterien bei 32 °C mit mikrobiellem Lab „dickgelegt". Karin Weng schneidet die Dickmilch-Masse mit einer Käseharfe zu erbsengroßen Bruchkörnern. Die werden gerührt und auf 39 °C aufgewärmt, dabei wird die Molke entzogen und die Masse fester. Auf die Molke, die danach fast vollständig abgeschöpft wird, warten schon die hofeigenen Schweine. Die Bruchmasse dagegen verbleibt im Kessel und wird – sortentypisch – mit den jeweils anstehenden Biokräutern versetzt. Jetzt kommt der Zeitpunkt, wo die Ärmel hochgekrempelt werden müssen, denn nun heißt es: Bruchmasse in die Käseformen schöpfen und pressen! Einen Tag lang bleibt der frische Käse in der Form, wird dabei mehrmals gewendet, was kein leichtes Unterfangen ist, denn ein Käse wiegt zirka 2,2 Kilogramm.

Ach, hier in dieser romantisch-stillen Gegend ließe es sich leben, wäre ich nicht als unerschütterliche Großstadtnatur geboren. Das Eichsfeld ist um Wiesenfeld herum besonders idyllisch. Wald über Wald, sanfte Hügel, die von schmalen Serpentinenstraßen durchschnitten werden, und weite, bunte Sommerwiesen lassen Urlaubsgefühle aufkommen. Ich steuere das Dorf an, um Karin Weng zu besuchen, die dort gemeinsam mit Geschäftspartner Peter Mock in einer aus zwei landwirtschaftlichen Biobetrieben bestehenden GbR aus frischer Kuhmilch den weithin bekannten „Eichsfelder Schnittkäse" zaubert. Über zehn Jahre lang hat die Käserin ihre Kunst in Schönhagen betrieben, bevor vor zwei Jahren der Umzug nach Wiesenfeld und ein Jahr später der Zusammenschluss mit Peter Mocks Milchproduktion erfolgte. Ein kluger Schachzug, können doch nun beide ihre jeweiligen Stärken synergetisch nutzen. Von Peter Mocks 40 Rotvieh-Kühen kommt die nach Richtlinien des Ökoverbandes Demeter produzierte Bio-Milch. Die 19 Sorten Schnittkäse, die Karin Weng in eigener Regie und mit reiner Handarbeit daraus

Hessel

Peter Mock & Karin Weng
Dorfstraße 33
37308 Wiesenfeld

Telefon   03 60 82 - 4 06 39
Telefax   03 60 82 - 4 06 39

Am Folgetag wandert der junge Käse aus der Form in den mit 13 °C und 90 Prozent Luftfeuchtigkeit wohltemperierten Keller und erhält eine Salzkruste. Und auch jetzt ist noch längst nicht Feierabend, denn der Käse muss anfangs täglich, später alle paar Tage gewendet und mit Salzlake gebürstet werden. Das dauert vier Wochen, bevor das würzige, schmackhafte und urgesunde Endprodukt endlich in die Regale des kleinen Hofladens (freitags geöffnet von 12–17 Uhr) darf. Dort liegen dann alle 19 Sorten aufgereiht – vom leckeren „Gute-Laune"-Käse mit Bärlauch, Thymian, Ringelblume und Rose über Chili-Paprika, die schärfste Käsespezialität, oder den „Energiegeladenen" mit einer feurigen

Blütengewürzmischung bis hin zum Italiener „Buon Giorno", dem Rucola, Knoblauch, Olive und Tomate die temperamentvolle Würze verleihen.

Neben dieser Vielfalt an Käse bieten Peter Mock und Karin Weng aber noch mehr gesunde handgemachte Bioprodukte an wie stichfesten Naturjoghurt aus Vollmilch, würzigen Schmelzkäse im Glas sowie die besonders leckere russische Käsezubereitung „Zakuska", die zu den Top Ten des Förderpreises „Thüringer Ökoprodukt des Jahres 2002" gehörte. Die für mich erhebendste Geschmacksverführung

allerdings ist der cremig-süße „Eichsfelder Schmand", dessen Fettgehalt von 52 Prozent man ebenso rasch verdrängt, wie man die köstliche, weiße Creme auf eine frische, noch warme Brotscheibe gestrichen und verspeist hat. Karin Weng gab mir ein Becherchen mit, und ich habe zu Hause – den Schmand genießend – noch vier Tage lang von Wiesenfeld geträumt. Wer das Erlebnis nachempfinden möchte, bestellt im Internet, per Post oder Telefon.

EUROPÄISCHES BROTMUSEUM

Europäisches Brotmuseum e.V.

Göttinger Straße 7
37136 Ebergötzen

Telefon   0 55 07 - 99 94 98
Telefax   0 55 07 - 99 95 94

Ruhetag: Montag

$\mathcal{A}$uf dem Weg ins Europäische Brotmuseum in Ebergötzen weht einem der verführerische Duft von frischem Brot schon von weitem entgegen. In der Eingangspforte des idyllisch gelegenen Gebäudes lehnt in Mehlstaub gehüllt Bäckermeister Heiko Rees und macht eine Zigarettenpause. Freundlich lächelnd begrüßt er mich und weist den Weg hinein. Und schon bin ich Teilnehmerin einer aufregenden Zeitreise, die nur ein Thema hat – das Brot und seine Weltgeschichte. Auf dem Rundgang durch das Museum erfahre ich allerhand spannende Neuigkeiten und schmunzle über vielerlei Kuriositäten. Sämtliche Exponate wurden vom 1969 gegründeten Verein Europäisches Brotmuseum kenntnisreich und liebevoll in 30 verschiedenen Themengruppen arrangiert. Die lebendig erzählte Historie beginnt

vor über 6000 Jahren. Seitdem gibt es Brot, das damit als ältestes von Menschenhand geschaffenes Lebensmittel gilt. Seine Erfinder, erzählt Museumsdirektor Wilhelm Bruinjes, seien die Ägypter der Pharaonenzeit gewesen, denen nicht entging, dass Getreidebrei in der Sonne gärt und, auf einen heißen Stein gelegt, einen wunderbar frischen Brotfladen ergibt. Mit dieser Entdeckung trat das nahrhafte Gebäck seinen Siegeszug um die Welt an. Es sollte später Menschen vor dem Hungertod bewahren, Kriege auslösen, als Politikum dienen und schließlich zum kulturgeschichtlichen und kulinarischen Gut fast aller Nationen werden. „Kruk" nennen es die Kroaten und Slowenen, „Ekmek" fragt man auf türkisch im Bäckerladen danach und „Leipä" sagen die Finnen zum Brot. Genauso vielfältig wie die Bezeichnungen sind die Brotformen und die Rohstoffe, aus denen es gebacken wird. Das Museum hat sich in aller Welt umgeschaut und beides gesammelt. Es werden dort nicht nur 2500 verschiedene Getreideproben präsentiert, sondern auch zig kunstvoll geformte, gedrehte und verzierte Laiber und Figuren – vom römischen Kreuzbrot aus dem 3.- 4. Jahrhundert, das an ein heutiges Landbäckereibrot erinnert, über einen folkloristischen Brotstempel aus der Bronzezeit bis hin zum original französischen Baguette de Campagne, das aussieht wie eine venezianische Gondel. Daneben gibt es das einem Hut ähnelnde Corneta aus dem ehemaligen Jugoslawien, den flachen scheibenförmigen Matzen aus Israel und den wie ein Haar-

knoten geflochtenen Winston aus den Niederlanden. Deutschland gilt unter den Ländern der Erde als Weltmeister der Brotvielfalt: Knapp 300 Brotsorten, vom Thüringer Landbrot bis zum Holsteiner Kastenbrot, und zirka 1500 verschiedene Kleingebäcke, vom Zopfbrötchen bis zum Wasserweck, zaubern die Meister ihres Faches in den einzelnen Regionen. Die historischen Brote vom steinzeitlichen Fladenbrot bis zum norddeutschen Kultbrot sind natürlich nicht im Original erhalten, sondern wurden nach archäologischen und historischen Erkenntnissen von der Bundesanstalt für Getreideforschung in Detmold nachgebacken. Original allerdings sind Ausstellungsstücke wie eine hölzerne Windfege von 1848, die der Getreidereinigung diente, oder eine Sackausklopfmaschine (vom

Bäcker liebevoll als „Bäckerklavier" bezeichnet) aus dem Jahr 1900, mit der man einem geleerten Mehlsack immerhin noch bis zu 300 Gramm wertvolles Mehl „entlocken" konnte. Imposant auch der riesige eiserne Käfig, mit dem im 16. bis 18. Jahrhundert die Bäckertaufe vollzogen wurde. Die Taufe war nicht etwa ein fröhliches Ritual, sondern Bestrafung für jene Bäcker, die zu kleine Brote buken. Davor müssen sich die Kinder, die (nach Vorbestellung) an einem Brotbackkurs teilnehmen, nicht fürchten. Sie dürfen den Teig nach Herzens-

lust formen, bevor er in den historischen Holzbackofen wandert. Und während das Gebäck gart, können die Besucher auf dem Museumsgelände auf Erkundungstour gehen. Dort sind der Kräuter- und historische Getreidegarten, ein 800 Jahre alter Ritterturm, der Forellenteich sowie Bockwind- und Wassermühle zu entdecken. So viel erlebte spannende Geschichte und der einen stets umwehende Brotduft machen Hunger und Durst. Fürs leibliche Wohl sorgt das Café Backstübl. Es gibt Kaffee und frisch gebackene Kuchen, geräucherte Forellen, Käse vom Bauernhof und Vesperteller, deren leckere Hauptakteure natürlich die Brotspezialitäten aus dem mit Buchenholz befeuerten Ofen sind. „Brot ist die großartigste kulinarische Kreation des Menschen", sagt Wilhelm Bruinjes, und die schlemmende Gästegemeinschaft stimmt kopfnickend in das Loblied ein. Mit dem leckeren Essen geht nun auch für sie wie für alle der bisher fast drei Millionen Besucher aus Japan, Amerika, Deutschland und der ganzen Welt ein aufregender Tag in Ebergötzen zu Ende.

RESTAURANT „GRAF ISANG"

Restaurant „Graf Isang"

Familie Näder
Seestraße 37
37136 Seeburg

Telefon   0 55 07 - 91 98 80
Telefax   0 55 07 - 9 19 88 99

Was für ein idyllisches Plätzchen! Die Überquerung der nicht mehr vorhandenen Ost-West-Grenze hinüber ins niedersächsische Eichsfeld und die Fahrt bis nach Seeburg hat sich gelohnt: Hier an diesem stillen Ort mitten im Naturschutzgebiet Seeburger See kommen unruhige Geister sofort zur Ruhe. Gedanken stürzen nicht länger wirr durcheinander, sondern beginnen nach ein paar Minuten träumerischen In-die-Landschaft-Schauens ebenso gemächlich dahinzufließen wie der murmelnde Wasserlauf, der ein kleines Steintreppchen hinabplätschert und als Entree für das neu und wieder eröffnete Restaurant „Graf Isang" dient. Dessen Architektur erinnert an den Gebäudestil klassischer Ostseeheilbäder. Mit ihrer dunklen Holzfassade, dem ausladenden, nur gering abgeschrägten Kupferdach, der mittig aufgesetzten Haube und umlaufenden Dachterrasse, den imposanten, dem Eingangsportal vorstehenden Säulen, der Veranda und ihren großflächigen, weißen Fenstern vermittelt die Haushülle dem

Betrachter schlichte Klarheit und lichte Transparenz. Durch bodentiefe Glastüren kann man von innen ungestört hinaus- und von außen hineinblicken. Dort zeigt sich: Die Konsequenz der klar strukturierten Gebäudehülle wird auch im Inneren durchgehalten. Es öffnet sich ein weitläufiger Raum, der nur durch weiß gestrichene Holzbalkenträger optisch geteilt wird. Blanke Holztische, mit Kuhfell und Leder bezogene Bänke, die schnörkellos-elegante Bar und edel designte Lampen zeigen die Vorliebe der Hausherren für eine klassisch-moderne Inneneinrichtung, die komfortabel ist (für kalte Wintertage gibt es einen Kamin), aber nicht ablenkt von dem Naturschauspiel, das vor der Tür geboten wird. Das Umfeld des „Graf Isang" ist ein einziger grüner Landschaftsgarten – mit romantischen, von Seerosen und Röhricht umrankten Seeuferzonen, mit allerlei dort lebenden Geflügeltieren wie Tafelenten, Blässhühnern, Haubentauchern, Rohrammern und Graureihern, mit kleinem Brückchen und Stegen fürs Ablegen mit dem Ruderboot. Wer nicht Boot fahren, sondern wandern möchte, kann sich auf einen 4,5 Kilometer langen Rundweg begeben. Der führt rund um den Seeburger See, der „das Auge Eichsfelds" genannt wird und als der größte natürliche See in Südniedersachsen gilt. Nach dem Fußmarsch lockt eine kulinarische Stärkung im „Graf Isang". Küchenchef Jürgen Bartl kocht einfache Gerichte, die aber außergewöhnlich gut und nicht unbeeinflusst von mediterranen Kochtraditionen sind. Da gibt es eine Bouillabaisse mit Edelfischen und Garnelen, gratinierte Kartoffelgnocchi in Gorgonzolasauce, in Meerwasser gekochtes Kabeljaufilet, Lammnüsschen mit Kräuterkruste, aber auch Heimisches wie Eichsfelder Mettwurstbrot, geräucherter Aal aus dem See oder Tafelspitzbrühe mit Grießnockerln. Besonderer Wert wird auf die Zufriedenheit der kleinen Gäste gelegt. Sie dürfen, während ihr Essen im Topf schmurgelt, hinaus aufs Dach ins Piratenschiff oder Kinderzimmer und dort ganz unter sich sein. Die Großen entspannen derweil

ƧEEBURG

Crème brûlé

Zutaten

120 g Eigelb
70 g Zucker
2 Vanilleschoten
100 ml Milch
600 ml Sahne
ca. 50 g brauner Zucker

Zubereitung

Sahne und Milch mit ausgekratzter Vanilleschote aufkochen. Zucker und Eigelb schaumig schlagen. Heiße Milch-Sahnemischung über die Eigelb-Zuckermasse geben und glatt rühren. Crème danach durch ein feines Sieb passieren und in kleine Förmchen oder Schüsseln füllen. Ein Blech mit hohem Rand halbvoll mit Wasser füllen, die Förmchen einsetzen und im Ofen bei 160 °C zirka 35 Min. pochieren. Nach dem Abkühlen die Crème mit braunem Zucker bestreuen und bei starker Oberhitze oder mit einem Bunsenbrenner Zucker braun karamellisieren. Wir servieren die Crème brûlé mit Mango-Ananassalat, einer Kugel Kokosnusseis und dekorieren mit frischer Minze und Ananasblättern.

im Biergarten, in einem Strandkorb im Beachclub oder feiern auf der Terrasse der Seeblicklounge ein Fest. Die Gastgeber laden gern und häufig dazu ein. Da trifft man sich auf Cocktailpartys oder bummelt gemeinsam über einen Handwerker- und Bauernmarkt. Sehr beliebt ist das wunderschön gelegene Haus bei Hochzeitsgesellschaften und Tagungsgästen. Und natürlich auch bei Ausflüglern, die, von einer Erkundungstour durch das Fachwerkstädtchen Duderstadt, durchs Grenzlandmuseum oder durch das Naturerlebniszentrum der Heinz-Sielmann-Stiftung kommend, einen Abstecher zum „Graf Isang" machen. Und dann kehren ebenfalls jene gern wieder, die hier im Restaurant vor 50 Jahren beim Tanztee ihre große Liebe gefunden haben. Sie genießen wie alle anderen Besucher des „Graf Isang" den Blick auf den Seeburger See. Und wer genau hinschaut, kann vielleicht in der Mitte des Gewässers die Turmspitze der ehemaligen Burg des Grafen Isang auftauchen sehen. Der Legende nach ist nämlich des Grafen Burg in einem Meer von Tränen versunken, die Isang, bevor er ins Kloster ging, aus Reue über sein sündhaftes Leben vergossen haben soll. Was für eine schaurig-schöne Geschichte an solch einem idyllischen Ort!

MÜHLHÄUSER PLAUMENMUS

auf der Zunge erfahrbare Besonderheit:
Der fruchtige Brotaufstrich besticht mit
seiner einzigartigen würzig-herben
Musnote. Das ist der feine, aber entschei-
dende Unterschied zu anderen Pflaumen-
mus-Produkten – speziell jenen aus dem
Rheinland, die vorwiegend schwer und süß-
lich schmecken. Mühlhäuser Pflaumenmus
bietet alternativ zur schweren Süße seine
aromatisch-nuancenreiche Leichtigkeit.
Für diese kulinarische Raffinesse begeistern
sich inzwischen auch außerhalb Deutschlands mehr und mehr Liebhaber. So wird
die fruchtige Früh- oder Spätstückzutat seit
Jahren schon auf den Kanaren, in Amerika,
Kanada und Brasilien auf Brötchen oder
frisches Brot gestrichen.
Und sie schmeckt dabei genauso wie vor
100 Jahren. So lange schon wird nämlich
das Mühlhäuser Pflaumenmus in der im
grünen Herzen Thüringens gelegenen
Thomas-Müntzer-Stadt „gekocht". Das erste
Pflaumenmus entstand am 1. November
des Jahres 1908 im Hinterhaus eines Kolo-
nialwarengeschäftes in der Eisenacher
Straße 3. Dort bereiteten die Geschäftsin-
haber Hermann und Luise Thämert erstmalig die köstliche, süße Speise zu. Vom
Umzug in eine Gartenlaube im Jahr 1916

Was waren das in meiner Kindheit in den
sechziger Jahren für herrliche Momente,
wenn der Vater nach Hause kam und rief:
„Heute gab's Pflaumenmus in der Kauf-
halle!" Und zwar nicht irgendein Mus,
sondern Mühlhäuser Pflaumenmus – das
leckerste von allen. Dann warteten wir mitunter nicht einmal, bis das Brot geschnitten
war, sondern löffelten die süße Pflaumen-
masse gleich aus dem Glas. Leider waren
solche Momente nicht allzu häufig, denn
das berühmte und begehrte Mühlhäuser
Pflaumenmus gab es zu DDR-Zeiten oft nur
als stark gefragte „Bückware" versteckt
unterm Ladentisch. Heute dagegen steht
das ostdeutsche Kultprodukt in der ganzen
Bundesrepublik griffbereit im Ladenregal.
Mit dem bundesweiten Angebot hat sich
auch die Fangemeinde vergrößert.
Mühlhäuser Pflaumenmus wird nun nicht
mehr nur in Leipzig, Dresden oder Eisen-
hüttenstadt gegessen, sondern ist längst
auch auf Frühstückstischen in München,
Düsseldorf oder Hamburg zu finden.
Die exquisiten Gaumenfreuden, die das
Mühlhäuser Pflaumenmus all seinen kleinen
und großen Genießern bereitet, gründen
sich auf eine geschmackliche, für jeden

Mühlhäuser Pflaumenmus
GmbH

Mühlstraße 2
99974 Mühlhausen

Telefon   0 36 01 – 4 87 50
Telefax   0 36 01 – 48 75 14

über den Bau einer Mus-Produktionsstätte 1924 in der Brunnenstrasse bis hin zur Verstaatlichung in den 70er Jahren und der Privatisierung 1993 vergingen dann wechselvolle Jahre. Eines blieb aber stetig: die Qualität des Pflaumenmuses, zubereitet nach der Original-Rezeptur aus der Gründerzeit von 1908. Ebenfalls nicht gerüttelt wurde an einem weiteren Grundsatz: In das Mühlhäuser Pflaumenmus kamen und kommen ausschließlich die naturreinen Zutaten Pflaumen, Kristallzucker und Gewürze. Heute werden am modernen Produktionsstandort in der Mühlstrasse rund 10 Millionen Gläser des süßen Brotaufstrichs gefüllt und verpackt. Die Mühlhausener haben allerdings nicht nur in moderne Gebäude und Anlagen investiert, sondern auch in die Entwicklung neuer Fruchtaufstriche.

So kommen seit einigen Jahren aus der Küche der Musköche neben Pflaumenmus in vielen Sorten auch Konfitüren in zahlreichen Geschmacksrichtungen, 30 verschiedene Honigsorten und bunte Fruchtgrützen. Der umsatzstärkste Renner allerdings bleibt das traditionell angestammte Produkt: das mit dem CMA-Gütesiegel und dem Herkunftszeichen „Original Thüringer Qualität" ausgezeichnete Pflaumenmus. Das Rezept des aromatischen Brotaufstrichs hüten die Mühlhausener wie ihren Augapfel. Es bleibt geheim. Lediglich die Anzahl der Gewürze ist zu vernehmen: Es sind acht verschiedene und eines davon ist Zimt. Besonders stolz sind die Fruchtspezialisten, dass ihr Pflaumenmus die nationale Marktführerschaft einnimmt und als thüringische Spezialität weiter auf dem Vormarsch ist.

ERLEBNISBERGWERK

Erlebnisbergwerk
Betreibergesellschaft

Schachtstraße 20
99706 Sondershausen

Telefon   0 36 32 - 65 52 80
Telefax   0 36 32 - 65 52 85

Bis in eine Tiefe von 670 Metern rasselt die eiserne Fahrkabine. Und es wäre stockdunkel um uns herum, hätte der Bergmann nicht eine Grubenlampe dabei, die in einem schmalen Kegel Licht auf die vorbeirauschenden Schachtwände fallen lässt. Nach dreieinhalb Minuten rasanter Rumpelfahrt sind wir angekommen am Ziel, betreten den sandigen Boden des Brügmannschachtes, atmen die bis zu 24 °C warme, immer gleich feuchte Luft und bekommen große Augen: Der Schacht öffnet sich derart ausladend, dass man mehrere Lastwagen neben- und übereinander stapeln könnte. So aber kurven die schweren Wagen einzeln durch die lang gestreckten Gänge und transportieren unter einem Höllenlärm Füllmaterial von A nach B. Ich bin auf Erkundungstour im Erlebnisbergwerk Sondershausen, in der Glitzerwelt einer 230 Millionen Jahre alten Salzlagerstätte. Das erste Kapitel im Geschichtsbuch über die älteste befahrbare Kaligrube der Erde wurde allerdings erst im Jahr 1893 geschrieben, als der Brügmannschacht abgeteuft wurde. Rund zwei Jahre später erreichten die Bergleute die Tiefe von 670 Metern und begannen mit dem Abbau des „weißen Goldes", der bis zum Jahr 1991

währte. In diesem, ein Jahrhundert umfassenden Zeitraum entstand ein unterirdisch weit verzweigtes, 125 Quadratkilometer großes Stollennetz, das in seiner Dimension mit dem Straßennetz einer Stadt wie Erfurt vergleichbar ist. Historisch wertvolle Hinterlassenschaften des Kalibergbaus im Brügmann-Schacht sind die glänzenden Salzstollen selbst sowie zwei wahrhaft märchenhafte Fest- und Konzertsäle. Pfunde, mit denen seit der Wende die Betreibergesellschaft des Erlebnisbergwerks wuchern kann. Dabei verbindet sie in einzigartigen Veranstaltungsangeboten einerseits die Stollenarchitektur mit anschaulich erzählter Bergbaugeschichte sowie geologiewissenschaftlichen Erkenntnissen und bereitet andererseits an ungewöhnlichem Ort sinnlich ganz neu erfahrbare, auf Vorbestellung auch kulinarisch umrahmte Kultur- und Sporterlebnisse. So finden fast 700 Meter unter der Erde im in den Salzstein gefrästen Konzertsaal für bis zu 360 Zuhörer konzertante Weltmusikabende statt, an denen klassische, jazzige oder Heavy-Metal-Klänge das hohe Halbrund erfüllen. Die Stollen sind aber nicht nur Pilgerstätte für Musikfans, sondern auch ein Mekka für Radler und Läufer. Ob das in 110 Länder übertragene Down-Hill-Rennen mit den besten Sportlern der Welt, der Mountainbike-Wettkampf oder der „Kristalllauf" (immer Ende

November) mit 350 Teilnehmern aus ganz Europa, es sind die anregenden Salzkulissen sowie die hervorragenden klimatischen Bedingungen, die den Brügmannschacht zum gut besuchten Unter-Tage-Stadion machen. Dabei kommt auch der Breitensport nicht zu kurz. Erst kürzlich wurde eine neue Kegelbahn eingeweiht, die jedem offen steht, ob Familienrunde, Festgesellschaft oder Firmenteam. Viele Besucher (Kinder erst ab 10 Jahre) begeben sich vorher auf einen Stollenrundgang. Mit Helm und Kittel geht es auf den Lkw, und es beginnt eine zweistündige Fahrt durch die Salzstraßen, vorbei an historischen Dampffördermaschinen, am Museum und am bergmännischen Fahrzeugpark. Unterwegs sorgen die Kahnfahrt auf dem Salzsee, vorbei an Wasserfällen, und die 52 Meter lange

Rutschparty durch den geheimnisvoll beleuchteten Berg mit 40 Grad Gefälle für Romantik, aber auch eine Mordsgaudi. Und was ein „Arschleder" ist, weiß jeder Teilnehmer nach Abschluss der Reise ebenfalls. Doch vorher oder im Anschluss kann man noch eine kulinarische Pause einlegen. Nach Vorbestellung wird ein deftig-kräftiges Tzscherper-Essen serviert, das die Köche von „Mephisto's Zeche" – je nach Gaumenlust und Gästewunsch – auch mühelos zum Mehrgang-Menü vom Feinsten ausbauen

können. Besonders stilvoll sitzt man dabei im kleinen Festsaal, der zu Ehren des Fürsten Carl Günther von Schwarzburg Sondershausen im Jahr 1908 von den Gründern des Bergwerks eingeweiht wurde und schon damals geselligen Gelagen mit Speisen und Musik diente. Dieses erhabene und festliche architektonische Refugium, das von einem riesigen schmiedeeisernen Kronleuchter sowie von vielen Kerzen erhellt wird, gefällt heute besonders Hochzeitspaaren. Aber auch Familiengesellschaften, Firmenteams oder Konferenzgäste ziehen sich gern an diesen stillen Ort zurück. Dort lässt sich ebenso ungestört feiern wie konzentriert tagen, bevor einen dann nach fröhlichen Stunden oder getaner Arbeit und dreieinhalb Minuten Schacht-Auffahrt das laute, hektische Alltagstreiben ganz schnell wieder einholt.

„ALTER ACKERBÜRGERHOF"

weltberühmte Stadt Bad Frankenhausen selbst erkunden.

Kehren sie des Abends von ihren Ausflügen zurück, genießen die Ankömmlinge im „Ackerbürgerhof" das schöne Ambiente in historischer Kulisse und das feine Essen, mit dem die Gastgeberin den Gaumen verwöhnt. Während sie auf die stets frisch zubereiteten Speisen warten, können die Gäste ein wenig im Geschichtsbuch des Hauses blättern. Dort steht geschrieben, dass das Ensemble mit seinem bis heute erhaltenen Kreuzgewölbe und dem gotischen Sandsteinportal aus dem 16. Jahrhundert stammt und Mitte des 18. Jahrhunderts um das Vorderhaus mit Tonnengewölbe aus Bruchkalkstein erweitert wurde. Die architektonische Hinterlassenschaft hat Familie van Helden derart gekonnt aufgewertet, dass das Haus nach der Sanierung zum Bundessieger beim Wettbewerb „Fassaden gestalten" gekürt wurde. Liebe zum Detail und Stilgefühl sind auch bei der Inneneinrichtung zu spüren. Ob in „Omas guter Stube", einem kleinen Separee, das mit den liebevoll ausgesuchten Wohnaccessoires an Großmutters feines Esszimmer erinnert, ob im historischen Weinkeller, in dem fröhliche Verkostungsabende mit Mehrgang-Menü für bis zu 24 Schlemmerfreudige stattfinden, oder im Restaurant mit seinem urtümlichen Interieur aus verschiedenen Zeiten, den gemütlichen Sofas, den mit Leinenwäsche gedeckten Tischen und den Tiffanylampen, die Heidi van Helden selbst anfertigt – es ist überall urgemütlich.

𝓗eidi van Helden hat viel zu tun. Vor wenigen Stunden hat sie mit ihrem Mann Horst das Schlosscafé in Bad Frankenhausen eröffnet und die ersten neugierigen Gäste haben Platz genommen im gemütlichen, mit historischem Interieur eingerichteten Gastraum. Sie verlangen nach Kaffee und hausgebackenem Kuchen und freuen sich über die charmant-freundliche Ansprache durch die Gastgeber. Die fällt dem Ehepaar van Helden leicht, sind die beiden doch mit Leib und Seele in den gastronomischen Beruf hineingewachsen. Ihr „Stammhaus", mit dem die berufliche Veränderung begann, ist der „Alte Ackerbürgerhof", ein romantisches, denkmalgeschütztes Anwesen, das innerhalb der alten Stadtmauern von Bad Frankenhausen liegt und seit der aufwändigen und detailgetreuen Sanierung (1994–1999) durch die Familie ein Restaurant mit historischem Weinkeller und Biergarten sowie Ferienwohnungen beherbergt. Das Nachtlager nutzen vor allem Touristen, die von hier aus das Kyffhäusergebirge, die Barbarossahöhle oder die tausendjährige, durch das Panorama-Museum mit Werner-Tübke-Monumentalrundbild inzwischen

„Alter Ackerbürgerhof"
Café & Restaurant & Biergarten

Familie van Helden
Kurstraße 18
06567 Bad Frankenhausen

Telefon   03 46 71 - 6 31 30
Telefax   03 46 71 - 6 40 45

Ruhetag: Montag

Frische Entenbrust auf Grünkohl und Mandarinensoße

Zutaten

350 g Entenbrust
Salz, Pfeffer
etwas Fett
$^{1}/_{2}$ Gemüsezwiebel
500 g Grünkohl
ein Zweig Rosmarin
etwas Beifuß
1 Dose Mandarinen
1 El Sojasoße

Zubereitung

Die Entenbrust auf der Hautseite rautenförmig einschneiden, salzen, pfeffern und von beiden Seiten in einer Pfanne anbraten. Danach herausnehmen, ausgebratenes Fett und Fond abgießen, für die Soße verwenden. Etwas Fett in die Pfanne zurückgeben, die Zwiebel andünsten, danach den vorbereiteten Grünkohl dazugeben. Die Entenbrust und den Rosmarin auflegen, Deckel schließen und im Backofen bei 175 °C 1 Std. schmoren lassen. In der Zwischenzeit für die Soße den Fond vom Ausbraten der Entenbrust mit etwas Mehl bestäuben und anschwitzen. Mit dem Saft der Mandarinen ablöschen und 1 El Sojasoße hinzufügen. Mit Salz, Pfeffer und einer Prise Majoran abschmecken. Wenn die Entenbrust fertig ist, auf dem Grünkohl anrichten und die Mandarinensoße anlegen. Wir servieren Kartoffelplätzchen dazu.

Dazu gibt es schmackhafte Gerichte, die von ihr frisch und aufwändig zubereitet werden. Dabei wandelt sie mit Vorliebe Standardrezepturen ab, verfeinert, kreiert und experimentiert. Die Zutaten vom Gemüse bis zum Wild liefern Selbsterzeuger aus der Region, Kräuter baut die Hausherrin im eigenen Garten an. Die Speisekarte wird auf einer Tafel mit täglich wechselnden Angeboten ergänzt. Rheinischer Sauerbraten vom Pferd, filetierter, in Kräuterkruste gebratener Karpfen oder ein für die Region so ausgefallenes Fischgericht wie Riesengarnelen an Sepia-Nudeln könnte beispielsweise dort zur Auswahl stehen. Immer zu kosten sind hausgemachte Kuchen und Torten. Zur Speisefolge werden feine Weine aus Meißner- und Saale-Unstrut-Anbaugebieten gereicht. Die zirka 50 Positionen umfassende Weinkarte offeriert aber auch inter-

nationale Weine. Darüber hinaus lohnt die Nachfrage beim Hausherrn Horst van Helden. Der Weinkenner hat nämlich noch so manchen in der Karte unerwähnten Rebenschatz im Keller und hebt ihn auf Wunsch. Wunschlos glücklich macht er zudem jene Gäste, die zwischen Ostern und Pfingsten

mit ihm auf eine Wildorchideen-Erkundungstour gehen. Dabei weiß der „Wanderführer" unterhaltsam und spannend über Orchideen, Adonisröschen und Kuhschellen zu berichten.

VON RHÖNSCHAFEN, MOOREN UND BORSTGRASRASEN

Willkommen im Land der offenen Fernen! Wer seinem Herzen und seiner Seele Flügel verleihen möchte, sollte sich aufmachen in die thüringische Rhön. Man muss ja dabei nicht gleich in die Luft gehen wie die Gleitschirmflieger, die von der Wasserkuppe aus – dem höchsten Berg der Region – starten. Die außergewöhnliche Kulturlandschaft im südwestlichen Zipfel Thüringens lässt sich auch auf sicheren Füßen vom Boden aus wunderbar erkunden. Von der Mitte Thüringens aus in dieses Naturidyll, das keine Grenzen zu haben scheint, hineinfahrend, ist man sofort fasziniert von den weitläufigen, grünen Wiesen, vom sacht, aber beständig ansteigenden Bergland mit seinen unbewaldeten Kuppen und lieblichen Tälern. Höher und höher geht es hinauf, bevor sich ganz plötzlich der Blick öffnen und völlig frei in die weiten Fernen schweifen kann. Kaum zu glauben, dass die Berge dieser zutiefst friedlich erscheinenden Naturkulisse vor Urzeiten fauchende Vulkane waren. Doch das ist lange her. Über die Jahrhunderte haben die Rhöner seither ihr Land beackert und bearbeitet. Und sie taten ihre Arbeit stets im Einklang mit der Natur.

Meiningen

Die „Hütes Holle" von Meiningen

Obststreuwiesen

Schloss Landsberg bei Meiningen

Sie respektierten die Landschaft und leisteten sich keine Übergriffe. Und so finden sich hier und heute noch ganz urwüchsige Winkel mit Laubwäldern, die Urwälder sind, mit unberührten Mooren sowie mehr als 100 Tier- und Pflanzenarten, die anderswo längst ausgestorben sind. Nicht ausgestorben aber ist das Rhönschaf, eine der ältesten und schönsten deutschen Schafrassen, die sich ausgezeichnet für die Beweidung auf der Hochrhön eignet. Dort bummeln die weiß-wolligen Vierbeiner mit schwarzem Kopf gesenkten Hauptes über die für die Rhön so typischen Borstgraswiesen und Kalkmagerrasen, weiden sie ab und sorgen damit für die Pflege und Erhaltung der einzigartigen Grünflächen. Gleichzeitig dienen die Tiere als Fleisch- und Milchlieferanten für die schmackhafte Küche der Region. Doch dazu später. Vorher wollen wir noch berichten, dass sich die Mühe der Rhöner gelohnt hat. Das im Dreiländereck von Hessen, Bayern und Thüringen gelegene Naturparadies wurde nämlich 1991 von der UNESCO als Biosphärenreservat unter besonderen Schutz gestellt. So freundlich und aufmerksam, wie die Rhöner ihren Naturgeschenken gegenüber sind, begegnen sie auch den Menschen, die in der Region auf der Suche nach Seelenflügeln und Leibgerichten sowie nach den Geheimnissen von Land und Leuten sind. Diese Suche unternehmen die „Pfadfinder" aus aller Herren Länder bevorzugt per pedes oder auf dem Drahtesel. Sie betreten und befahren dabei mehr als 6000 Kilometer markierte Wege, die quer durch die Region führen. Sie erkunden von hier aus das schöne Werratal, das ebenfalls pralle Naturromantik, gesunde Wälder, blumige Auen und

Meininger Dampflockwerk

Kultur satt zu bieten hat. In Thüringen machen sie Halt an so anregenden Orten wie der durch die Herzöge von Sachsen-Meiningen geprägten und an kulturellen Traditionen überaus reichen Stadt Meiningen. Sie verweilen in Kloster Veßra und seinem Hennebergischen Museum, wo neben einem musealen Bauerndorf auch eine mittelalterliche Klosterruine zum erlebnisreichen Spaziergang durch verschiedene Epochen einlädt. Sie begeistern sich an der Karnevalshochburg Wasungen, in der die gesamte Altstadt Denkmalschutz genießt, und sie bummeln durch Bad Salzungen, den Heilkurort mit sehenswertem barocken Rathaus und Gradiergarten.

Und weil die nach den Erkundungen beflügelte Seele und der ermattete Leib jetzt nach Essen und Trinken lechzen, bieten die Rhöner und Werrataler ihren Gästen in gemütlichen Gasthöfen und feinen Restaurants eine Küche von deftig bis delikat, aber stets zubereitet mit frischen, aus einheimischem Anbau stammenden Zutaten. Angeführt wird die Speisekarte von Rhönschaf-Fleischgerichten. Gekrönt wird sie vom „Hütes", dem Thüringer Kloß, der einst im Meininger Schlundhaus von Frau Holle erfunden wurde. Die legendäre Geschichte hat Dichter Rudolf Baumbach im gereimten „Lied vom Hütes" nacherzählt. Gefeiert wird die Thüringer Spezialität einmal im Jahr (Juni) an ihrem Entstehungsort, in Meiningen zum Töpfermarkt und Hütesfest. Auch dann ist Gelegenheit, von der regional typischen Küche zu kosten - von der Lammkeule auf Wiesenheu und Lammzunge in Wecksoß', vom Lammfleischtiegel und der Lammfleischbrüh', von Krempelsopp mit abgeschmelzten Kartoffeln und Birnensenf, vom Rhöner Ploatz, Flurgönder, Hutzelkräppel und Kartoffeldeitscher mit Preiselbeerschmand. Dazu schmecken Apfelcidre und Klosterbier, bevor ein Stück vom Rohmilchkäse schmackhaft den kulinarischen Abschied von Rhön und Werratal einleitet.

Kirche „Unserer Lieben Frauen" in Meiningen

JAGDSCHLOSS „FASANERIE"

Jagdschloss „Fasanerie"

Ulrike & Jens Lilienbecker
98618 Rhönblick/Hermannsfeld

Telefon   03 69 45 - 5 17 20
Telefax   03 69 45 - 5 17 29

Ruhetage:
Montag, Dienstag

Was für ein spröder Name für ein solch wunderbares Naturparadies: „Biosphären-reservat Rhön". Was so trocken benannt ist, zeigt sich dem Betrachter als ein sanft gewelltes „Land der offenen Fernen", in dem sich satte, grüne Wiesen an die stetig ansteigende Bergwelt schmiegen, als ein Land, in dem die Menschen noch mit der Natur und nicht gegen sie leben. Ein lohnendes Ausflugsziel in dieser zauberhaften Region ist das Jagdschloss „Fasanerie" in Hermannsfeld. Dort an der ehemaligen innerdeutschen Grenze angekommen, ist man ergriffener Statist in einem grandiosen Naturschauspiel, das sich um das herrschaftliche Anwesen herum abspielt. Die Augen können frei und weit schweifen über Rhönberge und Grasland, über Dörfer und Felder, auf denen die Strohballen wie dicke Hornknöpfe verstreut liegen. Libellen surren übers Gras, im Fasanengehege herrscht reges Treiben, während sich hinterm Haus im Wald Dachs und Fuchs, Schwarzwild und Rehe, Wiesenpiper und Zilpzalp verstecken. Das frisch sanierte, von Georg I., Herzog von Sachsen-Meiningen, im 18. Jahrhundert erbaute, dreiflügelige

Lustschloss erstrahlt in hellem Gelb, die grünen Fensterläden sind einladend zurückgeklappt. Die seit 2003 hier wohnenden und arbeitenden Hausherren Ulrike und Jens Lilienbecker haben Holztische und Stühle herausgestellt, denn die Sonne scheint warm und die ersten Gäste werden gleich eintreffen. Da sind sie auch schon im Anmarsch, radelnd und zu Fuß. Ulrike Lilienbecker begrüßt die Ankömmlinge mit einem herzlichen Lächeln und freundlichen Worten. Wer das erste Mal hier ist, schaut sich im Entree um und entdeckt zur Linken einen Aufsteller mit zahlreichen Informationsbroschüren über das Biosphären-reservat Rhön. Diese Präsentation geschieht nicht von ungefähr: Die im Hauptberuf als Geografin und Kommunikationswissen-schaftler tätigen Gastgeber dokumentieren damit den Bezug des Hauses zur umgebenden schützenswerten Landschaft. Und so ist es kein Wunder, dass sich die Lilienbeckers der Rhöner Naturküche verschrieben haben,

in der ausschließlich mit Produkten aus dem Reservat gekocht wird. Für die bei den Gästen sehr beliebte Lammlasagne beispielsweise liefert das vom Aussterben bedrohte Rhönschaf sein Fleisch. Gleichzeitig wird die seltene Rasse als „Mähdrescher" für den in der Rhön typischen Magerrasen genutzt. Auf diese Weise schließt sich sinnvoll ein die Tradition und Natur bewahrender Kreislauf. Darin eingeschlossen ist auch der kleine Laden rechter Hand. Dort verkaufen die Hausherren einheimische Produkte wie köstlichen Apfel-Cidre, Leberwurst, Lamm-Salami und allerlei Gewebtes aus Rhönschaf-Wolle. In der Mitte zwischen Informationsstand und Lädchen öffnet sich der Gastraum. Dieser wirkt mit seinen hellen Wänden, einer leuchtenden, großformatigen Mohnblumen malerei, den weißen Holzbalken-Raumteilern und dem schlichten Holzmobiliar, das ein Rhöntischler aus wertvollen Rhönhölzern fein gearbeitet hat, pur und natürlich. Die Tische sind gedeckt mit weißem Porzellan und frischen Wiesenblumen. Vom Ambiente derart angenehm eingestimmt, lassen sich die Gäste erwartungsfroh die Speisekarte bringen. Sie beinhaltet frisch zubereitete Fisch-, Lamm-, Wild- und vegetarische Gerichte. Die Zutaten dafür sowie Gemüse, Kräuter und auserlesene Bioweine kommen sämtlich aus der Umgebung. Das wird nicht nur behauptet, sondern ist in einer ausgelegten Lieferantenliste nachlesbar. Jeden Monat steht ein anderes Produkt aus der Rhön im kulinari-

schen Mittelpunkt. Die Gäste genießen die einfallsreich gekochten Speisen und laben sich an Burgunderbraten vom Ökohof Vachdorf und Rhöner Nudeln mit hauseigenem Pesto der Saison ebenso wie an einem Töpfchen selbst gemachten Kochkäses oder einem Stück Gemüsekuchen. Dazu gibt es liebevoll ausgesuchte Weine, Apfel-Cidre oder Biosäfte. So abwechslungsreich wie die Speisekarte präsentiert sich auch der Veranstaltungsplan des Hauses. Im barocken Saal der „Fasanerie" laden die Lilienbeckers ein zu Lesungen, Konzerten oder Seminaren. Zudem organisieren sie für ihre Gäste Wandertouren durch das mit üppiger Flora und Fauna belebte Biosphärenreservat Rhön – ein Geheimtipp für Natursehnsüchtige.

Lammlasagne

Zutaten

2 gehackte Zwiebeln
2 gewürfelte Knoblauchzehen
2 Möhren
1 Stange Lauch
1/2 Sellerieknolle
500 g Lammhack
2 El Tomatenmark
2 kl. Dosen ganze Tomaten
Rotwein
Salz, Pfeffer
Thymian
Rosmarin
Oregano
Lasagneblätter
Schmand
geriebener Käse

Zubereitung

Zuerst wird ein dicker Sugo gekocht. Dazu 2 gehackte Zwiebeln und 2 gewürfelte Knoblauchzehen anbraten. 2 Möhren, 1 Stange Lauch und Sellerieknolle in Würfeln dazugeben. 500 g Lammhack dazugeben und durchbraten. 2 El Tomatenmark mit anrösten und 2 Dosen ganze Tomaten mit Flüssigkeit zufügen. Eventuell Rotwein oder Brühe angießen. Mit Salz, Pfeffer, Thymian, Rosmarin und Oregano abschmecken und den Sugo in ca. 45 Min. dicklich einkochen lassen. Den Boden einer Lasagneform mit Sugo bedecken, die Lasagneblätter (selbst gemacht oder getrocknete, die nicht vorgekocht werden müssen, dann aber den Sugo nicht zu dick werden lassen) nebeneinander einlegen und mit Sugo bedecken. So fortfahren, bis die Nudeln verbraucht sind. Auf die letzte Nudelschicht kommt Sugo, auf jede Nudelplatte 1 El Schmand und geriebener Käse. Die Lasagne im Backofen bei 200 °C (180 °C Umluft) ca. 30–40 Min. backen, bis die Nudelplatten weich sind.

GASTHAUS & HOTEL „SCHLUNDHAUS"

Georg II. seine stilbildenden Inszenierungen auf die Bühne brachte. Im Altstadtkern von Meiningen lädt Uwe Klein in sein „Schlundhaus" ein, um den erlebnisreichen Stadtrundgang mit einem köstlichen Mahl zu krönen. Auf vielen Tellern liegen dann garantiert auch „Hütes", echte Thüringer Klöße, die der Legende nach von Frau Holle in der „Schlundhaus"-Küche erfunden worden sind. Der Dichter Rudolf Baumbach hat die spannende Saga in Reimform gebracht. Als „Lied vom Hütes" nachzulesen, verkürzt die Lektüre heute den Gasthaus-Besuchern die Zeit, in der Küchenchef Silvio Sedlak und Sommelier Ingo Schleifer die bestellten Speisen und Weine zum Auftragen vorbereiten. Aber auch das Umschauen lohnt

Gasthaus & Hotel „Schlundhaus"

Uwe Klein
Schlundgasse 4
98617 Meiningen

Telefon   0 36 93 - 81 38 38
Telefax   0 36 93 - 81 38 39

An einer schmalen Stelle des bezaubernden Werratals entstand um das Jahr 982 Meiningen, das Tor von und nach Franken. Das facettenreiche Gesicht der mit kulturellen Traditionen erfüllten Stadt prägten die Herzöge von Sachsen-Meiningen. Die adligen Herren hinterließen Schloss Elisabethenburg, das Kleine und Große Palais und das heute als Nachbau zu bewundernde Theater, in dem die seinerzeit berühmte Hofkapelle mit Hans von Bülow, Richard Strauss und Max Reger am Dirigentenpult spielte und in dem Herzog

sich. Das Haus mit dem prächtigen Holzerker stammt aus dem Jahr 1906 und wurde dem Vorbild des Merkelschen Hauses, eines prächtigen Patriziergebäudes aus dem 16. Jahrhundert, nachgebaut. Uwe Klein übernahm im Jahr 1990 die gastliche Stätte, die einst Ratsleuten als „Schlundhaus" (fränkisch für Ratswirtsstube) diente, rekonstruierte, erweiterte und schuf das heutige Ensemble mit Gasthof und Hotel. Im Inneren besticht das Ambiente mit Gemütlichkeit. Die umfangreiche Bibliothek im Kaminzimmer, der Kamin selbst, Sofas

Hütes

Zutaten

große, mehlige Kartoffeln
Salz
geröstete Semmelbrocken

Zubereitung

Große, mehlige Kartoffeln schälen, einen Teil kochen und zu klarem Brei verrühren. Zwei Teile reiben und gut auspressen. Die Stärke absetzen lassen. Die „Reibe" gut zerkleinern und mit der geklärten Stärke und etwas Salz vermischen. Alles mit dem kochenden Brei – am besten zweimal – überbrühen und sofort mit einem Holzquirl oder Stampfer verrühren, bis sich die Masse von der Schüssel löst. Daraus mit den Händen, die öfter mit kaltem Wasser abgespült werden müssen, Klöße formen. Zur Verfeinerung vor dem Formen in die Mitte jedes Hütes einige geröstete Semmelbröckchen geben. Die Klöße in einem Topf mit sehr heißem, aber nicht mehr kochendem Wasser einlegen. Sie sind fertig, wenn sie „steigen". Drei Kartoffeln ergeben einen „Hütes". Dazu reichen wir als Hausspezialität eine gebeizte Gänsebrust mit Apfelrotkohl. Gutes Gelingen und guten Appetit!

und antikes Mobiliar machen die Räumlichkeit zu einem schönen Verweilort sowohl zum Speisen wie auch für musikalisch-literarische Abende, die hier ebenfalls stattfinden. Das Restaurant nebenan mit seiner fein gearbeiteten Holztäfelung, den historischen Bildern und nett eingedeckten Tischen ist ebenso urgemütlich. Wer Platz nimmt, darf traditionell und gutbürgerlich zubereitete Gerichte erwarten. So locken als kulinarischer Prolog „Hüt's und Brüh" mit Kalbsrollbraten, Hirschgulasch oder Rouladen mit Rotkohl, Steinpilzen oder Brokkoli, hausgemachte Hütes mit gebeizter Gänsebrust, Filetspitzen in Champignonsauce, Rostbrätel mit Kartoffelsalat und als Epilog Apfelstrudel oder Schoko-Nusspfannkuchen mit frischen Früchten. Dazu kredenzt der Wirt verschiedene bekannte Weine aus Italien, Deutschland und Frankreich, serviert aber auch seltenere Rebentropfen wie einen 1994er Chablis Domaine Andre Cleophat oder einen 1999er Müller-Thurgau von Saale-Unstrut. Zum Nachtlager haben es die Gäste nicht weit. Ist im „Schlundhaus" keines der zwölf Zimmer mehr frei, geht es

nur ein paar Schritte hinüber zum Gästehaus „Rautenkranz", das Hotel und Kleinkunstbühne in einem ist. Dort stehen acht hübsch eingerichtete Zimmer für den erholsamen Schlaf zur Verfügung. Sollten auch die ausgebucht sein, ist der Hausherr um eine gastfreundliche Lösung nicht verlegen, hat er doch zwei weitere Domizile anzubieten. Da ist zum einen das im neogotischen Stil, nach dem Vorbild des englischen Windsor-Castle erbaute, herrschaftliche Märchenschloss Landsberg mit seinem reich verzierten historischen „Rittersaal"-Restaurant und dessen gehoben exklusiver Küche, mit seiner urigen Burgschänke, dem Aussichtsturm und der Sonnenterrasse sowie insgesamt 13 Doppelzimmern, sechs Suiten und einer Hochzeitssuite. Zum anderen bieten sich im „Palais am Prinzenberg", dem im Volksmund so genannten „Helenenstift" (ein als zukünftiger Witwensitz überreichtes Geschenk Georgs II. an seine dritte Gemahlin, Freifrau Helene von Heldburg), fein ausstaffierte Ferienwohnungen, in denen fürstlich geruht werden kann. Dabei überraschen einen die schönsten Träume, wenn an so manchem Sommerabend von der zum Haus gehörenden, naturnahen Freilichtbühne klassische Konzertklänge den Schlaf begleiten.

ROMANTIKHOTEL SÄCHSISCHER HOF

**Romantik Hotel
„Sächsischer Hof"**

Peter Henzel
Georgstraße 1
98617 Meiningen

Telefon 0 36 93 - 45 70
Telefax 0 36 93 - 45 74 01

Für fein- und kunstsinnige Menschen, die zudem Lust auf Geschichte und Geschichten haben, ist der Besuch des „Sächsischen Hofes" in der Kunst- und Kulturstadt Meiningen ein Muss. Denn an kaum einem anderen gastlichen Ort in Thüringen sind Landschaft und Natur, Historie und Gegenwart, Musen und Kulinarien, Komfort und Gastfreundschaft derart harmonisch vereint. Und das schon seit mehr als 200 Jahren. Doch rollen wir die Geschichte von hinten auf. Hotelier Peter Henzel gelang 1997 die Renaissance des 1802 errichteten und um 1900 umgebauten Hauses. Er knüpfte mit Hingabe an die Historie und mit Leidenschaft für die Kunst an die einstige Blütezeit der gastlichen Stätte an. Ihren Ruhm als bester Logisort weit und breit sowie als viel besuchte Bühne für Schauspieler und Musiker erlangten das Haus und sein Festsaal im 19. Jahrhundert, noch vor Errichtung des Meininger Hoftheaters (1831). Damals gab sich hier eine illustre Gästeschar aus hohen politischen und künstlerischen Kreisen ein Stelldichein. Berühmte Könige und Prinzen, Grafen und Generäle, Komponisten und Schriftsteller bevölkerten die Gemächer, genossen die vielfältigen Tafelfreuden und folgten den Schauspielern in ihre bunte Theaterwelt. Sie lobten den im Haus so harmonisch gespielten Dreiklang von Kunst, Küche und Gastfreundlichkeit, ergingen sich in der bezaubernden Umgebung der Thüringer Rhön oder unternahmen erholsame Spaziergänge im nahe liegenden Englischen Garten und Schlosspark. Der angenehme Aufenthalt im Hotel wurde selbst dann nicht gestört, als im Jahr 1843 die Posthalterei der Fürsten von Thurn und Taxis hier einzog. An sie vor allem wird heute wieder erinnert. Peter Henzel hat die vergangenen Zeiten mit dem edel eingerichteten Feinschmecker-Restaurant „Posthalterei" sowie mit der rustikalen „Kutscherstube" wiederbelebt. Dort können die Gäste, während sie auf die frisch zubereiteten Speisen warten, die Geschichte des Hauses „nachlesen" – in an den Wänden liebevoll arrangierten historischen Briefen, Dokumenten, Malereien und Fotos. So setzen die Konterfeis prominenter Hotelbesucher wie Helmut Kohl, Victor von Bülow („Loriot"), Klaus-Maria Brandauer, August Everding, Kurt Masur oder Ephraim Kishon die lange Liste jener Berühmtheiten fort, die früher im vom Meininger Volksmund so genannten „Sächser" verkehrten. Und auch im Café, dessen Ambiente an die „Belle Epoque" erinnert, begegnet den Gästen Vergangenes. Der Kreislauf von Tradition und Moderne schließt sich im heutigen Vier-Sterne-Hotel „Sächsischer Hof" ebenfalls in der Küche.

Christian Heumader, einer der besten Köche in Thüringen, verwöhnt als Maître de Cuisine die Gäste mit regionalen Köstlichkeiten, aber auch mit Gerichten, denen er mit asiatischen und mediterranen Akzenten Klasse verleiht. Gourmets nehmen in der „Posthalterei" Platz und probieren von der getrüffelten Entenlebermousse, vom lauwarmen Hummer an Erbsenschaum, von Jacobsmuscheln und Dorade auf Zucchini-Cannelloni oder vom Weidochsenfilet mit Belugalinsen auf glaciertem Gemüse-Reibekuchen. Regionaler geht es nebenan in der „Kutscherstube" zu. Man sitzt gemütlich an blank gescheuerten Holztischen und darf eine herzhafte Thüringer Spezialitätenküche erwarten, die von Wildgerichten über die echten Hütes und die berühmte Thüringer Wurst bis hin zum Thüringer Rahmkuchen reicht. Dazu gibt es aus dem historischen Weinkeller, in dessen Gewölbe über 8 000 Flaschen lagern, einen Thüringer Riesling oder Bordeaux, einen Burgunder oder Merlot. Keinesfalls sollte man auf einen süßen Ausklang der Tafelfreuden verzichten. Die hauseigene Konditorei lockt mit von Hand hergestellten Köstlichkeiten wie Marzipan, Petits Fours und Torten sowie zart schmelzenden Pralinen, die es auch als Betthupferl für Hotelgäste gibt. Es lohnt sich also, die Nacht im „Sächser" zu verbringen, vor allem, wenn Peter Henzel in den Sommermonaten der Theaterpause zum „Gourmettheater" in den festlichen Saal lädt. Dann dürfen sich Opernfreunde vor dem Genuss des Betthupferls auf ein meisterlich komponiertes Terzett von Musik, Gesang und Speisen freuen.

Rücken vom Rhönlamm im Steinpilzmantel mit Gemüselasagne, gebackenen Kartoffelpilzen und Grießroulade

Zutaten

800 g ausgelöster Lammrücken
3 große Karotten
Pilzfarce
200 g Poulardenbrust
180 g Sahne
20 g Cognac
Salz, Muskat
weißer Pfeffer
400 g Steinpilze
60 ml Olivenöl
1 große Zucchini
1 Aubergine
3 Tomaten
2 Knoblauchzehen
2 Thymianzweige
500 g Kalbs oder Geflügelfond
300 g Hartweizengrieß
2 Eigelb, 1 Ei

Zubereitung

Karotten in feine Scheiben schneiden und in Salzwasser blanchieren. Die einzelnen Karottenscheiben dicht nebeneinander auf eine Klarsichtfolie zu einem Rechteck legen. Auf diesem Rechteck die Pilzfarce verteilen.

Für die Pilzfarce die Steinpilze in ca. 1,5cm große Würfel schneiden, in Olivenöl anbraten und würzen. Die Poulardenbrust mit Salz und Pfeffer würzen, mit Sahne vermischen und im Mixer kuttern. Cognac unterrühren. Auf die Pilzfarce den Lammrücken legen und zu einer Roulade formen. Die Roulade fest in Alufolie einrollen. In ein ca. 80 °C heißes Wasserbad legen und 25 Min. pochieren. Für die Gemüselasagne Zucchini und Aubergine waschen und der Länge nach in 3 mm dicke Scheiben aufschneiden. Tomaten blanchieren, enthäuten, vierteln und Kerngehäuse entnehmen. Olivenöl erhitzen und sämtliche Zutaten darin anbraten. Das Gemüse in eine quadratische Form schichtweise einrichten und zwischen jeder Lage mit Basilikumpesto einstreichen. Die Gemüselasagne mit Folie abdecken und beschweren. Für die Grießroulade den Fond mit der Knoblauchzehe und einem Thymianzweig aufkochen, den Grieß einrühren und 10 Min. quellen lassen. Eier unterrühren. Die Grießmasse zwischen zwei Klarsichtfolien zu einem Rechteck ausrollen, mit Basilikumpesto einstreichen und zu einer Roulade aufrollen.

LANDHOTEL „KLOSTERMÜHLE"

Brot gebacken – im Holzbackofen wie schon vor mehreren hundert Jahren, als nebenan im damaligen Chorfrauenstift die Prämonstratenserinnen Wanderer und Durchreisende zu kräftigendem Essen und selbst gebrautem Bier einluden.

Heute lädt Familie Keß zu kulinarischen Genüssen ein, die Tochter Bettina als Küchenchefin bereitet. Getafelt wird in einem gemütlichen Ambiente, dessen Interieur viel Liebe zum Detail zeigt. Kuschelig wie einst in Großmutters Küche sitzt man in der Backofenstube, schön ist es auch in der ländlich eingerichteten Klosterklause oder im blauen Salon. Das ganze Haus hängt voller Bilder, von denen viele Klaus-Dieter Keß gemalt hat, wenn ein Stündchen Freizeit blieb. Draußen lockt an warmen Tagen ein angenehm beschatteter Biergarten.

Im Bauerngarten wachsen die Kräuter für die Küche. Im Sommer surren Dutzende von Schwalben durch die Luft, die auf dem Anwesen heimisch geworden sind und nach

Landhotel „Klostermühle"

Familie Keß
Dorfstraße 2
98646 Trostadt

Telefon   03 68 73 - 2 46 90
Telefax   03 68 73 - 24 69 99

Ruhetag: Montag (Gaststätte)

„Ankommen! Aussteigen! Aufatmen!", so begrüßt Familie Keß die Gäste in ihrem wunderschönen Landhotel „Klostermühle" in Trostadt im malerischen oberen Werratal am Rande des Thüringer Waldes. „Absteigen!" lautet dagegen die freundliche Aufforderung an Radfahrer. Die gastliche Stätte liegt nämlich direkt am naturreichen und auch kulturhistorisch spannenden Werratal-Radwanderweg, der von den Quellen herkommend bis zur Weser in Hannover-Münden führt. Die „Klostermühle", eine ehemalige , im 17. Jahrhundert erbaute Öl- und Getreidemühle, die nach einem Brand im Jahr 1905 wieder aufgebaut wurde, ist ein verwunschenes Kleinod, das Klaus-Dieter Keß mit kenntnisreichem Architektenblick gemeinsam mit seiner Frau Christl seit 1993 ausgebaut und unter ökologischen Gesichtspunkten restauriert hat. So dreht sich vor der Tür ein Mühlenriesenrad, das mit Wasserkraft betrieben zur Strom- und Warmwasserversorgung des Anwesens beiträgt. In dem hennebergisch-fränkischen Fachwerkhaus mit quirligem Innenleben wird auch wieder

dem Motto „Schwalben im Haus, geht das Glück nicht aus" von jedermann ungestört bleiben. Ungestört bleiben auch die Seminarteilnehmer, die im separaten Tagungsraum konzentriert arbeiten. Und wer sein Haupt in einem der 16 Zimmer (davon drei Ferienwohnungen) zur Ruhe bettet, in der demnächst fertig gestellten Badestube entspannt sauniert oder den ebenfalls bald vollendeten Barfußwanderweg entlangflaniert, den umgibt ebenfalls nur Vogelgezwitscher und Mühlradrauschen. Die Dreifaltigkeit von Natur, stimmungsvollem Ambiente und persönlicher Betreuung ist es, die Gäste in die „Klostermühle" zieht. Sie kommen aber auch wegen der guten Küche. Bettina Keß hat sich vor allem auf

Wildgerichte spezialisiert, die sie experimentierfreudig aufzuwerten weiß. So kocht sie einen (vom Vater geschossenen und zerlegten) Wildbraten mit einem Hauch Zimt und serviert ihn mit Schokoladensoße, mit Preiselbeeren gefüllter Birne und Thüringer Kloß. Die Originalität der Rezepturen zeigen sich auch in allen anderen Fleisch- und Fischgerichten, in Desserts wie Rotweinkuchen oder Schokoladenfondue mit Obst bis hin zum hausgemachten Wildschinken und Bärlauchpesto. Alles wird frisch zubereitet und braucht deswegen etwas Zeit. Die Warteminuten vergehen aber rasch, wenn man dabei im hauseigenen Wanderführer blättert und schon mal die Tour für den nächsten Tag plant. Die spannende Lektüre stammt aus der Feder eines Stammgastes. Der Historiker Winfried Leist ist seit Jahren in die schöne Gegend verliebt. Auf seinen zahlreichen Ausflügen hat er Stimmungen eingefangen und Informationen gesammelt und sie in dem einzigartigen Wanderführer anschaulich niedergeschrieben. Wer nicht lesen möchte, plauscht mit den Hausherren. Die sind immer für ein gutes Gespräch zu haben. Dabei erfährt man dann, dass die Familie öfter zu musikalisch-literarischen Abenden und zu Silvester traditionell auf eine von Glockengeläut umrahmte Führung durch die einstige Klosteranlage einlädt. Und in naher Zukunft möchte Christl Keß das erlebnisreiche Veranstaltungsangebot noch um ein gesundheitsförderndes erweitern: Fasten- und Kneippkuren in der „Klostermühle" lautet die vitalisierende Offerte.

Wildschweinbraten mit einem Hauch von Zimt

Zutaten

1 kg falsche Lende vom Wildschwein
Wurzelgemüse (Lauch, Sellerie, Äpfel, Möhren, Zwiebeln, Knoblauch)
Bitterschokolade
saure Sahne
trockener Rotwein
Paprika edelsüß
Salz, Pfeffer
Zucker
Piment
Nelken
Wacholderbeeren
gemahlener Zimt
Zimtstangen

Zubereitung

Das Wildfleisch mit Salz, Pfeffer, Paprika und etwas Zucker einreiben und kühl gestellt einziehen lassen. Dann von allen Seiten in Pflanzenöl scharf anbraten und ruhen lassen. Bräter mit geschnittenem Wurzelgemüse, Nelken, Piment, Wacholderbeeren und Zimtstangen auslegen. Bratensaft, Rotwein und etwas Wasser zugeben, den Wildbraten hineinlegen und leicht mit gemahlenem Zimt bestäuben. Den Braten mit saurer Sahne übergießen und ca. 1 Std. zugedeckt schmoren lassen. Während dieser Zeit den Braten immer wieder wenden und den Sud mit etwas Wasser und Rotwein auffüllen. Wenn der Braten fertig gegart ist, den Schmorsud abseihen. Die Soße mit Zimt je nach Belieben abschmecken, geraspelte Bitterschokolade dazugeben, durchmixen und abbinden. Zum Rotwildbraten mit Schokoladensoße empfehlen wir mit Preiselbeeren gefüllte Rotweinbirnen und Thüringer Klöße. Guten Appetit!

HENNEBERGISCHES MUSEUM

Hennebergisches Museum
Kloster Veßra

98660 Kloster Veßra

Telefon   03 68 73 – 6 90 30
Telefax   03 68 73 – 6 90 49

$\mathcal{K}$ultur- und geschichtsinteressierte Weltenbummler finden im Thüringer Land reichlich geistige Nahrung. Als ganz besonderes „Sahnehäubchen" auf der mit historisch wertvollen Hinterlassenschaften üppig gedeckten Thüringer Tafel zeigt sich das Hennebergische Museum in Kloster Veßra. Dieses museale Ensemble mit gleichnamigem Kloster liegt im südlichen Vorland des Thüringer Waldes, mitten im Henneberger Land in landschaftlich reizvoller Umgebung und vereint in sich auf einzigartige Weise deutsche Kunst-, Kultur-, Architektur- und Landwirtschaftsgeschichte. Schon von weitem begrüßen den Ankömmling die zwei hohen, das Dorfbild prägenden Türme der noch erhaltenen Westfassade der Kirche St. Marien. Das Gotteshaus war einst der geistig-religiöse Mittelpunkt der ein-

drucksvollen Anlage des ehemaligen Prämonstratenserklosters Veßra, das im 12. Jahrhundert auf Initiative von Graf Gotebold II. von Henneberg (gest. 1144) und seiner Gemahlin Liutgard gegründet wurde. Die Kirche sowie zahlreiche weitere Klosterbauten, zu denen unter anderem die Torkirche, die Henneberger Kapelle, die Südkapelle mit ihren faszinierende Lichtspiele erlaubenden Maueröffnungen, das Klostertor mit spätromanischer Fassade, die Klausur sowie Reste eines Kreuzganges gehören sind umgeben von einem mauerumgürteten, zirka sechs Hektar großen Klosterhof. Die steinernen Zeitzeugen bilden als Ensemble das bedeutendste romanische Baudenkmal im Gebiet zwischen Rennsteig, Grabfeld und Rhön. Nach 400-jähriger Nutzung als landesherrliche und staatliche

Domäne und zuletzt Sitz einer landwirtschaftlichen Produktionsgenossenschaft bekam Kloster Veßra 1975 mit dem Einzug des agrarhistorischen Museums, seit 1990 des Hennebergischen Museums, wieder eine kulturelle Funktion, die mit der von 1544–1573 erfolgten Säkularisation verloren gegangen war.

Das Gelände, das zum Besitz der Stiftung Thüringer Schlösser und Gärten gehört, hat sich seitdem zum Anziehungspunkt für Gäste aus aller Welt entwickelt. Neben den romanischen und gotischen Klosteranlagen, an denen sich zahlreiche architektonisch und künstlerisch wertvolle Details entdecken lassen, sowie den seit dem 16. Jahrhundert

entstandenen Wirtschaftsgebäuden der Domäne sind es vor allem die historischen Heilkräuter- und Bauerngärten, die Parzellen- und Getreideanlagen, die lebendig „erzählenden" und reich bebilderten Ausstellungen zu Geschichte, Landwirtschaft, Volkskunde und Kunst des Henneberger Landes sowie die umfangreich ausgestattete

Fotothek und Bibliothek, die für einen stetigen Strom neugieriger Besucher sorgen. Zu einem Magnet hat sich zudem das Freilichtmuseum entwickelt. Auf dem weitläufigen Gelände ist eine stattliche Anzahl ländlicher Wohn-, Wirtschafts- und Kommunalbauten aus verschiedenen Epochen zu einem Bauensemble von besonderem Reiz zusammengefügt worden. So erfährt man beim Eintritt in ein Neubauernhaus aus dem Jahr 1948 viel über die ländliche Wohnkultur jener Zeit, staunt über die reich gestaltete Fassade eines Bauernhauses aus dem 17. Jahrhundert, das in Witzelroda erbaut und in den 80er Jahren nach Kloster Veßra gebracht wurde und bewundert das mit beschnitzten Eckständern, Goldengel und Fränkischer Laube üppig verzierte Pferdehändler-Haus aus dem 18. Jahrhundert. Neben weiteren Häusern sind auch eine historische Schmiede, eine Wassermühle (um 1600, umgebaut 1847) und ein Dorfbrauhaus (1734) zu erkunden, während nebenan Gemeindehaus und Totenhofkapelle (mit Totenkrone und wunderschönen Malereien) den Betrachter in längst vergangene Zeiten entführen. Mit dem Dorfbrauhaus hat es übrigens eine ganz eigene Bewandtnis. Zweimal im Jahr wird

hier tatsächlich noch Bier gebraut – zum Vergnügen von kleinen und großen Museumsbesuchern. Im Kloster Veßra ist aber nicht nur „andächtiges Schauen" erlaubt, sondern darüber hinaus auch aktive Beteiligung erwünscht. Dafür lassen sich die Museumsmitarbeiter jedes Jahr einiges einfallen. „Vom Korn zum Brot", „Vom Flachs zum Leinen" oder „Wäsche waschen wie zu Großmutters Zeiten" heißen nur einige der Vorstellungen, in denen Klein und Groß in den Alltag und das Handwerk früherer Zeiten eintauchen und den Museumsmitarbeitern Löcher in den Bauch fragen kann. Bereits zur Tradition geworden sind auch die berühmten Museumsfeste und erlebnisreiche Jahreshöhepunkte wie der „Tag des offenen Denkmals", der „Deutsche Mühlentag" oder die stimmungsvollen Sommer- und Weihnachtskonzerte in der erhabenen historischen Kulisse. Den kulinarischen Begleiter gibt das „Café am Klostergarten": Von März bis Oktober locken frische Kuchen- und Eisspezialitäten.

TIEFE TÄLER ZWISCHEN BEWALDETEN HÖHEN

Die Wartburg bei Eisenach

Innentor zur Wartburg

„Ich war immer gerne hier und bin es noch. Ich glaube, es kommt von der Harmonie, in der hier alles steht: Gegend, Menschen, Klima, Tun und Lassen", schreibt Johann Wolfgang von Goethe im Jahr 1795 an Friedrich Schiller. Und in einem Brief an Herder schwärmt der Dichterfürst nicht minder: „Ich führe mein Leben in Klüften, Höhlen, Wäldern, in Teichen, unter Wasserfällen, bei den Unterirdischen und weide mich aus in Gottes Welt". Die Landschaft, von der Goethe spricht, ist der Thüringer Wald – gelegen zwischen dem Schiefergebirge im Osten und den Ausläufern der Rhön im Westen. Die Region bildet mit fast 2000 Quadratkilometern den zweitgrößten Naturpark Deutschlands und zählt zu den schönsten Mittelgebirgslandschaften Deutschlands. Dichte Forste und weite Waldwiesen, steile Hänge, geschwungene

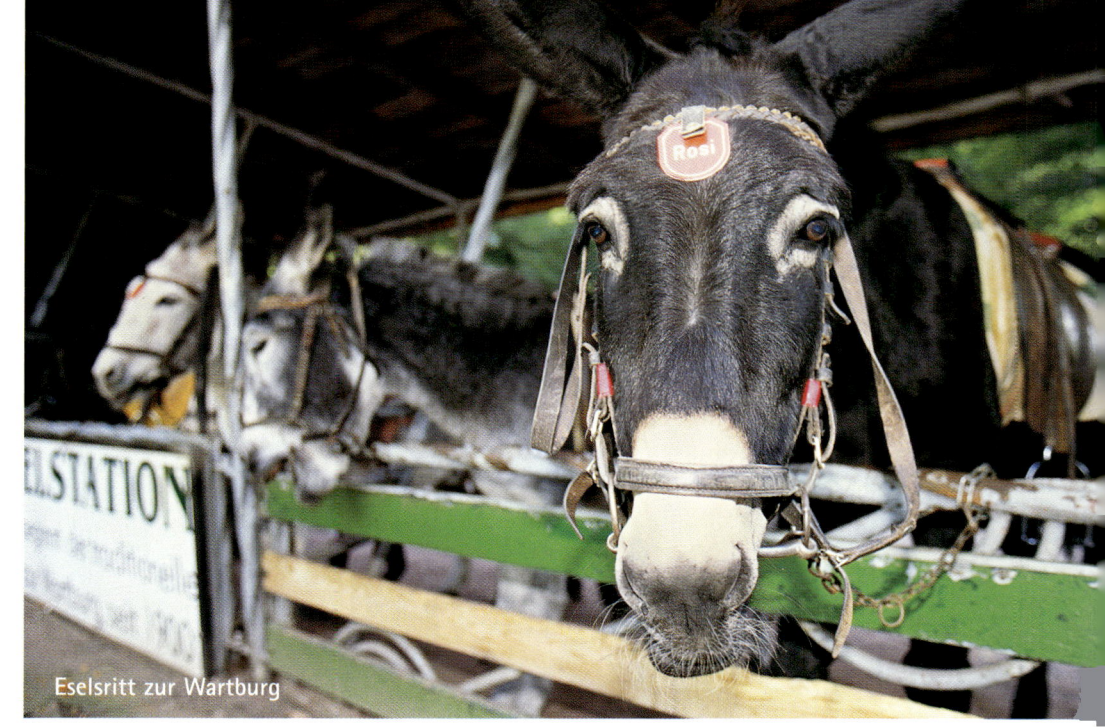

Eselsritt zur Wartburg

Höhen und tief eingeschnittene Talsohlen, endlose Fernsicht von „Fast-Tausendern" wie dem Großen Inselsberg oder dem Kickelhahn und totale Abgeschiedenheit – so präsentiert sich dieses grüne Paradies dem Betrachter. Und wie Goethe bewundert auch der heute die Gegend Durchstreifende deren Natur, die sich mit jedem Schritt üppiger entfaltet und staunt über die Wahrheit der Worte, die einst der Romantiker Friedrich Gottlob Wetzel niedergeschrieben hat: „Die Bäume bekommen ein ganz anderes Grün, sowie man Thüringens Boden betritt."

Vom Mittellauf der Werra bis zum Oberlauf der Saale zieht sich der Rennsteig als Höhenweg auf einer Länge von 168 Kilometern über den Kamm des Thüringer Waldes und des angrenzenden Schiefergebirges (eine rund 20 Kilometer breite, nach Südosten geneigte Hochfläche, die bis zum Tal der Weißen Elster reicht und von blau schimmernden Städtchen und Dörfern durchzogen ist) bis hin in den nördlichen Frankenwald. Mehr als 6000 Kilometer ausgeschilderte Wanderwege führen zu jeder Jahreszeit an attraktive Ausflugsziele. So erwarten im Winter über 500 Kilometer gespurte Loipen und zahlreiche Skilifte die Liebhaber des weißen Sports, während an wärmeren Tage das Trusetal mit seinem wild-romantischen Wasserfall lockt, dessen Fluten sich 50 Meter über Granitfelsen in die Tiefe stürzen. Schön ist es auch im Biosphärenreservat Vessertal, einem 17000 Hektar großen Schutzgebiet, das Wald, Bergwiesen, Hochmoore, Fließgewässer und rund 92 Brutvogelarten beherbergt. „Über allen Wipfeln ist Ruh" – das im Goethehäuschen auf dem Kickelhahn notierte Dichterwort mag für das Biospährenreservat gelten. In den Städten des Thüringer Waldes geht es lebhafter zu. Eisenach und die Wartburg näher vorzustellen, hieße Eulen nach Athen tragen. Fast jeder in Deutschland kennt die heute mehr als 900 Jahre alte, imposante Burg, die im 12. Jahrhundert Schauplatz des legendären Minnesänger-Wettstreits war und für Luther von

Traditionelle Jagdwaffenfertigung in Suhl

Im Thüringer Wald

DB

und Schwarzatalbahn

Oberweißbach

Der historische Buckelapotheker im „Thüringer Kräutergarten"

1521 bis 1522 ein schützender Ort, an dem er das Neue Testament übersetzte. Historie und Kulturgeschichte spiegeln sich auch in der ältesten Stadt Thüringens, in Arnstadt, sowie in der Universitätsstadt Ilmenau wider. Nach Weimar und Jena verbrachte Goethe in Ilmenau die meiste Lebenszeit. Neben der Dichtkunst beförderte er dort einst den Silber- und Kupferbergbau, den später Glas- und Porzellanindustrie ablösten. Vom Glas lebt auch Lauscha, ein lauschiges, am auslaufenden Thüringer Wald und im Schiefergebirge liegendes Städtchen. Seit dem 16. Jahrhundert bezaubern die Lauschaer ihre Kunden mit phantasievollen Glasgebilden und können sich zu Recht als

Erfinder des Glasauges und des gläsernen Christbaumschmucks bezeichnen. Erfindungsreichtum ist eines der Markenzeichen der Thüringer „Wäldler", die zudem als scharfsinnig und fröhlich beschrieben werden. Ihr gesunder Verstand, der gepaart ist mit Offenheit und Leichtigkeit, macht sie zu angenehmen Zeitgenossen, die nicht nur schuften können wie die Heftlmacher, sondern auch zu feiern verstehen – ob auf Höhlen-, Berg- oder Trachtenfesten, zur Kirmes und auf Märkten oder beim wahrscheinlich größten Thüringer Volksfest, dem Eisenacher Sommergewinn (vor Ostern). Zum Feiern gehören beim Wäldler stets üppige Tafelfreuden. Ein Gourmet ist er nie

gewesen, er liebte und liebt seit Jahrhunderten das Einfache und Schmackhafte. Dazu gehören die den „Thüringer Weihrauch" verbreitenden Roster, das in Bier-Zwiebel-Marinade eingelegte Rostbrätl, die mit knusprigen Semmelwürfeln gefüllten Thüringer Klöße, Kirmes- und Zwetschgenkuchen, Till- und Zwiebelkuchen. Nicht fehlen dürfen der Wildbraten, die gut gewürzte, gekochte oder geräucherte Schlachtewurst sowie Kartoffeln, die als Stampfkartoffeln auf den Tisch gebracht im an Dialekten reichen Thüringer Wald überall anders heißen: in Biberschlag „Zammet", in Schmiedefeld „Paps", in Suhl „Mansch" und in Schleusingen „Dulch".

HOTEL AUF DER WARTBURG

Hotel auf der Wartburg

Wartburg
99817 Eisenach

Telefon   0 36 91 - 79 72 23
Telefax   0 36 91 - 79 71 00

Für Leser in Deutschland über die Wartburg in Eisenach zu schreiben, wäre so, als würde man Eulen in die Olympiastadt Athen tragen. Sparen wir uns also an dieser Stelle die eigentlich spannende Story über das Nationaldenkmal und die Klassikerin unter den Thüringer Burgen und erzählen lieber davon, wie und wo man auf ihr ein paar wunderschöne Tage verbringen kann. Die Wartburg ist nämlich seit Jahrhunderten eine verbürgt gastfreundliche Herberge. So lobte Minnesänger Walther von der Vogelweide den Landgrafenhof, und auch Martin Luther fand Quartier sowie herzliche Aufnahme. Dieser Tradition hat sich das „Hotel auf der Wartburg" verpflichtet. Fast 90 Jahre präsentierte es sich als „Gasthof für fröhliche Leut". Mit der Übernahme durch die Arkona AG im Jahre 2001 ist nicht etwa „vornehme Steifheit" eingezogen, wohl aber eine Hotelphilosophie mit

Renommee. Nach wie vor ist also der Ort „so hoch und froh", wie Goethe ihn einst erlebte, die „Herberge" jedoch nun erfüllt mit wesentlich mehr Ruhe, Wohlbehagen und Heiterkeit als die früheren schweren Zeiten es je zuließen. Wie früher allerdings fließen Landschaft und Architektur in einer gelungenen Komposition zusammen, während im Inneren des Hauses heute moderner Komfort (in 35 individuell gestalteten Zimmern und Seminarräumen), stilvolle Behaglichkeit (in Jägerzimmer und Landgrafenstube) und kulinarischer Genuss (allerorten) das Leben versüßen. Hoteldirektor Hans-Lorenz Beck kennt die Stellen, die den Gast besonders bezaubern. Einer der anrührenden Orte ist die Südterrasse mit Blick über die Höhen des Thüringer Waldes, die Thüringer Rhön und nach Hessen. Zu diesem Landschaftspanorama gelangt man durch den 200 Quadratmeter großen Wappensaal, dessen Höhe ebenso imponiert wie die historischen Wandmalereien des Straßburger Künstlers Leo Schnug. Auch die mit Korbgestühl eingerichtete Nordterrasse ist sehr gemütlich und würde einen wunderbaren Ausblick auf das Eisenacher Stadtpanorama bieten, wäre da nicht der Metilstein. Üppig bewaldet und deswegen wunderschön anzuschauen, drängt sich der Berg doch frech ins Bild und teilt die Stadtkulisse einfach in zwei Hälften. Das verdeckte Mittelstück muss der Betrachter mit Phantasie ergänzen, was aber nicht schwer fällt, wenn man dabei speist und ein süffiges Rebentröpfchen

trinkt. Dafür macht der Saarländer Küchenchef Peter Herrmann interessante Angebote. Er verwöhnt die Gäste mit einer aromareichen Burgküche, die von regionalen Produkten lebt und von ländlichen Rezepten europäisch bedeutsamer Weinbaugebiete inspiriert ist. Geschmorte Wildschweinkeule mit Rosmarin-Backpflaumensoße, Thüringer Bratwurst mit Kartoffel-Raukesalat oder mit Meerrettich gratiniertes Rauchforellenfilet aus Schmalkalden sind eine Referenz an die Region, während Gerichte wie rosa Lammkarree mit Thymiankruste oder gefüllte Wachtel auf sautiertem Himbeer-Rotkraut den Blick über den Gartenzaun zeigen. Hausgemacht, à la minute und zauberhaft auf dem Teller angerichtet sind auch das Pralineneis und die „knusprigen Kirschen". 120 Positionen umfasst die Weinkarte, deren Weine genau wie die Hausgäste aus aller Herren Länder, aber auch aus dem Saale-Unstrut-Gebiet, aus Thüringen und aus

Rotweincreme auf einer Mandelkruste mit karamellisiertem Blauschimmelkäse

Zutaten

50 g gehobelte Mandeln

50 g Erdnussbutter

50 g dunkle Schokolade

100 g Blauschimmelkäse

200 g Zucker

250 ml Rotwein

50 g Zucker

4 Blatt Gelatine

250 ml geschlagene Sahne

Zubereitung

Für die Mandelkruste die Schokolade und die Erdnussbutter im Wasserbad zum Schmelzen bringen. Danach die Mandelblättchen unterheben und die Masse als Boden in eine Form

geben. Für den karamellisierten Käse den Zucker in einen Topf geben und karamellisieren lassen. Den Käse in kleine Würfel schneiden, mit einer Gabel durch den Karamell ziehen und auf die zuvor hergestellte Mandelkruste legen. Für die Rotweincreme den Rotwein mit dem Zucker einmal aufkochen lassen und die in kaltem Wasser eingeweichte Gelatine darin auflösen. Den Wein unter gelegentlichem Rühren abkühlen lassen, bis die Gelatine anfängt fest zu werden. Sobald die Bindung einsetzt, die geschlagene Sahne unterheben. Eventuell mit Puderzucker nachsüßen. Die Creme auf den Mandelboden mit Käse geben und zum Auskühlen 2–3 Std. in den Kühlschrank stellen. Guten Appetit!

Sachsen kommen. Verliebte Paare der Region feiern ihre Hochzeit besonders gern im „Hotel auf der Wartburg". Dort hält das Standesamt an zwei Tagen in der Woche die Türen des Jägerzimmers offen und traut alle, die sich trauen. Die Hochzeitsnacht können die Frischvermählten im „Prinzenzimmer" oder im romantischen Landgrafenzimmer erleben, der Sonnenuntergang hinter der Südterrasse ist ein

Geschenk des Hauses. Vorher jedoch wartet ein Saunaerlebnis auf 120 Quadratmetern Wohlfühloase mit Kosmetik- und Massagestudio. Und wenn dann der Prosecco im Glas prickelt und die Stimmung steigt, dann weiß jeder, im „Hotel auf der Wartburg ist man in einem „Gasthof für fröhliche Leut".

HOTEL „EISENACHER HOF"

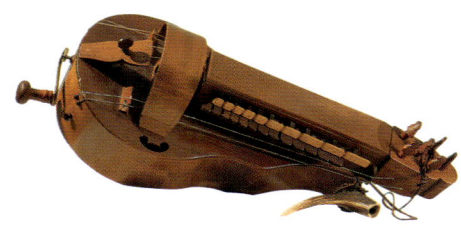

„Lutherstuben"
Hotel „Eisenacher Hof"

Christina und Udo Winkels
Katharinenstraße 11–13
99817 Eisenach

Telefon   0 36 91 – 2 93 90
Telefax   0 36 91 – 29 39 26

Was für eine anheimelnde Stimmung! Flackerndes Kerzenlicht hüllt den Raum in geheimnisvolles Licht; riesige, an der Decke hängende Wagenräder werfen Schatten; an dunklen Holztischen sitzt eine andächtig-stille Gästegemeinschaft. Sie lauscht den Worten von Uther vom Katharinenberg, der gerade sein Gesinde vorstellt, als da sind der Mundkoch Kunibert, die Schankmagd Carola und allerlei weitere Jungfern und Becherknechte. Sie alle stehen in den nächsten Stunden in historische Kostüme gewandet dem Gastvolk zu Diensten während einer aufregenden Zeitreise ins späte Mittelalter, bei der auch recht üppig getafelt werden wird. Uther vom Katharinenberg hat seine Rede beendet, erwartungsfroh scharren die Gäste mit den Füßen im auf dem Boden liegenden Stroh, sie stoßen sich an, lächeln sich zu und wissen: Das wird ein unterhaltsamer Abend.

In den „Lutherstuben" im Hotel „Eisenacher Hof" ist heute „Luther-Schauspiel" mit „Lutherschmaus" angesagt. „Zum Gruße nehmt ein Apfelschnäpslein, ein weißes Linnen um den Hals, denn mit den Händen soll geschmaust sein, dazu ein Tränklein – Gott erhalt's", verkündet Uther im schönsten mittelalterlichen Deutsch und schon eilen die Jungfern und Becherknechte und tragen auf, was Mundkoch Kunibert in der offenen Schauküche frisch zubereitet hat. Der Met fließt aus dem Horn, Bier und Wein aus Sturzbechern, die Tische sind im Nu beladen mit Schweineschmalz und Kräuterquark, mit Fleisch – und Kartoffelsuppen, mit meterlangen Spießen, an denen saftige Fleischstücke stecken, mit Erdapfelecken und Brotklößen, mit gebackenen Zwiebeln und Hähnchen, mit Pilzen in Kräutern, mit flambierten Fruchtspießen und flambierten Bratäpfeln in Wein und

„Ein gutes Werk ist, was anderen wohltut" ist das Motto von Christina und Udo Winkels, den gastgebenden Hausherren. Und ihre sinnlichen Reisen in die Reformationszeit tun den Gästen sichtlich gut: Sie genießen mit heiteren Gesichtern die frechen Sprüche, die fröhlichen Spiele und schmackhaftdeftigen Speisen. Die übrigens werden täglich ab 18 Uhr aufgetafelt, vielfältig, lecker und stets stilecht im mittelalterlichen Ambiente des Hauses. Dessen Geschichte reicht ebenfalls bis weit ins Mittelalter zurück. Schon damals diente das Gebäude, das die Eisenacher „Schiffchen" nennen, weil es am ehemaligen Binnenhafen der einst wasserstarken Hörsel lag, als Gasthof vor den Mauern der Stadt. Wenn sich um 18 Uhr die Tore schlossen, kamen weder Bettler noch Kaiser in die Stadt hinein und so nutzten Spätankömmlinge den Gasthof als Nachtlager. Heute ist das Hotel mit 43 Zimmern, mit Tanzcafé, Cocktailbar

und schönem Wintergarten ein idealer Startpunkt für die Erkundung der historischen Altstadt mit Luther- und Bachhaus, Georgenkirche und des Weltkulturerbes – der Wartburg. Und jeder kann sicher sein, dass bei seiner Rückkehr vom Ausflug ins Hotel selbst nach 18 Uhr ein kräftiges Luthermahl und ein weiches Bett auf ihn warten.

Vanille-Zimt-Soße. Die Tafelrunde schlemmt, das Gesinde bringt Trinksprüche aus und Luther hält seine großen Tischreden. „Warum rülpset und furzet Ihr nicht, hat es Euch nicht geschmecket?", wird gefragt, als sich das Mahl dem Ende nähert. Die Tafelrunde lacht und klatscht und ruft nach dem Becherknecht: „Met soll er bringen, mehr Met!" Die Stimmung steigt, Schankmagd Carola ruft zum Wadentanz auf den Tischen auf, die Gesellschaft gibt kurzerhand das Orchester, wer für Missklang sorgt, wird übers Fass gelegt und mit Stockhieben bestraft. So geht es zu beim „Kleinen Luther-Schauspiel" an jedem ersten Sonntag im Monat, aber auch beim „Großen Luther-Schauspiel", bei dem auf Wunsch noch Katharina von Bora und Melanchthon sowie der Spielmann Hallodri zu Gast sind. Jeden Donnerstag dagegen wartet in den „Lutherstuben" ein Rittermahl an „Junker Jörgs Tafelrunde" mit einem Meter Bratwurst, einem Meter Knochen, einem Meter Hähnchenhaxe und vielen weiteren Metern ...

WEINRESTAURANT „TURMSCHÄNKE"

**Weinrestaurant
„Turmschänke"**

Ulrich Rösch
Karlsplatz 28
99817 Eisenach

Telefon   0 36 91 - 21 35 33
Telefax   0 36 91 - 88 88 12

Ruhetag: Sonntag

$\mathcal{D}$ie Kur- und Wartburgstadt Eisenach ist in ihrer Lage an der Westpforte Thüringens und in ihrem Charakter als Einfallstor in den Thüringer Wald von der Natur mit verschwenderischer Fülle an Schönheiten bedacht worden. Architektonisch allerdings hat die Stadt durch mehrere Brände im Mittelalter arg gelitten, weist aber dennoch zahlreiche steinerne Zeugen dieser Zeit auf. Neben dem Dominikanerkloster, dem Residenzhaus am Markt und der Georgenkirche ist es vor allem die Nikolaikirche, die mit dem im Jahr 1070 errichteten Nikolaiturm das stadtbildnerisch schönste mittelalterliche Puzzlestück abgibt. Dort, unterhalb

des einzig erhaltenen historischen Stadttors und einstigen Verlieses von Eisenach, befindet sich das 1912 errichtete Weinrestaurant „Turmschänke". Das Restaurant ist im 1897 gebauten Hotel „Kaiserhof" untergebracht, bildet aber ein eigenes „Abteil". Gastgeber und Küchenchef in der „Turmschänke" ist Ulrich Rösch. Die Räumlichkeiten für seine feinen Weine und Speisen hat der Gastronom gut gewählt, denn hier ist es derart urgemütlich und erhaben zugleich, dass schon Heimatdichter sich vom Ambiente inspirieren ließen. „Wo einst die Wacht mit grimmen Streiten den Feinden tät Verdruß bereiten, wo dann in des Gewahrsams Engen der Büttel mußt den Bürger zwängen, dort sitzt man nun ganz ohne Bängnis im urfidelen Turmgefängnis", reimte Armin Rabe um das Jahr 1900.

Heute zeigt sich das Restaurant im alten Glanz, es wurde Anfang der 90er Jahre umfassend rekonstruiert. Den eintretenden Gast beeindrucken vor allem schöne Bleiglasfenster und uralte Gobelins, das historische Gestühl an elegant eingedeckten Tischen und die mit schmiedeeisenernem Blütengeländer begrenzte, weitläufige Empore, auf der man ebenfalls Platz nehmen kann. Bei den Gästen auch sehr beliebt ist das Turmseparee mit Boulevardblick, das sich im Obergeschoss hinter einer mit mächtigen Riegeln und Schlössern beschlagenen Eisentür befindet. Ulrich Rösch ist glücklich über sein Reich, weil er hier, in diesen eindrucksvollen Gemäuern, seine edlen Weine und kulinarischen Gourmetrezepturen richtig zur Geltung bringen kann. Am liebsten hat er dabei Gäste, die Exzellentes beim Trinken und Speisen zu schätzen wissen. An solchen Gästen ist kein Mangel, sie kommen gern und in Scharen aus Deutschland, Amerika und aller Welt. Begrüßt werden sie von Ulrich Rösch selbst, der während des charmanten Empfangs ein Amuse-geule serviert und mit beidem zu verstehen gibt: „Wir sind nicht nur eines der schönsten Restaurants in Thüringen, wir sind auch eines der besten". Die Aussage ist keine Unbescheidenheit, sondern ein

Gegrillte Jakobsmuscheln mit Orangen-Vanillevinaigrette und kleinem Salat in der Parmesanhippe

Zutaten

16 ausgelöste Jakobsmuscheln
80 g geputzter Feldsalat
1 kl. Friseesalat
4 Blätter Radicchio
100 g Parmesan gerieben
etwas Olivenöl
2 Orangen
1 Tl scharfer Dijonsenf
1/2 Vanillestange
1 El weißer Balsamicoessig
3 El Olivenöl
3 El Traubenkernöl
1 El Trüffelöl
Zucker, Salz, weißer Pfeffer

Zubereitung

Den geputzten Radicchio in feine Streifen schneiden, dann mit dem klein gezupften Frisee- und Feldsalat mischen. Die Orangen auspressen, den Saft mit Senf, Essig und dem ausgekratzten Vanillemark in den Mixer geben, das Öl langsam einlaufen lassen. Abschmecken mit Salz, Zucker und weißem Pfeffer. Den Parmesan in einem Rechteck von ca. 16 x 6 cm in eine beschichtete Pfanne streuen. Bei mäßiger Hitze die Hippen backen, dabei beidseitig bräunen. Die Hippen aus der Pfanne nehmen und sofort zu einer Röhre formen. Die Jakobsmuscheln mit weißem Pfeffer und Salz würzen, mit Olivenöl einstreichen und auf einer heißen Grillpfanne jeweils 1 Min. auf jeder Seite grillen. Danach im Backofen bei ca. 90 °C 4 Min. ruhen lassen. Nun den Salat mit der Vinaigrette anmachen, die Hippen in die Mitte des Tellers stellen und mit dem Salat füllen. Die Muscheln rund herum arrangieren und mit etwas Vinaigrette beträufeln.

Fakt, den Restaurantfachleute vom Gault Millau feststellten. Auch sie waren beeindruckt von absoluter Frische, hoher Handwerkskunst und großer Raffinesse, jenen „Zutaten", mit denen Ulrich Rösch in der Küche hantiert. Darüber hinaus liebt der Koch die Gegensätze und zelebriert sie auf dem Teller so reizvoll, dass selbst ungeübte Gaumen berührt sind. Da werden süße Erdbeeren mit sauer-herbem Balsamico parfümiert, weiches Kartoffelpüree wird mit knackigen Kartoffelchips geschichtet, eine kalte Créme brûlee mit heißen Karamellsplittern zur geschmacklich spannungs- vollen Harmonie gebracht. Ebenso spannend sind die Menüs, die der Kochkünstler mit jeweils zum Gang passenden Weinempfehlungen würzt. Er ist selbst ein großer Weinliebhaber mit mehr als 300 Raritäten im eigenen Regal und kennt sich bestens aus mit Rebensäften. Dabei schwört Ulrich Rösch auf europäische und deutsche Weinbaugebiete, in die er seine Gäste an Weinabenden mit einem 5-Gang-Menü kulinarisch entführt. Spätestens dann erfährt jeder, dass aus dem einstigen „fidelen Turmgefängnis" ein sinnenfrohes Mekka für Gourmets geworden ist.

ARNSTADT KRISTALL

Arnstadt Kristall GmbH

Bierweg 27
99310 Arnstadt

Telefon   0 36 28 – 6 60 00
Telefax   0 36 28 – 66 00 11

Ruhetag: Sonntag

Kronprinz Al-Muhtadee Biallah Bolkiah und seine blutjunge Gattin, die 17-jährige Halbschweizerin Sarah Salleh, werden Augen machen. Selbst im schwerreichen Sultanat Brunei, wo Luxus zum Alltag gehört, ist eine solche Kostbarkeit wie die wunderschön gearbeitete Bleikristallvase aus Arnstadt nicht jeden Tag zu bewundern. Doch bald wird der kristallene Glasschatz hoch und schön vor dem frisch vermählten

Ehepaar stehen: Der Vater schenkt das dekorative Wohnaccessoire den Brautleuten nachträglich zur Hochzeit. Christian Heller, Geschäftsführer des Unternehmens Arnstadt Kristall, erzählt nicht ungern von der Präsentbestellung, ist sie doch eine eindrucksvolle Referenz für das handwerkliche und künstlerische Können der Arnstädter Bleikristallmacher. Das wird auch von anderen sich mit Glanz und Gloria umgebenden Königshäusern in aller Welt gewürdigt. In Malaysia beispielsweise trinken Könige und Prinzen samt ihren Frauen ebenfalls aus bleikristallenen Gläsern und Bechern, speisen von fein geschliffenen Tellern oder bedienen sich aus mit zarten Gravuren versehenen Schüsseln, die allesamt aus Arnstadt kommen. Doch als „königliche Hoflieferanten" sehen sich die Arnstädter Bleikristaller dennoch nicht. Die Ausstattung herrschaftlicher Haushalte mit den kunstvoll gefertigten Glaswaren macht nur einen kleinen Teil des weltweiten Vertriebs aus. Der weit größere Teil an hochwertigen Gläsern, Flaschen, Vasen, Leuchtern oder Schalen aus Bleikristall wird an Liebhaber in mehr als 50 Ländern der Erde geliefert, die sich über die schönen Stücke als Sammelobjekt, festliches Tafelzubehör oder wertvolles Dekorationsstück freuen. Die gesamte Sortimentspalette ist auch in Arnstadt zu bestaunen. In der eigens dafür geschaffenen „Kristall-Welt" wird die ganze Vielfalt der Bleikristallkunst aufgefächert. Auf 600 Quadratmetern Ausstellungs- und Verkaufsfläche kann sich, wer möchte, in aller Ruhe umschauen. 5000 verschiedene Glasartikel macht der pedantische Zähler dabei aus, die sinnlicher wahrnehmenden Besucher dagegen bewundern die Lichtbrechung und Farbspiele im Glas, befühlen die feinen Gravuren und sandgestrahlten Dekore oder bestaunen die zart geschliffenen Muster. Im historischen Ausstellungsbereich dagegen geht das interessierte Publikum auf eine spannende Zeitreise durch die letzten 50 Jahre der Bleikristallherstellung. Unter dem Motto „Wie alles begann ..." zeigt das Unternehmen Maschi-

wandeln, denn Arnstadt war Wirkungsstätte so prominenter Feingeister wie Johann Sebastian Bach, Ludwig Bechstein und Willibald Alexis. Diese und andere spannende Neuigkeiten erfahren die Besucher ebenfalls in der „Kristall-Welt". Bei Kaffee und Kuchen lüftet ein kenntnisreicher Moderator außerdem die Geheimnisse des Kristalls, bevor anschließend auf einem unterhaltsamen Rundgang durch die Werkstätten hautnah miterlebt werden kann, wie aus einem ungeschliffenen Rohling funkelndes Bleikristall entsteht. Dabei lassen sich die Schleifer, Graveure und Glasgestalter gern über die Schulter schauen. Wer sich dann selbst in der Kunst versuchen möchte, ist

nen und Werkzeuge zur Glasbearbeitung aus allen Generationen. Ein übersichtlich angeordneter Firmen-Stammbaum informiert zudem über die 50-jährige Betriebsgeschichte. Wer nachliest, erfährt, dass das Unternehmen im Jahre 1947 vom Meistergraveur Heinrich Arlt als Glasveredlungsbetrieb, aufbauend auf den jahrhundertealten Erfahrungen der böhmischen Glasschneidekunst, gegründet wurde. Im Laufe der Jahre spezialisierte sich die Manufaktur zu einem internationalen Anbieter für exklusive und ausschließlich in aufwändiger Handarbeit hergestellte Bleikristallprodukte. Der Firmenname ist – unschwer zu erkennen – nach der im Jahre 704 urkundlich

eingetragenen Stadt Arnstadt benannt, die zu den ältesten Städten in Europa zählt. Die im Herzen Deutschlands am Fuße des Thüringer Waldes gelegene Ansiedlung ist übrigens nicht nur wegen des Kristalls eine Reise wert, sondern auch wegen ihrer schönen, von der Natur reich beschenkten Umgebung. Zudem können Kunstfreunde hier auf den Spuren berühmter Vorfahren

herzlich eingeladen: Unter Anleitung eines erfahrenen Glasschleifermeisters darf jeder das Glasschleifen probieren und sein mit eigener Hand gefertigtes Kunstwerk als Erinnerung an einen anregend-schönen Tag mit nach Hause nehmen.

„ARCHE" VERKAUFSGALERIE UND CAFÉ

Die beiden nehmen die Ankömmlinge gefangen in ihrer „Arche", einem paradiesischen Kaufmannsladen, der prall gefüllt ist mit Raritäten aus aller Welt wie internationale Delikatessen, ausgewählten Gewürzen, 350 Tees und verschiedene Kaffees, ausgefallene Wohnaccessoires, edler Schmuck und originelle Mode. „Aha", denken Sie und unterstellen mir schon Übertreibung. Sie sind auf dem Holzweg, sage ich. Denn alles, was es in der „Arche" zu sehen, zu riechen, zu schmecken und zu kaufen gibt, ist nicht etwa schnöde zusammengesammelt beim Großhändler um die Ecke, sondern ausschließlich mit liebevollem Kennerblick für das kunsthandwerkliche Können anderer Völker ausgesucht auf Reisen durch afrikanische Dörfer und europäische Städte oder aufgespürt beim Besuch internationaler Messen. Authentizität ist die Überschrift, die über der „Arche" steht und so finden Sie hier originalen Halsschmuck, Hornspangen und mit Wurzeln, Rinden und Blättern gefärbte Stoffe aus Mali, Kreuzkümmel aus Indien, Kronleuchter aus Italien, Hochlandplantagenkaffee aus Guatemala oder Schokoladenfondue aus Frankreich. „Die Welt nach Ilmenau bringen" lautet das

„Arche"
Verkaufsgalerie und Café

Familie Ahodi
Straße des Friedens 28
98693 Ilmenau

Telefon   0 36 77 - 89 47 11
Telefax   0 36 77 - 6 21 55

Ruhetag: Sonntag

Ilmenaus schönstes Sommerquartier, in dem man zwar nicht wohnen, aber wundervoll verweilen kann, finden Sie inmitten der Innenstadt als verwunschenen Garten, versteckt hinter einem 250 Jahre alten, stilvoll restaurierten Haus. Doch ich empfehle Ihnen, sich für den Besuch des Gartens Zeit zu nehmen, denn auf dem Weg durch das Haus in diese selten schöne, grüne Oase werden Sie entführt, und ich verspreche Ihnen, Sie werden die Entführung mit allen Sinnen genießen! Die Verführer sind Thierry A. Ahodi und seine Frau Christina.

Jamaikanische Kürbissuppe mit Kokosmilch und Lampion-Chillies

Zutaten

1 kg Butternusskürbis (ersatzweise Hokkaido-Kürbis)
80 g Zwiebeln
1 Dose Kokosmilch
1 Knoblauchzehe
60 g Frühlingszwiebeln
2–3 Lampion-Chilis
3 Zweige Thymian
1 Lorbeerblatt, Salz

Zubereitung

Kürbis halbieren, schälen, entkernen, in ca. 2 cm große Stücke schneiden. Zwiebeln und Knoblauch schälen und fein hacken, von den Chilis die Samen und Scheidewände entfernen. Öl erhitzen, alles farblos anschwitzen und dann mit ca. 1 l Wasser angießen. Topfinhalt zum Kochen bringen, Thymian und Lorbeerblatt zugeben und salzen. Kürbisstücke weich kochen, Thymian und Lorbeerblatt entfernen, Lampion-Chilis herausnehmen. Suppe fein pürieren und Kokosmilch in die nicht mehr kochende Suppe geben. Mit Salz nach Bedarf abschmecken. Mit Thymianblättchen bestreuen und mit Lampion-Chilis garnieren.

Anliegen des Westafrikaners Thierry und der Ilmenauerin Christina. Und dass das von Reisen mitgebrachte und in der „Arche" offerierte Weltsortiment keine billige Kopie ist, zeigt Christina Ahodi interessierten Kunden gern anhand von Reportage-Bildbänden. Dort kann man anschaulich nachvollziehen, dass beispielsweise die Malimädchen tatsächlich eine jener Halsketten tragen, die auch die Hausherrin anbietet. Ebenso authentisch wie mit Handwerkskunst, Wohnaccessoires, Schmuck und Küchenzutaten aus aller Herren Länder kann man sich hier kulinarisch verführen lassen. Denn die „Arche" ist nicht nur Verkaufsgalerie, sondern auch Café. Da stehen neben Tee- und Kaffeevarianten, kleinen Speisen und Salaten vor allem Suppen hoch im Kurs. Thierry Ahodi ist der westafrikanisch und weltmännisch kochende Maître de Cuisine, der aus marktfrischen Zutaten sowie hauseigenen Kräutern, Gewürzen, edlen Ölen und Chutneys täglich wechselnde internationale Suppenspezialitäten wie Mama Thierrys Erdnusssuppe, exotische Hühnerbouillon oder mexikanische Maissuppe bereitet. Und wenn die Ahodis ihre Gäste zu einem ganz besonderen Erlebnis, einer kulinarischen Safari, einladen, wird gemeinsam über Stunden hinweg gegessen, gelacht und über Gott und die Welt erzählt. Dabei spüren alle: „Essen ist ein geselliger und heiliger Akt". Das gilt auch für das Teetrinken, das in der „Arche" mit vom Kurzzeitwecker bestimmter Brühzeit und stiller Einkehr als „ein Stück Glück" genossen wird. Die Minuten des Wartens in der Brüh- und Entfaltungszeit des Tees nutzen viele zum Bummel durch die Galerie, erspähen hier ein hübsches Wäschestück und da ein noch nie probiertes Trüffelöl, entdecken dort einen Armreif und gleich daneben die passenden Ohrringe. Dabei flanieren sie vorbei an einem riesigen Kaffeeröster. In dem Ungetüm wird zweimal in der Woche frisch geröstet. Der Duft zieht dann bis hinaus auf die Straße und lockt noch mehr Neugierige in das kleine „Weltenwunder". Wen ob der bunten Warenvielfalt Entscheidungsängste übermannen, der sollte in die „Schokoladenecke" gehen: Dort gibt es süße Nervennahrung aus Belgien, Frankreich und von anderswo, die nicht nur bei Stress hilft, sondern auch bei Schwiegerelternbesuch, bei Langeweile angesichts eines russischen Avantgardefilms in Überlänge und bei Fernweh. Letzteres heilt aber ebenso schnell, wenn Sie sich – nun endlich – in den Garten setzen.

HOTEL & RESTAURANT „MOOSBACH"

sowie auch naturgegebene Trümpfe, die das Hotel & Restaurant in Ilmenau-Manebach seit mehr als zehn Jahren für Urlauber und Geschäftsleute zu einem Magneten in der Region machen. Suchen die einen hier im Sommer Ruhe und Erholung in den dicht begrünten Höhenzügen des Thüringer Waldes, im Winter das sportliche Vergnügen und ganzjährig spannende Tagesausflugserlebnisse wie den Badespaß im Waldbad, die Wanderung durch Meyersgrund oder eine Radtour zum nicht weit entfernten Stützerbach, so nutzen die anderen die Vorzüge, die das Haus für Tagungen und Konferenzen bietet. Ein komfortables Nachtlager findet jeder, der kommt. 28 individuell eingerichtete Zimmer mit allem, was zu einem angenehmen Aufenthalt in der Fremde dazugehört, stehen bereit.

Eine hübsche Freiterrasse, überdacht von einer uralten, riesigen Linde und umrahmt von bunt bepflanzten Rabatten, lädt den Ankömmling zum Verschnaufen ein und ist gleichzeitig Entree zum Hotel. Im Inneren kann der Gast zwischen drei verschiedenen Verweilorten wählen. Niederlassen kann er sich im Goethe-Restaurant, das sich morgens in einen Frühstücksraum verwandelt,

Keineswegs auf Sand gebaut hatte Familie Kammer, als sie 1991 auf den Grundmauern des bereits 1920 erbauten Gasthauses mit Pension Moosbach ihre eigene neue Herberge errichtete. Im Gegenteil, der Familienbetrieb verfügt über zahlreiche selbst bereitete

Hotel & Restaurant
„Moosbach"

Familie Kammer
Schmücker Straße 112
98693 Ilmenau-Manebach

Telefon   0 36 77 - 84 98 80
Telefax   0 36 77 - 89 42 72

74

er kann aber auch hinüber ins Restaurant „Thüringen" flanieren, das ganz in Weiß und Rosa gehalten ist und mit seinen historisierenden Möbeln und der den Westminster-Gong schlagenden, großen Standuhr gediegen eingerichtet ist. Dort öffnen sich im Sommer die Türen ganz weit und es wird auf der angrenzenden Rosenterrasse zu Tisch gebeten. Außerdem wäre da noch der schöne Wintergarten mit dem poetischen Namen „Jade". Überall laden adrett eingedeckte Tische zu Tafelfreuden ein, die im Hause „Moosbach" von Marco Kammer bereitet werden.

bach-Schwert" probieren die Gäste immer wieder gern: Dabei teilen sich zwei Esser verschiedene flambierte Steaks an gebratenen Kartoffeln, Bananen und Pfirsichen. Ein „Gedicht", allerdings diesmal wirklich deftig, ist die Thüringer Kloßsuppe, eine Schlachtesuppe mit Klößchen und Croûtons. Ausflüge in südliche Gefilde unternimmt der Küchenchef mit einer marinierten, gegrillten Lammkrone samt Backkartoffel und Prinzessbohnen, mit im Tiegel gegrillten Black Tigers (Riesengarnelen), die er auf Salat bettet und mit warmem Ciabatta an den Tisch bringt, oder mit dem rosa

Gegrillter Thunfisch in Camembert-Sauce

Zutaten

4 frische Thunfischsteaks
150 g Camembert
50 g Mascarpone
1 Becher süße Sahne
Salz, Pfeffer
Thymian
Limette
Koriander
Knoblauch
1 Spritzer Cognac

Der stets zu Scherzen aufgelegte Koch wartet mit einer frischen, leichten Thüringer Küche auf, indem er das traditionell Deftige und Schwere herausfiltert und verfeinert, kennt sich aber auch in mediterranen Küchen aus. Fast alle Gerichte auf der Karte, die eine ausgewogene Vielfalt aufweist, hat er selbst kreiert oder mit eigenen Ideen aufgewertet. So gibt er dem Wildgulasch mit einem Schuss Portwein den geschmacklichen Pfiff und serviert die typisch regionale Speise mit Weinbirne und Feige, mit Waldpilzen und handgemachten Thüringer Klößen. Eine Hausspezialität ist die Manebacher Bachforelle. Der Fisch wird von Marco Kammer pochiert und bekommt einen Sesammantel. Und auch das „Moos-

gegrillten Thunfischsteak mit Camembertsauce, Gemüse-Basmatireis und frittierten Reisnudeln. Bei wem dann noch ein Löffelchen hineinpasst, der sollte unbedingt die Moosbachschnitte als Finale wählen – eine süße Köstlichkeit aus Eierteig, Sahne, Mandarinen und Baiser. Zum Abtrainieren eventuell angefutterter Pfunde machen die Hausherren ein „Rucksackangebot": Drei Tage schlafen wie ein Kaiser, speisen wie ein König, saunieren wie ein Finne, wandern wie ein Sportsmann. Und der Rucksack für die Wandertour wird vom Haus mit allerlei leckerer Wegzehrung gefüllt.

Zubereitung

Für die Camembert-Sauce den Camembert von der Rinde lösen und in einem Topf zerlaufen lassen. Mit Mascarpone und süßer Sahne ablöschen. Nach Geschmack mit Thymian, Koriander und Knoblauch würzen und mit Cognac verfeinern. Die Thunfischsteaks (möglichst aus dem Japanischen Meer) in einer Gusspfanne mit Rillen ohne Öl braten. Vorher mit Limettensaft beträufeln, salzen und pfeffern. Wenn die Steaks medium gegrillt werden, bleiben sie schön saftig und trocknen nicht aus. Die fertigen Steaks mit der Camembert-Sauce anrichten. Wir servieren dazu Gemüse-Basmatireis.

HOTEL SCHIEFERHOF

Hotel Schieferhof

Eisfelder Straße 26
98724 Neuhaus am Rennweg

Telefon   0 36 79 - 77 40
Telefax   0 36 79 - 77 41 00

Kennen Sie sich mit Märchen aus? „Ja", rufen Sie, „aber klar doch!" Na dann: Raten Sie mal, welches Märchen der folgende Satz umschreibt: Stolpernder Bergarbeiter erweckt Scheintote. Keine Ahnung? Nicht die kleinste Idee? Na gut, probieren wir es damit: Ungelernter Kosmetiker täuscht Kinder. Was denn? Wieder nichts als Grübelfalten auf der Stirn? Dann wird es Zeit, dass Sie nach Neuhaus am Rennweg fahren und im Hotel „Schieferhof" ein Lehrstündchen in Märchenkunde erleben. Das Schöne an

dieser amüsanten Abendveranstaltung mit dem Namen „Märchenmenü" ist die Verbindung von anregenden Gesprächen, fröhlichem Spiel und feinem Essen. Die kulinarisch begleitete Reise durch die Welt der Grimm`schen Geschichten haben sich Rita Worm und Lutz Horn ausgedacht, die Gastgeber im Hotel „Schieferhof", wo man „850 Meter hoch und den Sternen ein Stück näher" schläft. Doch bevor Sie den tagesmüden Körper in die Kissen betten, sollten Sie die vielfältigen Reize, die das Außen- und Innenleben dieser gastlichen Stätte bietet, ausgiebig genießen. Die Hülle ist historisch. 1906 wurde das damals schon „vornehme Hotel ersten Ranges" gebaut. Rita Worm und ihr Partner haben es 1995 gekauft, aufwändig umgebaut und modernisiert. Wer der Einladung ins Innere mit wachen Sinnen folgt, lernt auf diese Weise auch gleich die Hausherren ein bisschen näher kennen, denn die beiden haben sich mit dem „Schieferhof" ein Spiegelbild ihrer eigenen Lebensphilosophie geschaffen, die vor allem vom Wechselspiel zwischen Harmonie und Spannung geprägt ist. Jeder, der die Schwelle überschreitet, ist sogleich mittendrin im Spiel, in dem die Ausstattung zunächst den Hauptdarsteller gibt. Da spielen schwarzweiß gestreifte Wände mit taubenblau-gelben Teppichkaros, dunkel poliertes Holzmobiliar mit feiner Tisch-wäsche und Fachwerk-Raumteiler, Kitsch-motive aus Wald und Flur mit ihrer Andy-Warhol-Malweise und künstlerische, jährlich wechselnde Fensternischen- und Tischaccessoires wiederum mit der Strei-fentapete. Hat man sich seine ganz persön-liche Nische gesucht, ist auch schon das aufmerksame Servicepersonal mit der Spei-sekarte zur Stelle. Das Motto der Haus-herren „Man muss das Leben immer wieder neu für sich entdecken" gilt auch für das kulinarische Konzept. Die Küchenbrigade um Chef Jürgen Mogge zelebriert eine frische Thüringer Küche mit vornehmlich naturbelassenen Produkten von hiesigen Biobauern, in der aber auch gern experi-mentiert wird, „ohne gleich den Sauerbraten mit Schokosauce zu servieren". Und so zaubert Jürgen Mogge mit Käse vom Zie-genhof Schleckweda oder aus dem Fleisch von schottischen Hochlandrindern aus Klein-Tettau allerlei Gerichte, die lecker und

zudem etwas fürs Auge sind. Eine kreative Herausforderung für das gesamte Hausperso-nal sind die bei den Gästen besonders belieb-ten thematischen Abende. Dann strömen sie zum erwähnten Märchenmenü mit Spiel und Speisen, zur Küchenparty mit Hummer, Auster & Co, zum Knigge-Kurs für gehobene Tischmanieren, zum Barbecue „irgendwo im Thüringer Wald", zum Weinmenü mit sechs Gängen, zur Thüringer Kloßparty mit teil-nehmenden Hoheiten oder sind dabei, wenn es heißt „Der Geheimrat bittet zu Tisch" – ein literarischer Kunst- und Kulinariengenuss. Wie sie das alles schafft, frage ich Rita Worm. „Ich wormle", sagt sie und guckt ver-schmitzt. Und dann fallen Stichworte wie „bewegtes Denken", neugierig bleiben", „kreativ leben", „Hotelier mit Leib und Seele" und vor allem eines „Vitalität". Ein gutes Stichwort: Der „Schieferhof" ist nämlich Zentrale und Ideengeber für den „Vitalpark Thüringer Wald". Das ist ein preisgekrönter Zusammenschluss von rund 20 Thüringer Erlebnisorten, die von Hotels und Pensionen bis hin zu Erzeugern und Manufakturen rei-chen. Dort werden mit Arrangements prall gefüllte Vitalpakete für lebens- und sinnen-frohe Gäste geschnürt, die mit „kreativ", „natürlich" oder „aktiv" beschriftet sind. Jeder darf auspacken, was er will. Und auch ich lüfte zum Schluss das Geheimnis: Der stolpernde Bergarbeiter, der eine Scheintote erweckt, ist das Märchen ... Ach was, fahren Sie in den „Schieferhof", dort verraten es Ihnen die Hausherren.

Kalbsfilet im Wald- und Wiesenmantel

Zutaten

720 g pariertes Kalbsfilet
100 g Wildkräuter
(Guter Heinrich, Wiesensauerampfer, Bärlauch, junger Löwenzahn, zarte Brennnesselblätter)
16 Lauchfäden
125 g Gemüsebrühe
50 g kaltgepresstes Sonnenblumenöl
40 g gesüßter Holundersaft
Meersalz, frisch gemahlen
schwarzer Pfeffer, frisch gemahlen
200 g kleine, wilde Pfifferlinge
2 kleine Schalotten
50 g mild geräucherter Bauchspeck
eine ungespritzte Zitrone

Zubereitung

Die Wildkräuter waschen und in der Gemüsebrühe 3 Min. blanchieren, dann herausnehmen und auf Küchen-krepp abtropfen lassen. Das Kalbsfilet in 4 gleich große Stücke schneiden, in dem heißen Sonnenblumenöl von allen Seiten scharf anbraten, heraus-nehmen und mit frisch gemahlenem Salz und Pfeffer würzen. Danach die Filets in die Wildkräuter einhüllen, mit den Lauchfäden festbinden, in die Pfanne zurückgeben und noch-mals vorsichtig anbraten.
Dann 10 Min. bei 90 °C ruhen lassen und anschließend herausnehmen. Den Holundersaft in den Bratenfond geben, kurz aufkochen lassen und abschmecken. Die Pfifferlinge waschen, abtrocknen, danach Bauch-speckwürfel auslassen, die Pfiffer-linge darin anbraten und mit Pfeffer würzen. Schalottenwürfel dazugeben, alles 3 Min. anbraten, mit Zitrone und Salz abschmecken. Charmant begleitet wird das Gericht von kleinen Kartoffellocken.

PFANNKUCHENBÄCKEREI MICHAEL RICHTER

„Na Jüngle, mach mir ma vier Ungezuckerte", sagt die alte Dame und hält Michael Richter schon das Geld hin. Der in traditionell weißer Berufsbekleidung mit fesch-bunter Schürze hinterm Standtisch wuselnde Pfannkuchenbäcker tut, wie ihm angetragen, und ein paar Minuten später tappt die Frau zufrieden lächelnd mit ihren „Ungezuckerten" von dannen. Der Bäcker schlägt den Kragen hoch, der Wind pfeift um die Ecken, es ist hundekalt in Columbus und jetzt setzt auch noch ein hässlicher Schneeregen ein. Michael Richter, der berühmteste Pfannkuchenbäcker von Thüringen ist seit einer Woche zu Gast in Amerika und verkauft auf einem kleinen deutschen Weihnachtsmarkt seine „old fashion german pancakes" – eine überlieferte, ganz besondere Südthüringer Spezialität.

16 Stunden dauert mitunter so ein Markttag, erzählt der quirlige Neuhauser. Bevor er seinen Stand morgens öffnet, hat Michael Richter schon einige Arbeitsstationen hinter sich, hat Zitronen gerieben, Mehl, Zucker, Eier, Butter und Hefe zu einem glatten Teig verknetet und Teigkugel für Teigkugel „in Form gezerrt". Das ist keine stilistische Floskel der Autorin, sondern das Markenzeichen

der Richter'schen Pfannkuchen. „Was die Alten schon begehrten, sind die übers Knie Gezerrten!" – die Teigformungsmethode macht neben den naturbelassenen Zutaten und dem hohen handwerklichen Aufwand die Einzigartigkeit der seit Jahrhunderten nur zu besonderen Anlässen zubereiteten Thüringer Köstlichkeit aus. Dafür nimmt der Bäcker – wie früher seine Vorfahren schon – eine Teigkugel, legt sie allerdings nicht mehr übers Knie und presst, bis innen eine Vertiefung mit dünnem Boden und außen ein dicker Rand entsteht, sondern tut das Gleiche mit den Händen. Was übrigens ebenso viel Geschick verlangt, wie die urtümliche Methode. Das „in Form gezerrte" Kunstwerk kommt dann in eine Fettpfanne und wird goldbraun ausgebacken. Ein wenig Puderzucker überstäuben und schon ist er fertig, der echte Südthüringer Pfannkuchen.

Das Rezept für die süße Leckerei hat Michael Richter einst Lina Rebhahn abgerungen. Die Köchin lernte der junge Mann während seiner Kochausbildung in Sonneberg kennen. Dort buk Oma Rebhahn jeden letzten Freitag im Monat für die Belegschaft die „Übers-Knie-Gezerrten". Als zu Beginn der 90er Jahre in Lauscha der erste Glas-

Pfannkuchenbäckerei
Michael Richter

Hufelandstraße 8
98724 Neuhaus/Rennweg

Telefon   01 71 – 6 86 51 48

markt ins Leben gerufen wurde und der örtliche Faschingsverein, dem Michael Richter angehört, Kuchen anbieten wollte, erinnerte der sich an das Rezept und zelebrierte zum ersten Mal mit allerlei humoristischen Showeinlagen das traditionelle Pfannkuchenbacken. Und jeder sah: Die Entertainerqualitäten waren dem Bäcker ebenso in die Wiege gelegt worden wie das gekonnte Hantieren mit Teigzutaten. Ein paar Jahre später hatte sich das Multitalent einen Marktwagen zugelegt, ihn innen und außen mit einer aufwändig selbst geschreinerten Holzdekoration versehen und zieht seitdem als selbstständiger Pfannkuchenbäcker durch die Lande. So ist Michael Richter auf dem Lauschaer Kugelmarkt ebenso anzutreffen wie auf der Steinacher Kirmes, zum Guthsmuths-Lauf in Schmiedefeld, zum Biathlon-Weltcup in Oberhof, zum Bürgeler Töpfermarkt, auf regionalen Wochenmärkten oder gar zu einem der Feste im Schloss Ippenburg, wo er Freifrau Viktoria von dem Bussche zu kulinarischen Diensten steht. „Reich werde ich wohl mit den Pfannkuchen trotzdem nicht", prophezeit der Jungunternehmer. Optimismus für das tägliche Tun verleiht ihm sein unerschütterliches Lebensmotto: „Carpe diem, nutze den Tag",

egal wie er beginnt. Und er nutzt sie gut, die Tage. So mancher Plan reifte schon, während er sinnierend vor seinen im heißen Fett backenden Pfannkuchen stand. Wie wäre es beispielsweise, wenn die „Übers-Knie-Gezerrten" den Fluggästen der Lufthansa als Dessert serviert würden? Schon immer hat sich Michael Richter über das Allerwelts-Kuchenstück geärgert, das die Luftfahrtgesellschaft bis heute ihren Gästen

auftischt. Nicht weniger kühn klingt seine Idee, dem amerikanischen Donut Konkurrenz zu machen und die Südthüringer Pfannkuchen im „Land der unbegrenzten Möglichkeiten" als schmackhafte Alternative einzuführen, die auf Konzernpartys ebenso die Runde macht wie in jedem amerikanischen Kleinhaushalt. Wer den Bäcker kennt, weiß, dass alles möglich ist. Denn neben der Handwerkskunst, seinem Optimismus und Humor verfügt Michael Richter über enormes Verkaufstalent. So erzählt er schmunzelnd von einem Lebensabschnitt, den er einst in Lauscha als HO-Verkaufsstellenleiter eines Fischladens zubrachte: „Hammer nich, gabs bei mir nich. Ich hab den Leuten dann statt Aal, den sie verlangten, das angepriesen, was ich hatte. Und so sin die Leute mit Fischdosen raus, die sie eechendlich gar net wollten!" Seine Pfannkuchen jedenfalls möchte jeder und es scheint nur eine Frage der Zeit zu sein, bis auch die Amerikaner statt Donuts nur noch die „Übers-Knie-Gezerrten" verlangen.

GLAS.KUNST.LAUSCHA

GLAS.KUNST.LAUSCHA GmbH

Straße des Friedens 22
98724 Lauscha

Telefon   03 67 02 – 25 60
Telefax   03 67 02 – 2 56 29

Es ist stickig in der kleinen Werkstatt der Lauschaer Firma GLAS.KUNST.LAUSCHA. Zum einen, weil die Sonne mit fast 30 °C Hitze hereinprasselt, zum anderen, weil die 1600 bis 1800 °C heißen Gasflammen nie ausgehen. Davor sitzt ein Glasbläser und dreht überm Feuer unentwegt einen dünnen schwarzen Glasstab zwischen Daumen, Zeige- und Mittelfingern. Eine dunkel getönte Brille schützt seine Augen vor der grellen Flamme. Ein anderer sitzt ihm gegenüber, im Mund hat er einen Schlauch, durch den er mit gleichmäßigen Atemstößen vorsichtig Luft in die erhitzte Glasmasse bläst. Langsam wächst ein schmales Beinchen aus dem gläsernen Hohlkörper. Ein kleiner Hirsch, der später noch mit Silber überzogen wird,

nimmt Formen an. Und auch Glasbläser Nummer 1 hat seinen Stab soweit erhitzt, dass er seiner vorher über der Flamme per Hand gezogenen Pinguinfigur zwei kleine schwarze Glasäuglein „auftupfen" kann. Acht Stunden dauert so ein Glasbläsertag: handwerkliches Geschick und Präzision selbst bei größter Hitze. Hut ab! Was unter den Händen der insgesamt 15 bei dem Unternehmen beschäftigten Glasbläser entsteht, kann sich in aller Welt sehen lassen. Die Scheichs von Dubai, die Japaner und Engländer, die Franzosen und Amerikaner – Menschen in aller Herren Länder lieben die aus Lampenglas gezauberten Kleinode der Lauschaer Glaskünstler. So frönen die Scheichs und Japaner selbst im

Zeitalter von Computer und Handy noch dem Hobby des Briefeschreibens: Sie ordern in Lauscha vor allem gläserne Federhalter und Tintenfässchen. Andere kommen an Christbaumkugeln oder kleinen Tisch-Liegevasen nicht vorbei, an fröhlich-bunten Cocktailsticks, an versilberten Hirschen oder Greifvögeln und auch nicht an mundgeblasenen Öllämpchen und Weingläsern oder den originellen Grappaflaschen, auf deren Boden eine Cello spielende Katze sitzt. Ein Renner bei allen sind die nach eigenen Entwürfen gestalteten, mit der Hand aus Glas gefertigten massiven Tierfiguren, aus denen man sich seinen eigenen Heim-Zoo zusammenstellen kann.

Wer möchte, kann sich sogar selbst an der Glasbläserkunst versuchen. Das Unternehmen veranstaltet für Interessierte Workshops, in denen mit kleinen Schritten in das Handwerk eingeführt wird. Ein Angebot, das sogar schon Amerikaner anlockte. Hans Scheler, geschäftsführender Gesellschafter

der GLAS.KUNST.LAUSCHA, erzählt: „Neulich hatten wir drei amerikanische Ehepaare hier, die unbedingt das Glasblasen lernen wollten. Durchgehalten haben am Ende nur die Damen. Den ganzen Tag bliesen sie eine Glasperle nach der anderen. Die Männer filmten sie dabei und schickten uns später das Video als Dankeschön." Man müsse den Leuten heute zusätzliche Erlebnisse bieten, um am Markt bestehen zu können, fügt der Firmenchef an. Darüber hinaus entwickeln die Designer und Glasbläser immer wieder neue Ideen, um die Angebotspalette an schönen und nützlichen Glaskreationen stetig zu bereichern. Und das tun sie in Lauscha seit mehr als 400 Jahren. Damit ist die Stadt der traditionsreichste Glasstandort in Europa.

1597 gründeten Hans Greiner und Christoff Müller, zwei aus Langenbach stammende Glasbläser, die erste Glashütte (und damit Lauscha), um die herum dann über die nächsten Jahrhunderte der heutige Erholungsort wachsen sollte. In Lauscha wurde das künstliche Auge aus Glas erfunden, der gläserne Christbaumschmuck kreiert und die kunstgewerbliche sowie künstlerische Glasbearbeitung zur Blüte getrieben. Heute gibt es kaum einen Lauschaer Haushalt, in dem nicht irgendein Familienmitglied beruflich mit Glas zu tun hat. Einige größere und Dutzende kleinere Betriebe, Künstlerateliers, eine Glashütte, die zu den letzten, noch mit der alten Hafentechnik arbeitenden in Deutschland gehört, sowie zahlreiche Glasgeschäfte und -galerien ziehen sich durch den ganzen Ort. Und wer in der Glasstadt kein Auskommen findet, nimmt – wie seine Vorfahren schon – sein Wissen und Können und zieht hinaus in die Welt: In ganz Europa finden sich heute Glashütten, in denen aus Lauscha stammende Glasbläser arbeiten.

GLASZENTRUM LAUSCHA

passend arrangiert, nach Themen geordnet, aus Lauscha und den besten Glasgestalterwerkstätten in Europa stammend. Sämtliche Produkte, so verspricht Sascha Müller-Schmoß, sind handwerklich gearbeitet und auf traditionelle Art hergestellt, dabei aber niemals gleich, sondern stets Unikate. Bevor ich mich jedoch davon überzeuge, will ich meinen Hunger stillen. Ich mache es mir im Restaurant (Obergeschoss des Glaszentrums) gemütlich und lasse mir feinste Thüringer Klöße mit leckerem Gänsebraten schmecken. Ich hätte auch vom „Lauschner Bierfleisch", einem Rindergulasch mit Champignons und Zwiebeln, verfeinert mit Bier, von einem Rotbarsch im Backteig an einer leichten Joghurt-Dill-Sauce oder von „des Glasmachers Leibgericht", einem Schweinefilet mit Waldpilzen und Semmelkloß, kosten können – alles deftige Thüringer Gerichte, die der Wirt Markus Trier auf der Speisekarte zur Auswahl bereithält. Im Moment sind er und sein junges Team allerdings in Hochspannung. Sie erwarten eine Reisegruppe, die an einer der 30-minütigen Führungen durch das Glaszentrum (mit Multimediashow und spannenden Informationen zur Geschichte Lauschas und des Glases) teilnehmen und danach im Restaurant an einer Kaffee- und Kuchentafel Platz nehmen will. Als die

Glaszentrum Lauscha

Straße des Friedens 22
98724 Lauscha

Telefon   03 67 02 – 2 08 08
Telefax   03 67 02 – 2 08 07

Studio Glas Hütte

Michael Drews
Straße des Friedens 22
98724 Lauscha

Telefon   03 67 02 – 3 04 42
Telefax   03 67 02 – 3 04 42

„Ein hoher Anblick ist es, wenn plötzlich aus Sand und hässlichem Stoffe, ersehnt und doch niemals mit Bestimmtheit gewusst, das große, vielfarbige Glänzen aufzuckt, dem Meister zur Freude und jedem Beschauer", schwärmte Lion Feuchtwanger einst über die Kunst der Glasmacher und auch der Herr Geheimrat Goethe fand für das zerbrechlich-schöne Gut – wie stets – poetische Worte: „In ein farbiges Glas zu sehen ... das Auge wird erfreut, das Herz ausgedehnt, das Gemüt erheitert; eine unmittelbare Wärme scheint uns anzuwehen." Wer das nacherleben und nachempfinden möchte, macht sich am besten auf nach Lauscha ins Glaszentrum. Dort laden Firmenchef Sascha Müller-Schmoß und seine Mitarbeiter auf eine sinnliche und gleichzeitig internationale Entdeckungsreise durch die zauberhafte Welt des Werkstoffs Glas. In drei Häusern, auf verschiedenen Ebenen und 1000 Quadratmetern findet sich alles, was die Sammlerherzen der Liebhaber filigraner Glaskunstwerke begehren: vom hochwertigen Einzelstück bis zum ausgefallenen Wohnaccessoire – nach Farben

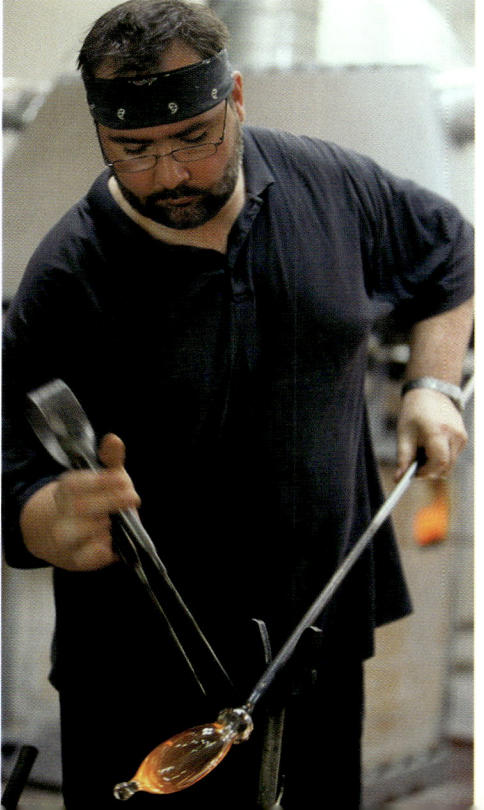

Gruppe schließlich eintrifft, wirft der hier täglich auf einem Schaupodest sitzende Glasbläser seine Gasflamme an. Aus einem glühenden Stückchen Glas zieht und streicht er mit einem Stab so lange, bis ein roter Hahnenkamm zu erkennen ist. Gleich darauf folgt ein gelbes Schnäbelchen und schon ist das gläserne Federvieh fast fertig. Besucher und Restaurantgäste schauen fasziniert zu.

Die Spannung lässt sich allerdings noch steigern. Nebenan – in der neuen Studioglashütte – schwitzen Michael Drews und seine Kollegen. Michael Drews ist Inhaber der Glashütte, Glasmacher, Kunsthandwer-

ker und Künstler in einem und führt dem neugierigen Publikum vor, wie Glas zum Leben erweckt und in außerordentlich schöne Designerstücke verwandelt wird. Herzstück der Hütte ist ein mit Propangas befeuerter Hafenofen. In ihm werden die Grundstoffe für Glas, ein Gemisch aus Sand, Soda, Pottasche, Kalk und Farboxyden, über Nacht bei 1400 °C geschmolzen. Die Besucher sind dabei, wenn Michael Drews die Tür des Glasschmelzofens öffnet und der heiße Feuerdampf herausschlägt, und sie schauen atemlos zu, wie er die rotglühende Masse bändigt und sie mit seiner Atemluft in eine ästhetische Form bringt.

Die auserlesenen Designerstücke, in denen am Schluss nicht nur das Licht, sondern auch die gesamte Faszination der Glasgestaltung eingeschlossen scheint, lassen sich in der Studio-Galerie bewundern und nach Kauf mit nach Hause nehmen. Jedes Einzelne ist ein signiertes Unikat, gefertigt von den besten Glaskünstlern, die ihre Werke in Ausstellungen in ganz Europa präsentieren. Auch Michael Drews gehört zur viel gefragten Glasgestalter-Elite: Der Musikerpreis „Komet", den der Fernsehsender Viva jährlich verleiht, ist sein Produkt – gemacht „aus Sand und hässlichem Stoffe", doch groß und glänzend „dem Meister und jedem Beschauer zur Freude."

GASTHOF & PENSION „GOLLO"

den ist, dem empfehlen wir eine erholsame Rast im Gasthof „Gollo". Und das nicht nur, weil man dort mit einem netten Lächeln empfangen wird und anschließend die ermatteten Beine hochlegen und gut speisen kann. Nein, wir finden das „Gollo" vor allem deshalb empfehlenswert, weil es ein Unikum ist, das seine Inhaber, die Brüder Henry und James Knye, seit 1990 sehr individuell betreiben.

Das in einer ruhigen Nebenstraße am Hang gelegene Haus (seit den zwanziger Jahren ein Gasthof mit Pensionsbetrieb) wirkt schon von außen einladend. Rundherum dicht begrünt, muss man den Eingang fast suchen. Nach ein paar Treppenstufen ist man aber angekommen in der Gaststube, wo einen James Knye derart charmant anstrahlt, dass man sich sofort zu Hause fühlt. „Freundlich, aber nicht scheinheilig" – so lautet die „Gollo"-Philosophie, mit der Fremde unaufdringlich ins Gasthausgeschehen einbezogen werden. Hier wird noch auf den Tisch geklopft und grüßend mit dem Kopf genickt, wenn einer die Wirtsstube betritt – egal, ob er Einheimischer oder Fremdling ist. Gespräche untereinander, selbst wenn man sich nicht kennt, ergeben.

Wer nach einem Rundgang durch die wie an einer Perlenschnur aufgereihten Werkstätten des Glasbläserstädtchens Lauscha müde auf den Beinen und hungrig gewor-

Gasthof & Pension „Gollo"

Familie Knye
Mittelstraße 2
98724 Lauscha

Telefon   03 67 02 – 2 16 14
Telefax   03 67 02 – 2 08 84

sich rasch und unverklemmt. In den Lau-schaer Dialekt muss man sich allerdings erst hineinhören! „Überall nimmt die Kälte untereinander zu", sagt James Knye, „bei uns bleibt keiner allein." Es ist diese menschliche Wärme, die das „Gollo" zu eben jenem beliebten Treffpunkt macht, an dem Jung und Alt, Dick und Dünn, Reich und Arm entspannt plaudernd beieinander sitzen.

Zum Wohlgefühl trägt aber auch das Ambiente des Hauses bei, dessen Name „Gollo" in Anlehnung an den letzten Besitzer entstanden ist: Gerüchten nach soll der ein rechter Gigolo gewesen sein. Für die Gemütlichkeit im Inneren sorgt das rustikale,

hölzerne Kneipenmobiliar, die Tische sind – rund oder eckig – alle für größere Runden ausgerichtet. Ein zusätzlicher Festraum ist Ort für Feierlichkeiten, aber auch Vereins-zimmer für Chor und Kartenspieler. In der Bowlingbahn rollt fast täglich die Kugel. Einen Blick wert ist auch der Frühstücks-raum für Pensionsgäste. Sollten Sie im „Gollo" Quartier (6 DZ) genommen haben und frühstücken, schauen Sie sich die Tischplatten genauer an! Die sind nämlich auf der Unterseite mit originellen Bilder-geschichten bemalt und schmücken, je nach Bedarf und wenn sie als Tisch nicht benötigt werden, die Wände. In einer Nische hängen Rot- und Buckellachs als Referenz von James Knye – den begeister-ten Hobbyangler.

Kann sein, dass so manche seiner Trophäen in Töpfen und Pfannen des „Gollo" landen, gebraten, gedünstet oder „blau". Nicht zu-letzt der schmackhaft zubereiteten Speisen wegen kommen die Gäste. Hausspezialitäten sind neben Fischvariationen Bauernfrüh-stück, Geflügelleber und – als kulinarischer Blick übern Gartenzaun – Lasagne al formo. Thüringer Gerichte wie Rostbrätel, Brat-wurst und Kaiserfleisch mit Sauerkraut stehen ebenfalls auf der Karte. Offerten für Vegetarier sowie Deftiges aus dem Tages-angebot (angeschrieben an einer Tafel) run-den sie geschmacklich ab. Die Getränkekarte mit Weinen und Bieren ist überschaubar, erfüllt aber jeden Anspruch, so wie das ge-samte Haus. James Kye sieht sein Gasthaus („eine Mischung zwischen Restaurant und Kneipe") als „kleine Stadt", in der ein ab-wechslungsreiches Leben pulst. Hier wird geplaudert, gespielt, gegessen, gefeiert, geruht – und miteinander Musik gehört: Zweimal im Jahr sind deutsche und inter-nationale Rocker, Pop- oder Folksänger zu Gast und verwandeln die Kneipe in eine Bühne. Dann wippen Einheimische und Fremde, Alte und Junge, Dünne und Dicke, Arme und Reiche mit den Füßen und kom-men im Nu ins Gespräch.

Schweinelendchen mit drei pikanten Saucen

Zutaten

200 g Schweinefilet
5 Kroketten
100 ml Sahne
3 El Tomatenmark
6 El Wasser
150 g Butter
1 El Chilipulver
1 El Currypulver
1 El bunter Pfeffer

Zubereitung

Das Schweinefilet wird auf einer hei-ßen Platte kurz von beiden Seiten angebraten. Die Kroketten geben wir in heißes Öl zum Fritieren. Die Saucen werden jeweils mit 50 g Butter, 2 El Wasser sowie bei der Pfeffersauce mit 100 ml Sahne und bei der Chilisauce mit 2 El Tomatenmark angerührt und bei kleiner Hitze kurz zum Aufwallen gebracht. Wenn das Filet durchgebra-ten ist, wird es auf einen Teller gege-ben, daneben die Kroketten und mit den Saucen übergossen. Dazu servie-ren wir einen kleinen Salat.

WAGNER & APEL PORZELLANFIGUREN

und Zusammenhalt gemeistert hat. Denn auf die entmündigende Verstaatlichung des Familienunternehmens in den 70er Jahren und der drohenden Stilllegung Ende der Achtziger, folgte am 1. Juli 1990 die Wiederübernahme in Privatbesitz.

Heute ist Vater Hans Seibert (er heiratete Ingeborg Wagner, die Urenkelin von Bernhard) Geschäftsführer, während Tochter Marika als Finanzökonomin und Tochter Regina Kästner als Designerin das Ruder in der Hand halten. Mit Geschick, Kreativität und Engagement haben sie das einst vom Urahn gebaute Boot der Porzellanmanufaktur in ein sicheres und zudem noch internationales Fahrwasser gesteuert, denn die mit viel Liebe und handwerklicher Kunst gefertigten Tier- und Vogelplastiken, die niedlichen Kinderfiguren, Gefäße und dekorativen Weihnachts- und Geschenkartikel aus feinstem Porzellan gehen auf Reisen in alle Welt. Sie sind aber auch im „Porzellantreff" zu finden, dem Verkaufs-

Kaolin, Feldspat, Quarzsand, geschickte Hände und ein 1300 °C heißes Feuer – viel mehr braucht es nicht, um Porzellan herzustellen, so wie es Böttcher erstmals vor über 200 Jahren aus einer Gussform gezaubert hat. Damit ist die Geschichte der Familie Wagner sowie ihrer Porzellanmanufaktur im wunderschönen Thüringer Wald, an der Porzellanstraße gelegenen Lippelsdorf noch nicht erzählt, aber doch geschickt begonnen. Denn als Bernhard Wagner, der Urgroßvater der heutigen Inhaber, 1883 Teilinhaber der Porzellanmanufaktur Kuch & Co wurde, hatte er die gleichen Zutaten wie Böttcher und längst selbst Feuer gefangen am Porzellanmachen. Schon 1901 wurde er Inhaber der Manufaktur, gemeinsam mit Anton und Bernhard Apel. Die Firma nannte sich folgerichtig Wagner & Apel und erlebte bis zum Krieg sowie danach bis in die sechziger Jahre eine wahre Blütezeit. Danach, so erzählen die Ururenkelinnen Marika Rosenbusch und Regina Kästner, begann der wechselvolle Teil der Geschichte, den die Familie allerdings mit Mut, Kraft

Wagner & Apel
Porzellanfiguren

Ortsstraße 44
98743 Lippelsdorf

Telefon   03 67 01 - 6 10 71
Telefax   03 67 01 - 6 10 72

laden der Manufaktur. Dort gibt es alles, was das Sammler- oder Schenkerherz begehrt: Kinderfiguren nach Zeichnungen von Hilla Peyk und Bertram, biskuitweiße und bunte Tierskulpturen, bemalte Leuchter und Weihnachtsengel. Fast 3000 verschiedene Modelle, gesammelte Entwürfe aus alter Zeit bis hin zu ganz neuem Design, lagern im Firmenarchiv. Sie sind Grundlage für die verschiedenen Arbeitsformen und somit der bestgehütete Schatz jeder Manufaktur. Die schwierigen Zeiten überlebt haben auch zwei alte Rundöfen sowie Dampfmaschine und Trommelmassemühle, die allesamt in der historischen, liebevoll restaurierten Manufaktur zu bewundern sind. Die riesigen Rundöfen, in denen rund 12 Besucher Platz nehmen können, sind

nicht nur beliebte Anschauungsobjekte, sondern wie das kleine Café daneben gleichfalls Ort der Geselligkeit. Auf Vorbestellung servieren freundliche Mitarbeiter dann Kaffee, frischen Bäckerkuchen oder eine echte Thüringer Bratwurst. So lassen sich doch ein Ausflug nach Lippelsdorf, Porzellangeschichtsunterricht, Einkaufsbummel und kulinarische Freuden auf das Angenehmste verbinden. Die Krönung allerdings ist eine Führung (werktags von 11–14 Uhr) durch die neue Porzellanproduktionshalle. Am spannendsten wird solch ein Rundgang mit Regina Kästner. Die junge Wagner-Nachfahrin bringt nicht nur innovative Formideen in die von berühmten Modelleuren wie Dotterweich, Friedrich oder Auschill geprägte Firmengeschichte ein, sie

ist auch eine geborene Entertainerin, die so lebendig erzählt und das Porzellanmachen derart anschaulich vorführt, dass man Lust bekommt, es selbst zu versuchen. Fakt ist, es bleibt ein in Thüringen traditionell betriebenes Kunsthandwerk mit vielen Arbeitsschritten – vom Anrühren der Porzellanmasse über das Gestalten und Fertigen der Formen, dem Gießen und Zusammensetzen der Porzellanrohlinge bis hin zum Glasieren, Bemalen und dazwischen immer wieder Brennen (bis zu dreimal pro Stück). Nur die Zutaten – Kaolin, Feldspat und Quarzsand – sind ein Geschenk der Natur.

A. O. SIEGMUND LIKÖRFABRIKATION & DESTILLERIE

A. O. Siegmund
Likörfabrikation
& Destillerie

Karlheinz Siegmund
Ortsstraße 2
07426 Oberhain/Thüringer Wald

Telefon   03 67 38 – 4 26 10
Telefax   03 67 38 – 4 05 88

„Gegen Neu- und Gürtelrose, Angst-
gefühle in der Hose, gegen Viren und Bazil-
len, Säuglingsbrüllerei beim Stillen, gegen
allzu große Hetze, Dummheit, Schnupfen,
Warzen, Krätze, gegen Suchten aller Art,
Nachtblindheit und Damenbart, gegen
X- und Säbelbein, Eifersucht und andre
Pein – wenn das alles eingetroffen ist und
ihr keinen Rat mehr wisst – dagegen hilft
nur ganz allein: der Siegmundiner-Schnaps
aus Oberhain." Diese und andere nicht ganz
ernst zu nehmenden Wirkungen des Thüringer Kräuterlikörs aus dem Hause
Siegmund sind im fast 80 Jahre alten
Firmengeschichtsbuch niedergeschrieben.
Tatsächlich (wie im überlieferten Gedicht
ebenfalls versprochen) hat das süffige
Tröpfchen mich von meiner Gänsehaut
befreit, ich hab's probiert! Karlheinz

Siegmund schmunzelt. Der Enkel des Fir-
mengründers Albert Oscar hat nicht nur die
vermeintlichen, sondern auch die erprobten
und bewährten Wirkungen seines „Sieg-
mundiners" im Kopf. So geben wohl nicht
wenige Leute „Magendrücken" als Grund
für den Genuss eines Gläschens vom Ober-
hainer Kräuterlikör an.
Die lindernde Wirkung bei Völlegefühl und
Verdauungsbeschwerden kannte schon
Albert Oscar Siegmund. Der war nämlich
vor der Firmengründung als Buckelapotheker auf den Höhen des Thüringer Waldes –
dem Kernland der Buckelapotheker – unterwegs. In der Gegend zwischen Königsee und
Oberweißbach (Olitätenland) zog er mit seiner hölzernen Kiepe auf dem Rücken von
Ort zu Ort, um allerlei Heil- und Hausmittel
zu vertreiben. Darunter waren auch Tink-

turen, die er selbst aus Wald- und Wiesen-
kräutern hergestellt hatte. Diese Pflanzen-
essenzen wurden äußerlich aufgetragen,
aber auch innerlich angewendet und halfen
so, allerlei kleinere Beschwerden zu lindern.
Der „Siegmundiner" ist ein Produkt dieser
Zeit und wird nun schon in der dritten Generation und nach des Großvaters Rezept
im Familienbetrieb zubereitet. Bis zu 35
verschiedene Kräuter plus Alkohol plus
Zucker plus Wasser – kein Geheimnis, dass
aus diesen Zutaten ein leckerer Kräuterlikör
destilliert werden kann. Doch welche Kräuter verwendet werden und in welcher Zusammensetzung und Menge Destillat und
Mazerat zueinander stehen – darüber deckt
Karlheinz Siegmund wie alle seiner Zunft-
kollegen den Mantel des Schweigens.
Gesprächiger zeigt er sich, wenn es um die
historischen, aber funktionstüchtigen Destil-
lierapparate und Perkolatoren geht, die
in seiner Likörfabrik stehen. Dann erklärt
er dem Laien geduldig das Destillationsver-
fahren. Nebenbei erfährt man, dass eine
Destillation zirka zehn Stunden dauert.
Hatte das Unternehmen vor dem 2. Welt-
krieg noch mehr als 40 Sorten Likör im
Sortiment, bietet es heute rund 15 verschiedene, ganz auserlesene Liköre und Brände
an: von der Hausspezialität „Siegmundiner"

(feinwürziger Kräuterlikör) über den angenehm bitteren „Kräutertropfen" und den
„Wald-Rassler" mit Minze bis hin zu Kloß-
schnaps (Aquavit) und Absinth. Die Rezepturen von allen Flaschengeistern kennt
neben Karlheinz Siegmund nur Ehefrau
Kerstin. Nach und nach eingeweiht wird
nun auch Sohn Kay, der Ambitionen zeigt,
in das Familienunternehmen einzusteigen.
Schon lange mittendrin ist Mutter Ilse, die
gerade Gewinde in die Flaschendeckel dreht
– präzise wie ein Uhrwerk. Abnehmer für
die mit hübsch gestalteten Etiketten versehenen Flaschen sind vor allem Thüringer
Großmärkte, Gaststätten, Vereine und Privatkunden in ganz Deutschland. Letztere
nutzen vor allem den Werksverkauf und
den Postversand, den die Siegmunds anbieten. Über mangelnde Nachfrage muss der
heutige Firmenchef nicht klagen, seine
„Siegmundiner" sind von Flensburg bis zum
Bodensee ein beliebter Muntermacher an
jeder geselligen Tafel. Damit trotz Promille
nichts aus dem Ruder läuft, halte sich ein
jeder an die augenzwinkernd beschriebene
Wirkungsweise: Der Likör soll ja bekannt-

lich helfen „gegen Talgausscheid
und weiche Birn' sowie Bretter vor
dem Hirn, gegen Raude, Hämor-
rhoiden und auch gegen lock're
Sitten!"

MEKKA FÜR FEINGEISTER UND FEINSCHMECKER

Domstufen-Festspiele in Erfurt

HAUS ZUM SONNEBORN

Erfurt

Thüringens Mitte hat ein ganz eigenes Gesicht. Dieser Landstrich ist ein Eldorado für Kunst- und Kulturinteressierte wie auch für historisch Ambitionierte, die hier – dichter gedrängt als anderswo – Erinnerungsstätten der deutschen und europäischen Geschichte vorfinden. Zudem ist die Gegend zwischen Greußen und Erfurt, zwischen den Fahner Höhen und Bad Sulza landschaftlich sanfter geschwungen als ihre Nachbarregionen. Fruchtbare Auen, durchzogen von Flussläufen, unterbrochen durch einige wenige Höhenzüge und gesäumt von solch geschichts- und kulturträchtigen Städten wie Erfurt, Weimar und Gotha prägen das harmonische Landschaftsbild. Fröhliche Farbtupfer darin sind die gemütlichen Kleinstädte sowie die zahlreichen, in ihrer ländlichen Tradition fest verwurzelten Bauerndörfer. Zur Schatzkammer der Natur zählen zudem unter Naturschutz stehende Areale, die einer überraschenden Artenvielfalt an Flora und Fauna Lebensraum geben. Zu finden sind die idyllischsten Plätzchen im bezaubernden Unstruttal, an den für die Brut und Aufzucht seltener heimischer Vögel und Zugvögel gleichermaßen wichtigen See- und Uferzonen der Herbslebener Teiche, an den in romantische Auelandschaften eingebetteten, malerischen Fluss-

läufen von Gera, Apfelstädt und Ilm. Und als Zugabe für Faktensammler: In der Mitte Thüringens, im so genannten Kernland, liegt zugleich der geographische Mittelpunkt Deutschlands, nämlich bei Niederdorla, einem kleinen Dorf nahe des Heilbades Bad Langensalza. Nicht nur von hier aus lassen sich erlebnisreiche Touren durch die zentrale Region des Reise- und Urlaubslandes Thüringen unternehmen. Beliebte Ausflugsziele sind beispielsweise die Runneburg in Weißensee, das Burgenensemble der Drei Gleichen bei Arnstadt, das Rokokoschloss und der Park Molsdorf, die einstige Residenzstadt Gotha mit barocker Schlossanlage und dem barocken Ekhof-Theater. Viele Ausflügler folgen auch der Klassikerstrasse Thüringen, die natürlich durch die Landeshauptstadt Erfurt und die Goethestadt Weimar führt. In der Dom-, Luther- und Blumenstadt Erfurt erkunden sie den mittelalterlichen Altstadtkern mit seinen einzigartigen Baudenkmälern wie Dom, Severikirche, Anger und Krämerbrücke, die Erfurt zum Namen „das Thüringische Rom" verhalfen. Sie flanieren durch das an Weltkulturerbestätten reiche Weimar, dessen Geschichte von Goethe und Schiller, von Luther und Bach ebenso geprägt ist wie von Walter Gropius, der hier

das Bauhaus gründete. Und sie reisen von weit her an, um eines der überregional bedeutsamen Feste zu besuchen wie den Weimarer Zwiebelmarkt (Oktober), das Krämerbrückenfest in Erfurt (Juni) oder das Weinfest in Bad Sulza (August). Ländliche Stille und naturnahe Erholung Suchende dagegen sind auf einem der zahlreich ausgewiesenen Wander- und Radwege der Region unterwegs und pilgern dabei besonders gern auf die vor den Toren Erfurts gelegene Fahner Höhe, wo sich, so weit das Auge reicht, Obstplantagen mit ihrer Blütenpracht im Frühling und ihrem fruchtigen Überfluss im Sommer und Herbst erstrecken. Oberhalb der Fahner Höhe liegt das Thüringer Becken, das zu den fruchtbarsten Gebieten Deutschlands gehört. Der nährstoffreiche Boden lässt Getreide, Zuckerrüben, Kartoffeln und Gemüse besonders üppig gedeihen. So ist die Gegend nicht umsonst für den schmackhaft-aromatischen Spargel aus Herbsleben, für ihre Gurken, Zwiebeln, Pfefferminze und würzigen Kräuter berühmt. Und die leckere Wurst, die in unzähligen kleinen Landfleischereien nach alten Hausrezepten hergestellt wird, weiß man ebenfalls allerorten zu schätzen. Über die Landesgrenzen hinaus bekannt sind regionale Köstlichkeiten wie Salami aus

Alte Universität Erfurt

Weimar

Große Arche Erfurt

Greußen, Senf aus der Kunstmühle Klein-hettstedt, Weine aus Bad Sulza, Greußener Ziegenkäse und die „Echten Thüringer Sonntagsklöße" aus Heichelheim. Zu den traditionellen „Kartoffelteigkugeln" werden Gänse-, Sauer-, Topf- oder deftige Wild-braten mit Thüringer Rotkraut oder heimi-schen Beeren serviert. Und wie in Thüringer Haushalten üblich, kommt zu den deftigen Speisen – eher als Wein – ein würziges Gebräu aus Hopfen und Malz auf den Tisch. Vor wenigen Jahren übrigens erwachte die Thüringer Bierseele zu neuem Selbstbe-wusstsein, als man im Stadtarchiv Weißen-see die „Statuta thaberna" entdeckte. In dieser Verordnung aus dem Jahre 1434 wurde erstmals festgeschrieben, aus wel-chen Bestandteilen der Thüringer sein Bier zu brauen habe. Und da dieses Regelwerk aus Weißensee ein paar Jahre älter ist als die Bierbraugebote aus Bayern, wird dem Thüringer Kernland die Ehre zuteil, über das älteste deutsche Reinheitsgebot zu verfügen. Diese Erkenntnis wird den baju-warischen Landsleuten gar nicht behagt haben.

Weimar

Zwiebelmarkt Weimar

Weimar

Weimar

GREUSSENER SALAMI- UND SCHINKENFABRIK

feinste Würste und Schinken reifen! Die
würzigen Salami- und Schinkenspezialitäten
wachsen freilich nicht auf Bäumen, sondern
werden seit mehr als 140 Jahren in der
1864 von Carl Auener gegründeten Greußener Fabrik von erfahrenen Wurstmachern
hergestellt. Die gute, milde, wenig feuchte
Luft kommt dann zum Wirken, wenn die
fertigen Rohwürste in der klimatisierten
Reifekammer hängen und die Salami-
spezialisten für die fünf- bis achtwöchige
Ruhezeit die Umluftgeräte anwerfen.
Doch bevor es soweit ist, bedarf es vieler
handwerklich anspruchsvoll ausgeführter
Arbeitsschritte, hochwertiger Rohstoffe
und des besten Fleisches.
Das Wissen darum besitzen natürlich auch
Roman Leitl und Markus Korte. Die beiden
Fleischermeister setzen seit fünf Jahren das
wertvolle Erbe der 140-jährigen Salami-
tradition in Greußen fort. Der Anfang 1999
war für sie nicht leicht, hatte doch der vor-
herige Besitzer der Fabrik den bis zur Wende geltenden Qualitätsanspruch nicht ernst
genommen und musste den Betrieb schließlich schließen. Mit Elan und Unternehmer-
geist gingen die jungen Fleischer nach der
Übernahme der maroden Hinterlassenschaft
ans Werk, entrümpelten, investierten in
einen Neubau sowie moderne Klima- und

Greußener Salami- und
Schinkenfabrik GmbH

Roman Leitl und Markus Korte
Vor dem Warthügel 9
99718 Greußen

Telefon   0 36 36 – 7 61 60
Telefax   0 36 36 – 70 32 46

Die kleine Stadt Greußen, 35 Kilometer
nördlich der Landeshauptstadt Erfurt im
Kyffhäuserkreis gelegen, kann mit einem
ganz besonderen Pfund wuchern: Natur-
kräfte haben der Gegend um das Städtchen
„in der Goldenen Aue" zwischen den Mittel-
gebirgsregionen Thüringer Harz im Norden
und Thüringer Wald im Süden ein ausge-
sprochen mildes Klima beschert. Das allein
wäre vielleicht noch keine Nachricht wert,
wesentlich mitteilenswerter ist, dass dieses
Klima ein bisschen zaubern kann: Es lässt

Rauchhallen und gründeten eine neue Greußener Salami- und Schinkenfabrik. Während der Aufräumarbeiten fand sich ein Schatz: Auf dem Dachboden des alten Werksgeländes tauchte ein Ordner mit Original-Rezepturen aus den vergangenen 50 Jahren des Unternehmens auf. Nach diesen Rezepturen wird seit 1999 wieder produziert. Die traditionelle Zutatenmischung ist es aber nicht allein, die den Greußener Salamis und Schinken ihre Klasse verleiht. Auch die Philosophie der beiden Firmenchefs hat dazu beigetragen, dass Spezialitäten wie „Thüringer Salami", „Greußener Salami" und „Kräutersalami" wieder in aller Munde sind. Statt Einheitsgeschmack auf ein „märchenhaftes" Ge-

schmackserlebnis, statt auf beliebige Quantität auf besondere Qualität setzen, lautet ihr Credo. Und so kaufen sie für ihre kulinarischen Endprodukte nur hochwertiges, mageres Fleisch aus der Region, verarbeiten es schonend und lassen es besonders lange reifen. Ein Greußener Rohschinken hat vier Monate lang Zeit, sein Aroma zu entwickeln und die Salami darf acht Wochen „atmen". Nicht umsonst tragen die Produkte der Salami- und Schinkenfabrik alle das Zeichen der Thüringer Landesanstalt für Landwirtschaft „Original Thüringer Qualität" – eine Auszeichnung, die vom Landwirtschaftministerium des Freistaates nur wenigen verliehen wird. Zudem hat die EU der Greußener Salami als einziger Salami in

Deutschland „geographischen Herkunftsschutz" gewährt. Damit würdigte die Brüsseler Kommission die würzige Spezialität als prägend für die Region und schützt sie vor potenziellen Nachahmern. Die hätten auch viel zu tun, denn die Produktpalette der Greußener ist äußerst umfangreich. Neben den genannten Spezialitäten tafeln die Wurstmacher noch zahlreiche andere deftige Köstlichkeiten auf – von Hirsch- und Wildschweinschinken über geräucherte Enten- und Gänsebrust, gegarte Entenkeule, Puten-, Hirsch- und Paprikasalami, Greußener Knoblauch- und pfeffrige Stangen, Puten- und Schinkenkrakauer bis hin zu Lachs-, Land- und Nussschinken. Selbst italienische und französische Wurstkreationen gelingen den Machern ganz meisterhaft. Einkaufen kann man die Greußener Tafelzutaten im Werkverkauf vor Ort, es gibt sie aber auch in vielen Supermärkten und Feinkostgeschäften.

LANDWIRTSCHAFTSBETRIEB & ZIEGENHOF PETER

Bockzeit heran ist und wir ihn zum ‚Sprung aus der Hand' führen, ist die Aufregung groß. Er würde gern alle 50 Ziegendamen decken, doch um die breite Genetik zu erhalten, muss Big Gunter mit drei weiteren Böcken teilen. Der eigentliche Akt ist Sekundensache." Katja Peter ist die Herrin aller Ziegen. Sie hat in Halle an der Saale die Landwirtschaft von der Pike auf gelernt und eine Promotion über die „Ebermast bei Schweinen" in der Tasche. Die Ziegenliebe kam später dazu. Heute kennt die junge Frau jedes ihrer Tiere mit Namen, weiß alles über Zucht, Haltung, Pflege und macht den besten Ziegenkäse weit und breit. Gemeinsam mit ihrem Mann Wolfgang (der mit Ziegen zunächst auch nichts im Sinn hatte, sondern seinen landwirtschaftlichen Doktortitel mit „Geflügel" erwarb) bewirtschaftet Katja Peter einen 1998 gekauften, 500 Jahre alten Mühlenhof samt Ackerland, auf dem Getreide, Raps, Zuckerrüben und Rotklee gedeihen. Die ersten neun Ziegen zogen ebenfalls 1998 ein. Und zwar nicht irgendwelche, sondern Thüringer Wald Ziegen – eine vom Aussterben bedrohte, seltene Rasse, von der es heute nur noch zirka 200 weibliche, im Thüringer Herdbuch geführte Tiere gibt. „Wir haben 50 davon und damit den größten Bestand", weiß Katja Peter, denn sie ist nicht nur Ziegenherrin und Käserin, sondern zugleich auch Vor-

Landwirtschaftsbetrieb & Ziegenhof Peter

Niedertopfstedter Straße 1
99718 Greußen/Thüringen

Telefon   0 36 36 - 70 16 41
Telefax   0 36 36 - 70 16 42

$\mathcal{B}$ig Gunter rekelt sich schläfrig in seinem Strohbett. Als er unsere Stimmen vernimmt, streckt er seinen Adoniskörper, hebt den Kopf, blinzelt herüber, verharrt und lässt sich dann verächtlich schnaufend wieder in die gelben Halme sinken. Big Gunter ist der größte, schönste und begehrenswerteste Ziegenbock weit und breit – und er scheint es zu wissen. Katja Peter schmunzelt: „Die Damen stehen auf Big Gunter. Wenn die

sitzende des Landesverbandes Thüringer
Ziegenzüchter.

Die Ziegen, früher auch „Kühe des kleinen
Mannes" genannt, haben es gut auf dem
Peter-Hof. Sie leben in weiträumigen, dick
mit Stroh eingestreuten Offenställen mit
viel frischer Luft und Sonnenlicht, dürfen
toben, kuscheln (was befreundete Ziegen
besonders gern tun) und entspannen. Zweimal am Tag, früh und abends, wird gemolken. Aus dem aromatischen, weißen „Saft"
zaubern Katja Peter und eine Käserin die
begehrten Greußener Ziegenmilchspeziali-
täten, die im kleinen Hofladen verkauft
werden: frische Ziegenweichkäse und Sole-
käse, mit Weißschimmel gereifte, charakter-

volle Weichkäse und milde Ziegenfrischkäse
(mit Gartenkräutern oder Knoblauch), frische Ziegenmilch und Joghurt und nicht
zuletzt den im Mühlenkeller 12 Wochen
gereiften, sehr pikanten Ziegenschnittkäse.
Diese würzige Köstlichkeit gibt es gleich
in drei Varianten: pur, mit Kräutern oder
Bockshornklee.

Ziegen, die in einem sauberen Stall mit frischer Luft und Auslauf gehalten werden,
geben eine Milch, die keinesfalls „zickig"
schmeckt. „Im direkten Vergleich schmeckt
sie sogar vielen Menschen besser als Kuhmilch", sagt Katja Peter. Und da die Ziegen-
höfler von der Qualität der gemolkenen
Ziegenmilch überzeugt sind, unterziehen sie
sie auch keiner Wärmebehandlung, sondern
verarbeiten sie direkt zu den begehrten
Rohmilchspezialitäten. Zum festen Kunden-
stamm des Ziegenhofes gehören – aufgrund
der besseren Verdaulichkeit und besonderen
Eiweißstruktur der Milch – neben Feinschmeckern und Gesundheitsbewussten
auch Menschen mit Verdauungsstörungen,
Kuhmilch-Allergiker, Neurodermitis-Ge-
plagte und Asthmakranke.
Für sie gibt es sogar im Winter frische
Ziegenmilch. Eine Ausnahme, ist doch das
Melken an einen strengen Jahresablauf
gebunden, der acht bis zehn Wochen vor
der Geburt der Lämmer (Januar bis März)

eine so genannte Trockenstehzeit
vorsieht, in der nicht gemolken
wird. Da herrscht auch Winterpau-
se für den Frisch- und Weichkäse,
auf den man sich dann ab Ostern
wieder freuen darf. Den leckeren
Schnittkäse dagegen hat Katja Peter
das ganze Jahr im Mühlenkeller.
Die Spezialitäten rund um die Thüringer Wald Ziege bietet Familie
Peter auch während einer Hofbe-
sichtigung samt Verkostung an
sowie auf traditionellen Thüringer
Märkten wie dem Zwiebelmarkt in
Weimar (2. Wochenende im Oktober), zum Spargelfest in Herbsleben
im Mai, zum Schäfertag in Hohen-
felden (1. Augustwochenende) oder
zu den Grünen Tagen in Erfurt (alle
zwei Jahre Mitte September).
Zuchtbock Big Gunter relaxt derweil im heimischen Stall und hält
sich für kommende „Schäfer-
sekündchen" fit oder er schäkert
mit Pommernenten, Thüringer Bart-
hühnern und Steinbacher Kampf-
gänsen – lauter vom Aussterben
bedrohten Haustieren, die ebenfalls bei den Peters leben. Denn
der Ziegenhof ist gleichzeitig an-
erkannter „Arche-Hof".

SCHAUBÄCKEREI KÄMMERER

Schaubäckerei Kämmerer

Familie Kämmerer
Nordhäuser Straße 11
99718 Greußen

Telefon   0 36 36 – 70 33 84
Telefax   0 36 36 – 79 29 33

Wer weiß, wie Daniela Kämmerers Leben verlaufen wäre, hätte sie sich 1995 nicht in einen Bäckermeister aus Neuburg an der Donau verliebt. Auf einem Mittelalterfest in Weißensee auf der Runneburg lernte sie ihn und den großen, mit Buchenholz befeuerten Backofen, an dem der Meister buk, kennen – und war von Mann wie Ofen gleichermaßen fasziniert. Ein paar Feste später stand sie selbst in der kleinen Hütten-Backstube und hatte die Kunst des „Brotmachens" längst gelernt. Die Liebe verging, aber die Lust, selbst als „Bäckerin" durch die Lande zu ziehen, blieb. Ende 1997 kaufte Daniela Kämmerer dem Besitzer, einem Neuburger Ofensetzermeister, den Ofen ab und bot von nun an selbst die köstlichen, mit Rahm und Schinken belegten „Rahmflecken" an. Dass das Backwerk „auf thüringisch" eigentlich ganz anders heißt , erfuhr Daniela Kämmerer erst später und damit auch, dass sie eine hiesige kulinarische Tradition wiederbelebte – das Backen von „Vorbacken". Was zunächst verwirrend klingt, ist eigentlich ganz einfach und gehörte noch vor hundert Jahren zum Lebensalltag nicht nur der thüringischen Hausfrauen.

Vorbacken heißt nämlich nichts anderes als „vor dem Brot gebacken". Hatte die Haufrau den Holzbackofen angeheizt, um Brot zu backen, prüfte sie die Hitze im Ofen mit dem so genannten Vorbacken: Dann nahm sie vom vorbereiteten Roggenbrotteig einen Teil ab, rollte ihn zu dünnen Fladen aus und belegte diese mit Rahm und Schinkenspeck – Zutaten, die es in jeder Bauernwirtschaft gab. Nach dem Backen wurden die Fladen mit Zwiebelschlotten oder Schnittlauch bestreut und noch warm als Mittagbrot verzehrt.

So macht es Daniela Kämmerer bis heute. Sie beantragte 1998 ein Reisegewerbe, spannte Vater Hans, Mutter Gisela, die Brüder Martin und Markus sowie den 80-jährigen Großvater Heino (der „gute Geist") ein und schon gingen sie los, die spannenden Fahrten zu Märkten und Festen im Thüringer Land. Vorher jedoch baute die Familie die Bäckerhütte, deckte deren Dach, zimmerte die Inneneinrichtung, sorgte für das Ofenzubehör und schmückte die Hütte – je nach Anlass – mit selbst gefertigten Hänsel- und Gretel-Figuren, mit Max und Moritz, einer Märchenhexe und Frau Holle, die aus dem Giebelfenster schaut. Daniela, die „ganz nebenbei" nach einer Ausbildung zur Fotografin und dem Studium der Betriebswirtschaft noch eine Orgelbauerlehre absolvierte, opferte ihr erstes Lehrlingsgeld für Mehl, Speck und Schmand. Gerade an der Qualität von Schmand dürfe nicht gespart

GREUSSEN

Familienverbund ist gefragt auf vielen Märkten, Mittelalterfesten und Weihnachtsmärkten. „Unsere Kräfte reichen heute für zehn bis fünfzehn Feste im Jahr", sagt Daniela und zählt auf, wo die Bäckerhütte fast immer zu finden ist: auf dem Weihnachtsmarkt in Jena (ab Ende November), zum Altstadtfest in Nordhausen (Anfang August), in Friedrichsrode zum Kunstmarkt (3. Samstag im Juni), in Neckeroda zum Färberfest (letzter Samstag im August) oder zum Thüringentag. Folgt man auf dem Festgelände den verführerischen Düften, die dem Holzbackofen entströmen, kann man mitunter schon von weitem eine Kindertraube vor der Bäckerhütte stehen sehen. Die Kleinen

werden, verrät sie. Weder krümelig noch dünnflüssig darf die weiße Köstlichkeit sein. Verwendet die „Vorbäckerin" ansonsten nur thüringische Produkte, kommt der Schmand exklusiv aus Kassel.

Der weite Weg und die Mühen der Doppelbelastung (jedes Familienmitglied hat ja noch sein eigenes berufliches Tun und selbst Familie) haben sich ausgezahlt – bereits ein Jahr später verwöhnte das „Backunternehmen" Kämmerer die Gäste von mehr als 20 regional bedeutsamen Festen mit seinen würzig-leckeren Vorbacken,

die zwar nach alter Rezeptur zubereitet, aber stets kreativ verfeinert werden. So gibt es zusätzlich zum traditionellen Belag (Schmand, Schinken, Frühlingszwiebel) noch Vorbacken mit Schmand, Tomaten, Basilikum und Käse, mit Banane, Zucker und Zimt sowie Zwiebelkuchen nach Hausrezept. Mit dieser kulinarischen Offerte war das kleine Kämmerer'sche Reiseunternehmen ein Vorreiter in Thüringen und steht auch heute noch ganz oben. Kein Wunder also, dass die Familie einen vollen Wochenendterminkalender hat. Der stresserprobte

strecken ihre Hände Vater Hans entgegen, der mit Bäckermütze auf dem Kopf, in Lederhosen und Holzpantinen kleine „Kinderbrote" verteilt, während Mutter Gisela, Daniela und ihre Brüder in der Hütte derweil Trampelpfade bilden – auf dem manchmal 16-stündigen Weg von der Teigschüssel vorbei am Gemüseschneidbrett, zur „Belagstation" hin zum Ofen und zurück. Tja, so ist das mit der Liebe zu Menschen und zum eigenen Tun.

99

AGRARGENOSSENSCHAFT HERBSLEBEN

Agrargenossenschaft
Herbsleben e. G.

Dollstädter Straße 1
99955 Herbsleben

Telefon   03 60 41 - 37 20
Telefax   03 60 41 - 3 72 20

Vor einer Fotokamera schlägt für jeden die Stunde der Wahrheit: „Wie sehe ich aus?" Diese Frage stellen sich Spargelstangen freilich nicht, sie müssen trotzdem am unerbittlichen Digitalkameraauge vorbei. Und alle „fallen durch". Nämlich wohlsortiert nach Schönheit geht's ab in grüne Plastekisten. Die dicken Stangen kommen zu den dicken, die grünen zu den grünen, die krummen zu den krummen. Wer blüht, hat ganz verspielt und Mittelstücke wandern in die „Hausfrauenkiste". In der Agrargenossenschaft Herbsleben läuft die Spargelernte auf Hochtouren, 18 Mitarbeiter sind damit vollbeschäftigt, knapp 300 nur von Ende April bis zum 24. Juni, dem Johannitag und Ende der Spargelzeit. Das schwere Tagwerk lohnt sich, das Edelgemüse der Agrargenossenschaftler – sie bauen neben Spargel auch Zwiebeln und Kartoffeln an – ist bis ins Hessener Land begehrt. Dass die Entwicklung so erfolgreich verlaufen würde, hatte 1990 keines der 15 Mitglieder gedacht, aber gehofft. Die wiedereinrichtungswilligen Bauern kauften damals Gebäude und einen Teil des Anlagevermögens der in Liquidation befindlichen LPG, pachteten Flächen dazu und gründeten neu. Geistiger Vater und das betriebswirtschaftliche Rückgrat der Firma ist Karl Ernst Hecht, Vater von Karl-Walter Hecht, dem heutigen Vostandsvorsitzenden. „Wir sind inzwischen ein modernes Unternehmen, das mit seinen Nicht-Grand-Kulturen Spargel, Kartoffeln und Zwiebeln in nennenswerten Handelsketten gelistet ist", sagt Karl-Walter

Hecht. 400 bis 450 Tonnen Spargel mit so klangvollen Sortennamen wie Helios, Gymlim, Thilim, Epos, Ramos und Eros verlassen jährlich den Betrieb, 7000 bis 8000 Tonnen Zwiebeln und Kartoffeln folgen ihnen nach. Spargel aus einem Kleinstanbaugebiet wie Thüringen ist etwas Besonderes und der aus Herbsleben ist exklusiv. Denn im Dorf hat der Spargelanbau eine zweihundertjährige Tradition, die auf einem hervorragenden Boden gründet. Im Erfurter Becken gelegen, steht Herbsleben und seine Umgebung auf warmem, humosem Lehm-Lößboden, in dem der Spargel wunderbar gedeiht. Die Kultivierung hier erfordert mehr Mühe als auf spargelüblichen Sandböden, dafür werden die Genossenschafter mit einem intensiv-aromatisch schmeckenden Gemüse belohnt. Karl-Walter Hecht isst es am liebsten nach Thüringer Art: mit brauner Butter und Semmelkrumen oder als Salat mit Pfeffer, Salz, Essig und Öl. Und er weiß, dass sein Spargel knackfrisch ist. Denn die Erntehelfer bringen die gestochenen Stangen fortlaufend

vom Feld in die Genossenschaft, wo sie sofort aufbereitet werden. Von der Wäsche geht es in die mit Eiswasser beregnete Schockkühlung, von dort auf die Sortierbänder, wo der Spargel maschinell auf die vorgeschriebe Länge geschnitten wird. Erst dann darf er vor die Kamera und plumpst – vom unbestechlichen „Auge" sortiert – in die jeweils richtige Kiste. Die Kisten kommen in den Kühlraum, bis der Spargel wenige Stunden nach der Ernte der Kundschaft im firmeneigenen Hofladen angeboten wird.

Dort drückt sich gerade eine Reisegesellschaft die Nasen platt. 40 bis 50 neugierige Besuchergruppen führt Vater Hecht pro Jahr durch die Spargel-Verarbeitungsstätte und erzählt ihnen, wie die Herbslebener das Feingemüse anbauen, pflegen und ernten. Da fallen dann Begriffsketten wie „den Stock laufen lassen", „Laubflächen schaffen", „den Stock einlagern" oder „Spargelpfeifen stechen". Die spannende Geschichte vom Spargelanbau kann auch erfahren,

wer nach Herbsleben zum Thüringer Spargelmarkt (immer Mitte Mai) fährt, einem Handwerker- und Spezialitätenmarkt mit hohem Unterhaltungswert und Hoffestcharakter. Das Ereignis hat Tradition und ist vor allem für seine ausgefallenen kulinarischen Köstlichkeiten bekannt, die von knapp 60 Ausstellern feilgeboten werden. Wurstspezialitäten vom Rennsteig, handgefertigte Krapfen, Kuchen der Thüringer Landfrauen und der beliebte Rahmfleck aus Greußen wetteifern dann mit Thüringer Bratwurst und natürlich Herbslebener Spargel. Umrahmt wird der Kulinarienmarkt von Handwerkern und Gärtnern, die sich mit allem präsentieren, was ihre Werkstätten und Baumschulen hergeben. Mittendrin tront die Spargelkönigin, die im Jahr 2004 Sally Rotzsch heißt und über ihre Kameratauglichkeit nicht nachdenken muss: Sie ist schön!

WEINHOF SCHMIDT

ten stetig auf der Suche nach neuen Weinen, die nicht nur ihnen, sondern auch ihrer Kundschaft gefallen könnten. So kann es durchaus sein, dass sie auf solch einer Messe-Erkundungstour 60- bis 70-mal zum Probierglas greifen. Schließlich müssen sie selbst „erleben", wie beispielsweise ein frischer Jahrgang aus dem Bourdeaux oder Burgund schmeckt. „Manche Weine sind Blender", sagt Jochen Schmidt, „die versprechen beim ersten Anschauen und Verkosten eine Menge und flachen schon kurze Zeit später ab." Andere wiederum, fährt der Weinkenner fort, müsse man behutsam erforschen, ihre wirkliche Güte erkenne man oft erst beim zweiten Glas. Hat ein Wein vor den beiden bestanden, nimmt das Paar den Rebentropfen in die breit gefächerte hauseigene Weingemeinschaft auf. Rund 900 verschiedene „Traubensäfte", Sekte, Champagner und ausgewählte Spirituosen lagern im Weinhof. Darunter sind die Weine der besten Saale-Unstrut-Winzer, aber auch anderer ausgezeichneter deutscher und internationaler Weingüter. Ins Haus kommen die Weine über 13 bedeutende Importeure sowie über den Eigenimport. Zufriedene Abnehmer sind vor allem Hoteliers und Gastronomen, weil sie rund um das edle Getränk alles aus einer Hand und unabhängig von Erzeugerinteressen erhalten, einschließlich geschmackvoll gestalteter Weinkarten. Aber auch immer mehr private Weinliebhaber entdecken das Weineldorado und schätzen die Fachkenntnis der Schmidts.

Weinhof Schmidt

Sigrid und Jochen Schmidt
Mühlstraße 18
99189 Gebesee

Telefon   03 62 01 - 5 00 60
Telefax   03 62 01 - 5 00 61

Wenn jedes Jahr im Frühjahr in Düsseldorf die internationale Messe „ProWein" ihre Pforten öffnet, sind auch Jochen und Sigrid Schmidt dabei. Die Weinhändler aus Gebesee, einem 18 Kilometer nördlich von Erfurt gelegenen Ort, haben dann anstrengende, aber auch spannende Tage vor sich: Zum einen stehen Termine mit den bedeutendsten Importeuren und Erzeugern aus aller Welt an, zum anderen sind die Exper-

Mit dem Weinhandel hat das Paar 1990 sein Hobby zum Beruf gemacht. Was die beiden früh mit Weinabenden im Freundeskreis begannen, die mit Tafelfreuden, verdeckten Weinproben und der Wahl eines Weinkönigs unterhaltsam vergingen, setzten sie ein paar Jahre später in ein erfolgreich wachsendes Unternehmen um. Die Weinenthusiasten bereisten zunächst alle deutschen Anbaugebiete und erweiterten danach ihren Erfahrungsschatz auf Touren zu Erzeugern in aller Welt. Beeindruckende Stationen darunter waren italienische, französische und spanische Anbaugebiete sowie Südafrika, Argentinien und Chile. Vorab jedoch lernte Jochen Schmidt das Weinhandelsgewerbe in Baden von der Pike auf, betreute als Vertriebsleiter sechs Jahre lang den Thüringer Raum, bevor 1996 der Entschluss zum eigenen Geschäft reifte. Er sanierte gemeinsam mit seiner Frau aufwändig den elterlichen Fachwerkhof in Gebesee, zauberte aus Wohnhaus, Stallungen und Scheune einen freundlich einladenden Weinhof mit

Vinothek und ist gerade dabei, einen Weinlehrpfad mit 25 Rebsorten anzulegen. Der Wandelgang durch die Anlage soll vor allem Auszubildenden und Gastronomen dienen, aber auch interessierten Privatkunden offen stehen. In Weinschulungen und Seminaren erfahren Neugierige am Rebstock stehend, warum Wein und Landschaft so unzertrennlich sind, wie das Johannisbeeraroma in den Wein kommt oder warum Traminer würziger als Müller-Thurgau schmeckt. Die sinnliche Reise durch die Welt der Weine ist damit aber noch nicht beendet. Denn seit diesem Jahr laden die Hausherren im halbjährlichen Rhythmus auf ihren Hof ein zu „Wein, Musik & Kunst" – einer Veranstaltungsreihe, die für Weinliebhaber ebenso spannend ist wie für Freunde des Jazz, Pop und Rock sowie für Kunstkenner. Dann stellen Künstler aus, Musiker spielen live auf, die Gastgeber bieten zirka 20 thematisch ausgewählte Weine zur Verkostung an und ein Restaurant sorgt für die kulinarische Umrahmung.

Besonders Sigrid Schmidt genießt einen solchen Abend. Für die ehemalige Kunsterzieherin gehören Wein und Kunst ebenso eng zusammen wie Wein und Landschaft, ganz nach dem Motto des berühmten Winzers Robert Mondavi: „Gute Weine zu machen ist ein Handwerk, große Weine zu machen eine Kunst." Kein Wunder also, dass zur jährlichen Hausmesse, die jedes Frühjahr auf dem Weinhof stattfindet und die größte ihrer Art in Thüringen ist, auch stets Kunstwerke zu bewundern sind. Doch im Mittelpunkt der Hausmesse steht die Präsentation von zirka 500 Weinen. Wenn sich dann für drei Tage die Hofpforte öffnet, beginnt wieder einmal eine anstrengende, aber auch spannende Zeit für die Gebeseeer Weinhändler und ihr Fachpublikum.

FAHNER OBST

Fahner Obst

Gewerbepark „Fahner Höhe"
99100 Gierstädt

Telefon   03 62 06 - 26 10
Telefax   03 62 06 - 2 61 19

Ruhetag: Sonntag

Wer im Sommer im schönen Thüringer Land unterwegs ist, sollte einen Abstecher zur Fahner Höhe machen, einem bei Insidern sehr beliebten, dicht bewaldeten Höhenzug, der im Dreieck der Landeshauptstadt Erfurt und der Städte Gotha und Bad Langensalza liegt und aus dessen Wald heraus man einen wundervollen Panoramablick in das Thüringer Becken hat. Gleich um die Ecke ist Gierstädt, auch dort lohnt sich ein Besuch. Denn man darf Kirschen von den Bäumen holen, ohne dass der Bauer die Peitsche schwingt (es sei denn, Langfinger bedienen sich kostenlos!). Ab Mitte Juni ist auf einigen Plantagen des Gierstädter Unternehmens „Fahner Obst" die Selbstpflücke von süßen und sauren Kirschen angesagt (Infotelefon: 03 62 06 - 2 61 14). Schwindelfrei sollten Kletterer aber sein, denn Haftung wird nicht übernommen. Die Leitern, auf denen man zu den roten Früchten gelangt, können eine Höhe von bis zu sechs Metern erreichen. Leichter haben es da die Äpfel-Selbstpflücker, die im September/Oktober auf ihre Kosten kommen.

Für die 110 Beschäftigten und zusätzlichen Saisonkräfte ist die Ernte kein Problem: Es gehört zu ihrem Alltag, hoch hinauf zu steigen und die Kirschen aus den Bäumen zu holen. Süßkirschen sind die Spezialität der Gierstädter Obstbauern, sie verfügen über das größte Anbaugebiet in Thüringen und pflegen damit sowie mit der Verarbeitung und Frischvermarktung eine über 200 Jahre alte Tradition. Dass die Kirschen bei Großhändlern, Absatzgenossenschaften, Hofladenkunden und Selbstpflückern so beliebt sind, liegt an ihrem aromatischen Geschmack. Der wiederum „reift" aufgrund der guten klimatischen Bedingungen und der Güte des Bodens. Die geschützte Lage der Plantagen und die mit Mergel, Löß und tonigen Einschlüssen versetzten Muschelkalkböden sind schon fast das ganze Geheimnis der Gierstädter Süßkirschen. Dazu kommt natürlich noch die gute Pflege der Bäume. Pflanzenschutz wird nicht prophylaktisch betrieben, sondern lediglich bei Erkrankung eines Baumes und dann auch nur mit Mitteln, welche die Flora und Fauna schützen sowie rückstandsfrei und abbaubar sind. Das seit 1991 jährlich verliehene Qualitätssiegel der CMA „Aus integriertem Anbau" soll für sich sprechen.

„Fahner Obst", unter deren Dach sich vier Genossenschaften und eine GmbH zusammengeschlossen haben, ruht sich allerdings auf ihrer Spezialität nicht aus. Neben Kirschen bauen die Gierstädter auf ihren 1000 Hektar großen Flächen auch Äpfel, Mirabellen, Pflaumen, Holunder, Birnen und Spargel an. Das Obst und Edelgemüse wird nur zu einem Teil direkt verkauft, den anderen Teil verarbeiten die Obstbauern zu Fruchtmark, Fruchtpulpen (gequetschtes Obst als Vorprodukt für Marmelade), Konzentraten und zu 17 verschiedenen, naturbelassenen Saftsorten. Eine Lohnmosterei (Infotelefon 03 62 06 - 2 61 18) ergänzt die Servicepalette. Wer beispielsweise 100 Kilogramm Äpfel nach Gierstädt bringt, erhält 60 Ein-Liter-Flaschen reinen Apfelsaft dafür. Gleichzeitig kann er sich umschauen im Laden der Lohnmosterei und unter Säften, Obstweinen, Glüh- und Perlwein, Obstbränden und -likören, Kräutergeistern, Konfitüren und Honigsorten wählen – alles handgemachte Produkte von „Fahner Obst" und ihren Genossenschaften.

Die Obstbauern sind auch vertreten auf fast allen regional bedeutsamen Festen und Märkten, wie im März bei „Du und Dein Garten" auf der ega in Erfurt, im Mai zum „Herbslebener" Spargelmarkt, im Sommer zum „Cerealienmarkt" auf dem Domplatz in Erfurt oder im September zum „Heichelheimer Kartoffelfest". Sie selbst laden auch ein: zum Blütenfest im April und zum Erntefest im September an die mit 140 Metern längste Apfeltheke Thüringens. Dann bevölkern tausende Gäste die Plantagen, erfahren mehr über Apfelsorten wie Pinova, Braeburn oder Idared, lassen sich über Anbau, Pflege und Pflanzenschutz berichten, genießen das kulturelle Rahmenprogramm und machen im Dorf eine kulinarische Rast im Gasthaus „Goldenes Lamm", das feine Gerichte mit Fahner Obst und selbstgebrautes Bier serviert.

RESTAURANT „ZUMNORDE"

schen Restaurants Erfahrungen sammeln konnte. Sie steht Olav Lindemeier im Service sowie im Leben zur Seite. Die beiden haben Großes zu bewältigen, denn das Haus „Zumnorde" ist imposant. Von der gleichnamigen Eigentümerfamilie wurde es 1994 als Schuhhaus errichtet und erst 1998 zur gastlichen Stätte mit Restaurant und Stube umgebaut. Über dem kulinarischen Ort erhebt sich das Vier-Sterne-Hotel „Zumnorde", ein stilvoller Neubau mit 50 gediegen ausgestatteten Zimmern und Suiten, mit Wohlfühloase und allem Komfort.

Restaurant „Zumnorde"

Olav Lindemeier
Grafengasse 2-6
99084 Erfurt

Telefon   03 61 - 6 58 57 91
Telefax   03 61 - 6 58 57 93

Ruhetag: Sonntag

Sein „Liebhaberstück" nennt Olav Lindemeier das Restaurant „Zumnorde", das mitten im historischen Stadtkern von Erfurt, am 800 Jahre alten Anger, dem einst größten Waidmarkt Deutschlands, gelegen ist. Die Perle der Gastronomie hat der junge, aus dem Allgäu stammende Küchenchef im November 2003 entdeckt – nach jahrelanger Suche und unzähligen Arbeitsstunden in bundesweit verstreuten Gourmettempeln. Gefunden hatte er vorher schon in Hamburg ein weiteres Schmuckstück, das aus dem Sachsenland kommt: Daniela Schettler-Köhler, die ebenfalls in zahlreichen deut-

Tagungsgäste oder Touristen, die im Hotel wohnen, genießen die Nähe zum Restaurant und die Gaumenfreuden, die es bereitet und befinden sich dabei in gleich gesinnter Gesellschaft mit Einheimischen und gezielt vorbeischauenden Weltenbummlern. Denn Olav Lindemeier und seine Partnerin haben das „Zumnorde" in nicht mal einem Jahr zu einem Insidertipp gemacht. So berichten die Kenner, dass Erfurt und besonders der Anger mit seiner architektonischen Vielfalt, die von der strengen Gotik über ausladenden Barock bis hin zur stattlichen Gründerzeit reicht, schon allein die Reise ins Thüringer Land wert sei, die kulinarische Rast im „Zumnorde" aber das Sahnehäubchen obendrauf. Ich finde das nicht übertrieben, denn man sitzt und speist dort vorzüglich. Die Stube mit ihren holzgetäfelten Wänden, der bunten Bleiglasdecke und den über einhundert Jahre alten Dielen, den bequemen Armlehnstühlen und dem Gemütlichkeit verbreitenden Kamin erinnert an alte Herrensalons, während das Restaurant mit seiner weinroten Lederaustattung, der Kassettenstuckdecke, den pastelligen Wandmalereien und kapitalen Säulen Herrschaftliches ausstrahlt. Auch im Bartholomäuszimmer mit Freiterrasse, im Kaminzimmer mit Bibliothek, im Salon Feininger oder im Garten kann man speisen. Olav Lindemeier zeigt beim Kochen Multitalent, denn er beherrscht die Thüringer Küche ebenso wie die Speisenzubereitung nach internationalen Rezepten. Spezialitäten aus Thüringen, die der Koch allerdings „erleichtert" und verfeinert, gibt es vornehmlich in der schönen Stube. Eine krosse Bauernentenbrust bringt er mit Spitzkohl, Majoranjus und Thüringer Kloß auf den Tisch, ein Zanderfilet serviert er auf süß-sauren Tellerlinsen. Und aus Thüringer Kirschen macht der Küchenchef ein feines Ragout und bettet es in ein Mousse au chocolat. Die Leidenschaft, Genuss zu bereiten, zeigen die Hausherren auch im Restaurant. Dort präsentieren Olav Lindemeier sowie Daniela Schettler-Köhler als kenntnisreiche Sommelier(in) nicht nur von passenden Weinen begleitete Menüs vom Feinsten, aus denen zudem frei ge-

wählt werden darf, sondern auch einzelne Gerichte, die die Zutaten aus verschiedenen Länderküchen geschickt miteinander verbinden. Kosten Sie als Vorspeise eine Trilogie vom Thunfisch mit Tatar, Carpaccio und Wan Tan, nehmen Sie danach einen Red Snapper auf Erdbeerchutney mit asiatischer Pesto und kleinen Kartoffeln und beenden Sie die kleine kulinarische Weltreise mit Tonkabohnen Creme brûleé an Ananasragout. Wählen Sie als Reisebegleiter einen der 80 offenen Weine und fragen Sie den Küchenchef am Schluss nach seiner Leidenschaft für die Patisserie. Ein Törtchen auf den Weg macht den Abschied vom „Zumnorde" vielleicht leichter.

Holunderblüten-Mousse

Zutaten

150 g Holunder-Sirup
60 g Zucker
60 g Eigelb
30 g Sancerre
1,5 Blatt Gelatine
1 Eiweiß
15 g Zucker
80 g geschlagene Sahne

Zubereitung

Den Holundersirup, den Zucker, die Eigelbe und den Sancerre über einem Wasserbad aufschlagen, bis eine feste schaumige Masse entsteht. Anschließend die in kaltem Wasser eingeweichte Gelatine zugeben und diese Grundmasse auf Eis kalt schlagen. Das Eiweiß, die restlichen 15 g Zucker und die Sahne aufschlagen und kurz vor der vollkommenen Erstarrung der Grundmasse unterheben.

ZUM GOLDENEN SCHWAN

"Steinerne Chronik Erfurts". Ein Kapitel dieser Chronik ist dem Haus Nummer 9 gewidmet. Dort steht eines der ältesten Gebäude der Stadt. In ihm ist das Gasthaus „Zum goldenen Schwan" untergebracht. Legen wir also Rast ein und lassen uns die spannende Historie sowie die Geschichte vom „Hier und Jetzt" erzählen. Der Fachmann dafür ist René Geiger, der mit seiner Frau Iris und Tochter Sandra Inhaber des urgemütlichen Gasthofes mit den vielen Zitaten aus verschiedenen Architekturepochen ist. „Bebaut war das Grundstück bereits im 12. Jahrhundert", erzählt der Wirt, „als Restaurant unter dem jetzigen Namen wird es seit dem Jahr 1789 betrieben". Ein Rundgang durch die Räumlichkeiten des „goldenen Schwan" beweist das Alter des Hauses, das im Laufe der Jahrhunderte mehrmals erweitert und umgebaut wurde, bevor die Hausherren es im Jahr 2002 aufwändig und liebevoll restaurierten. Alt und Neu ist nun gelungen verbunden. So kann man im Keller noch einen Türsturz bewundern, dessen Holz von einem im Jahr 1186 gefällten Baum stammt, während der Betrachter im historischen Festsaal eine Holzbalkendecke, Malereien und von der Straße aus die prächtigen Vorhangfenster

Zum goldenen Schwan

Iris, Sandra und René Geiger
Michaelisstraße 9
99084 Erfurt

Telefon   03 61 – 2 62 37 42
Telefax   03 61 – 2 62 37 44

Beim Spaziergang durch die historische Altstadt von Erfurt ist eine der schönsten Sehenswürdigkeiten die weltberühmte Krämerbrücke. Die 1325 errichtete steinerne Bogenbrücke über die Gerafurt, durch die einst die Handelsstraße Via Regia führte, ist das einzige vollständig mit Häusern bebaute und bewohnte Brückenbauwerk nördlich der Alpen. Von der Krämerbrücke biegt die Michaelisstraße ab. Die hier zahlreich erhaltenen traditionsreichen Bürgerhäuser geben dieser Straße den Namen

Gastraum, es duftet nach frischem Treber und herbem Hopfen. 100 bis 150 Liter Bier werden von Brauer Marco Depcik vor den Augen der Gäste täglich gebraut – vom schwarzen „Schwanenbräu" bis hin zum Bock und Pilsner. Küchenchef Frank Funke steht dem jungen Brauer in nichts nach und serviert köstliche handgemachte Thüringer Spezialitäten. Da gibt es Thüringer Kloß mit Soße und eine deftige Braumeisterpfanne, ein Rostbrätel und Riesenbratwurst, geschmortes Bierfleisch und Rinderroulade nach Hausfrauenart. Eine leckere Zwischenmahlzeit, gerade zu einem frischen Pils, ist das Brotzeitbrett mit verschiedenen Käse- und Wurstspezialitäten, mit Butter und Treberbrot, das mit dem hauseigenen Treber gebacken wurde. Trotz Brauhausküche kommen aber auch Vegetarier, Kinder und Fischliebhaber nicht zu kurz. Was allen Gästen gleichermaßen Spaß macht, ist das Brau-Seminar, das Familie Geiger anbietet. Dabei wird gemeinsam mit dem Brauer in vier bis fünf Stunden Schrot gemahlen, gemaischt und gelernt, was im Läuterbottich und mit dem Treber passiert.

Während das Bier ruht, sitzen die Hobbybrauer in fröhlicher Runde bei Speis und Trank zusammen – so wie es vor fast dreihundert Jahren hier schon die Vorfahren taten.

aus dem 15. Jahrhundert bewundern kann. Auch die rekonstruierte Rankenbemalung im Inneren des Gasthauses stammt aus dieser Zeit. In der Mitte des 14. Jahrhunderts wurde an der Straßenfront seitlich ein weiteres Steinhaus angebaut, in dessen Erdgeschoss sich heute die Küche des „goldenen Schwan" befindet. Die beiden verschiedenen Hausteile haben die Geigers durch die Neugestaltung der Straßenfassade wieder kenntlich gemacht. Die Konsequenz, die die Familie in der Pflege architektonischer Traditionen zeigt, setzt sie im Inneren des Hauses mit der Bewahrung althergebrachter thüringischer Gastlichkeit fort. Sie verwöhnt ihre Gäste im edel sanierten, historischen Ambiente, im Saal, Winter- oder Biergarten, im Kaminzimmer oder in der Braustube mit gutbürgerlicher Hausmannskost, zubereitet nach regionalen Rezepturen und mit feinwürzigen Bieren aus der eigenen Hausbrauerei. Die Braustube heißt nicht von ungefähr so: Ein Braukessel steht mitten im

ERFURTER GASTRO BERUFSBILDUNGSWERK

**Erfurter Gastro
Berufsbildungswerk e.V.**

Witterdaer Weg 3
99092 Erfurt

Telefon   03 61 - 4 20 74 14
Telefax   03 61 - 4 20 74 32

$\mathcal{D}$ie Tricks, mit denen die Lehrer ihre
Schüler hinters Licht führen wollen, werden
von Jahr zu Jahr raffinierter. Die strengen
Prüfer vom Erfurter Gastro Bildungswerk
und der IHK führen ihre Schützlinge, die
an der gemeinnützigen Bildungseinrichtung
eine Aus- oder Weiterbildung (Betriebswirt
für das Hotel- und Gaststättengewerbe,
Hotel- und Restaurantfachmann/frau,
Koch/Köchin) erhalten, aufs Glatteis und
lassen ihnen gleichzeitig nicht das Ge-
ringste durchgehen. Schließlich können sich
die jungen Leute später im beruflichen
Alltag auch keine Fehler leisten, wollen sie
zu den Besten gehören. Und so wird das fix
und fertig eingerichtete Hotelzimmer der
Schule mit einigen „Nachlässigkeiten" prä-
pariert, die den Schüleraugen nicht entge-
hen dürfen. Hinterm Fensterstore ist eine
leere Coladose versteckt, auf dem Tisch liegt

eine drei Wochen alte Fernsehzeitung und
im Bad fehlt ein Handtuch. Am Ende der
Prüfung aber können die Lehrer stolz sein
auf das, was sie ihren Lehrlingen in den
letzten Jahren beigebracht haben: Keiner
der Mädchen und Jungen hat etwas über-
sehen, alle im Gästezimmer versteckten
„Schmutz- und Fehlerquellen" wurden
enttarnt.
„So praxisorientiert wie möglich soll
unsere Ausbildung sein", sagt Friedhelm
Josephs, geschäftsführender Vorstand des
Bildungswerks. Und dafür wird für Erst-
auszubildende oder Umschüler an der Drei-
säulen-Bildungseinrichtung mit Berufs-
schule, Berufsfachschule und der einzigen
Hotelfachschule in Thüringen neben dem
theoretischen Unterricht einiges an praktischen Bewährungsproben aufgefahren. An
einer „echten" Rezeption werden Gäste-

und vorzuführen, was sie bisher gelernt haben. Die aufregendste Feuertaufe aber ist die jährliche Absolventenparty. Für ein solches Spektakel müssen die angehenden Gastronomen ihr in den letzten zwei bis drei Jahren angehäuftes Wissen auf einen Schlag in der Praxis beweisen. Und Kreativität ist dann natürlich auch gefragt. Friedhelm Josephs schwärmt denn auch noch heute von einer vergangenen Party, bei der die Schüler

und Buchungsgespräche geführt, im „echten" Restaurant wird professionell serviert und kredenzt und in der Frontcooking-Küche wird meisterhaft gekocht, gebrutzelt und arrangiert. Die jährlich rund 550 aus Thüringen und anderen Regionen Deutschlands stammenden und hier lernenden Schüler genießen die perfekt-moderne Ausstattung des Hauses, in dessen Einrichtung sie alles so vorfinden, wie es ihnen später im praktischen Berufsleben auch begegnen wird. Lehrangebote und Ambiente nutzen aber auch bereits berufserfahrene Gastronomen, Köche, Hoteliers und Restaurantfachleute, die sich einfach nur auf den neuesten Wissenstand bringen wollen. Denn das Bildungswerk bietet zahlreiche Seminare und Workshops zu den verschiedensten Themen an – vom stilvollen Umgang mit Gästen über alles, was „Recht" ist bis hin zu Kaffee- und Weinseminaren und

Kniggekursen für genussvolle Tafelfreuden. Form und Inhalte der Aus- und Weiterbildung können sich sehen lassen. Nicht wenige der Absolventen werden von der Hotellerie und Gastronomie mit Kusshand in Restaurants und Küchen sowie ins Management übernommen. Doch vorher müssen die Schüler so einige Feuertaufen über sich ergehen lassen. Eigenständige Projektarbeit ist ein wichtiges Standbein der Ausbildung. So zeigen angehende Köche und Restaurantfachleute schon mal in der Deutschen Botschaft in Großbritannien, wie ein kulinarisch und gastfreundlich perfekter Empfang auszurichten ist, sie nehmen die Gäste einer internationalen Messe mit auf eine selbst arrangierte kulinarische Reise durch Thüringen oder sie fahren zu einem Begegnungsprojekt nach Israel, um dort in einem der besten Hotels des Landes hinter die Kulissen zu schauen

ihre Gäste in die „Goldenen Zwanziger" entführten. Sie kalkulierten die Kosten, entwarfen die Kostüme, sie tanzten, kreierten ein leckeres Drei-Gang-Menü, mixten und servierten Cocktails, zauberten ein Feuerwerk in den Himmel und unterhielten die Leute mit spritzigen Conferencen – die illustre Gästeschar war ebenso begeistert wie das Fachpublikum. Und auch die Absolventen wussten danach, dass sie am Erfurter Gastro Bildungswerk die schönste Sache der Welt gelernt hatten: Gastgeber sein.

TÖPFERMÜHLE

Möbisburger Töpfermühle

Ute und Hartmut Kummer
Berggartenstraße 1
99094 Erfurt-Möbisburg

Telefon 03 61 - 7 96 81 74
Telefax 03 61 - 7 96 91 08

Ruhetage: Samstag, Sonntag

Mit Verve haut Hartmut Kummer die zarte Keramikschale, deren feine Bearbeitung er mir gerade noch in aller Ausführlichkeit erläutert hat, auf den schweren Holztisch. Es knallt fürchterlich, meine Augen weiten sich vor Schreck, nur der Töpfer freut sich diebisch: Seine Schale hat nicht den geringsten Schaden genommen, sie ist genauso heil und hübsch wie vor dem „Urknall". „Tja", triumphiert Hartmut Kummer, „ist eben Qualitätskeramik." Seine Frau Ute kennt das Schauspiel, sie ist nicht erschrocken über die schwungvolle Hammer-Amboss-Aktion ihres Mannes, denn sie weiß, dass die Schalen, Schüsseln und Teller, die aus ihrem Ofen kommen, langlebig sind. Sie hat sie schließlich gemacht. Bei den Kummers in der Möbisburger Töpfermühle steht die Funktion ihrer Keramik über der Form. Die ist allerdings auch nicht zu verachten – ganz im Gegenteil. Von dem im gemütlichen, kunstvoll ausgestalteten Ausstellungs- und Verkaufsraum präsentierten keramischen Zier- und Gebrauchsgeschirr, von den Fayencen und dem Steinzeug sowie den künstlerischen Einzelstücken und Plastiken ist ein Teil schöner als das andere. Vor allem die vom Moosgrün ins Dunkelblau gehende, strahlende Glasur – ein Markenzeichen der Möbisburger Töpfer – beeindruckt mich. Wer schon einmal in Südfrankreich war, wo das Licht ein ganz besonderes ist, und dort am Mittelmeer im Strandsand liegend einen Sonnenuntergang erlebt und danach das am Himmel aufziehende Nachtblau bewundert hat, weiß von welch zauberhaftem Farbenspiel ich rede. Die Farbigkeit derart wundervoll hinzukriegen, ist eine Kunst für sich. „Die simplen Grundstoffe für die Glasur wie Salz, Eisen und Quarz zusammenrühren, das kann jeder", sagt Hartmut Kummer, „erst beim Mischen und beim Brennen beginnt das wahre Handwerk." Spricht`s und nimmt mich mit in die Werkstatt. Dort ist Ute Kummer schon am Werk. Sie knetet mit einem winzigen Spachtel rosa und weißes, mit Wasser vermischtes Metalloxydpulver immer wieder umeinander, bis sie sieht: Jetzt stimmt der Ton. Nebenan hat gerade ein Töpfer seinen rechten Arm bis zum Ellbogen in einen hohlen Tonturm versenkt, der sich in Schwindel erregendem Tempo auf der Scheibe dreht. Mit den stetig gewässerten Händen zieht und streicht er innen und außen so lange, bis sich die weiche Masse in zarten Ringen hoch und höher schraubt. Irgendwann wird daraus wahrscheinlich eine jener hübschen, unzerbrechlichen moosgrün-nachtblauen Vasen, auf die ich schon im Ausstellungsraum eine Auge geworfen hatte. Eine Auge werfen auf die Möbisburger Töpfermühle, ihre Hausherren und deren keramische Werke kann übrigens jeder. Die Mühle samt Werkstätten steht außer samstags und sonntags jedem Besucher offen, gleich, ob er nur stöbern und in der Werkstatt zuschauen oder auch kaufen möchte. Darüber hinaus können die Kummers selbst ausgefallene Gästewünsche erfüllen. Neulich kam beispielsweise ein Kunde mit einer Keramik aus einem anderen Töpferhaus vorbei und bat um weitere Stücke mit gleicher Glasur. Da haben die Meister tagelang experimentiert, bis Farbe und Glanz identisch mit dem Original

waren. Aber genau das macht die Stärke
der Möbisburger aus: mit Hingabe und Lust
einen hohen Aufwand betreiben und das
gesamte Spektrum ihres Handwerks aus-
schöpfen, um die Kunden zufrieden zu
stellen. So sind für die Töpfer selbst riesige
keramische Gefäße kein Problem. Bis zu
80 Zentimeter hohe Vasen und Schalen bis
zu 50 Zentimeter Durchmesser können in
der Mühle gedreht oder gebaut und im großen Ofen gebrannt werden. Selbstredend
beherrschen sie die meisten Techniken,
fertigen nach Thüringer Tradition, dekorieren mit Unterglasur-, Aufglasur- und
Schlickermalerei, schneiden, spritzen und
ritzen. Wer sich selbst in der Töpferkunst
versuchen möchte, kommt zum Mühlgarten-
fest im Juni jedes Jahres. Dann kann man
nicht nur das über 300 Jahre alte, schön
restaurierte Mühlenbauwerk bestaunen,
sondern auch selbst Hand anlegen an der
Töpferscheibe, während im Hof schon die
Mühlenspieße auf dem Grill brutzeln. Zu
Töpferspaß und Mühlenspieß gibt's Live-
Musik und Wein. Der Rebensaft fließt auch

zum Tag des offenen Denkmals im September, wenn die Kummers zur Führung
durch die Mühle laden. Haus, Hof und
Werkstätten stehen zudem an allen vier
Adventswochenenden offen. Fragen Sie

dann Hartmut Kummer unbedingt nach
der „Tussi" in Männergestalt und er-
schrecken Sie nicht, wenn er wieder
eine Schüssel auf den Tisch knallt. Sie
kennen doch jetzt das Spiel!

HOTEL & RESTAURANT „LINDERHOF"

„Landidyll" und „LinderHof" – das sind Namen, die einiges versprechen. So wird, berichtet Hoteldirektor Frank Schneider, die poetische Bezeichnung „Landidyll" nur jenen Hotels verliehen, die festgelegte Voraussetzungen mitbringen: Die Herbergen sind familiengeführt und strahlen ländliche Lebensfreude aus, Natur und Gastronomie stehen im Einklang, ökologische Gesichtspunkte harmonieren mit regional typischem Ambiente und einer besonderen Atmosphäre. Der „LinderHof" von Monika und Karl Broderix erfüllt sämtliche Kriterien mit Bravour. Seinen Namen verdankt er nicht nur dem Ortsbezug, sondern auch seinem Interieur. Das Lindenblatt ist außen wie innen stetig wiederkehrendes Motiv. Es ist an Fassade und Wänden, auf Türrahmen und Stoffbezügen zu finden und unterstreicht das romantisch-ländliche Ambiente des Hauses. Die Gäste mögen das und suchen sich ein gemütliches Plätzchen im mit wunderschönen Wandmalereien versehenen Linden-Restaurant, dessen blau-weiß gestreifte Sitzbänke und mit gelben Tischdecken elegant eingedeckte Tafeln fröhlich stimmen. Ebenso angenehm entspannt sitzt es sich aber auch in der rustikalen Bauernstube, im lichtdurchfluteten Wintergarten oder an warmen Sommertagen auf der Sonnenterrasse.

Überall ist Wohlfühlen angesagt – bis hin zum Wellnessbereich mit Dampfbad und von Lichttherapie unterstützter Massagedusche. Sogar in den Tagungsräumen kommt

$\mathcal{D}$ie Landeshauptstadt Erfurt und die Kulturstadt Weimar sind Pilgerstätten für architektur- und kulturhistorisch interessierte Weltenbummler. Für die Erforschung der spannenden Stadtgeschichten sollte man allerdings mindestens zwei bis drei Tage einplanen. Als komfortables und gemütliches Logis bietet sich das Vier-Sterne-Landidyll-Hotel „LinderHof" an, das gleich um die Ecke von Erfurt (10 Minuten entfernt) im still-romantischen Ortsteil Linderbach gelegen ist.

Hotel & Restaurant
„LinderHof"

Familie Broderitz
Straße des Friedens 12
99198 Erfurt-Linderbach

Telefon   03 61 - 4 41 80
Telefax   03 61 - 4 41 82 00

Röllchen vom Rotbarsch- und norwegischen Lachsfilet mit Mangold und einem Flan von Ebly und Paprika

Zutaten

600 g Rotbarschfilet

1 kg Lachsfilet

1 Mangold (Staude)

500 g Ebly

500 g bunte Paprika

4 Eier

500 ml Schlagsahne

2 gr. Kurkuma

8 St. Kapuzinerkresseblüten

frische Rosmarinzweige

Weißwein

Salz, weißer Pfeffer

Zitrone

Zubereitung

Rotbarschfilet mit Zitronensaft beträufeln und mit Mousse vom Lachs bestreichen. Die Mangoldblätter blanchieren und die bestrichenen Filets damit belegen. Norwegisches Lachsfilet längs aufgeschnitten auflegen, aufrollen und mit dem Rosmarinzweig in Alufolie unter Dampf garen. Ebly kochen, mit bunten Paprikawürfeln verfeinern und mit aufgeschlagenen Eiern im Wasserbad ca. 45 Min. garen. Aus Schlagsahne, Weißwein und Kurkuma eine Soße bereiten, salzen, pfeffern, mit den Fischröllchen anrichten und mit Kapuzinerkresseblüten dekorieren.

trotz konzentrierter Arbeit keine Müdigkeit auf, denn sie sind alle nach einem die Aufnahmefähigkeit steigernden Farb-Musik-Duft-Konzept gestaltet. So wurden die Wände der Goetheschen Farblehre nach bemalt und wirken je nach Tageszeit beruhigend oder anregend. Zudem sorgen fein abgestimmte Düfte während eines Seminars unmerklich für Aufmerksamkeit und Kreativität, und nicht zuletzt beeinflusst speziell komponierte Musik die Konzentration der Tagungsteilnehmer.

Abgerundet wird die anheimelnde Innenausstattung des Hotels mit einem kulinarischen Verwöhnprogramm vom Feinsten. Küchenmeister Peter Posanski kocht frisch, gesund und einfallsreich mit Produkten aus der Region. Thüringer Spezialitäten sind auf der Speisekarte ebenso vertreten wie Kreationen internationaler Kochkunst. Schon das Frühstück ist ein geschmackliches Erlebnis, das sich zudem durch Frische und Vielfalt auszeichnet. Morgens sind die Tische mit selbst gebackenen Kuchen, Broten und Hefezöpfen beladen, mit Eierspeisen aus Landeiern von freilaufenden Hühnern, mit frischem, ungespritztem Obst, mit Thüringer Wurstspezialitäten direkt vom Landfleischer und verschiedenen Müslis. Wer möchte, streut sich ein paar der gerade erst im hoteleigenen Kräutergarten gepflückten Kräuter auf die Speisen und

genießt ein Glas vom frisch gepressten Saft. Fortsetzen lassen sich die Gaumenfreuden mittags und abends mit leckeren Köstlichkeiten aus Topf und Pfanne. Beginnen könnte man mit einem Kressesüppchen mit Tomatenwürfeln, das abgelöst wird von einem mit tomatisiertem Blattspinat gefüllten Eierkuchen. Danach könnte man die leichte Mahlzeit mit einem Lachsfilet in Kräuterkruste krönen, das auf

Fenchelgemüse und Basmatireis angerichtet ist. Den Freunden deftiger, regionaler Kost bietet der Küchenchef Rostbrätl, verschiedene Braten oder Dunkelbierfleisch im Brottopf an. Über allem steht der Wunsch der Hausherren: „Ein fröhlich Gemüt und ein edler Wein mögen hier immer beisammen sein".

ABLIG MBH

ABLIG mbH

99439 Heichelheim

Telefon   0 36 43 - 4 41 20
Telefax   0 36 43 - 44 12 17

Es rumpelt und rattert unablässig, Laufbänder und Motoren erfüllen die große Produktionshalle der Thüringer Kloßmanufaktur in Heichelheim bei der Firma ABLIG mit martialischen Geräuschen. Darunter mischen sich fröhlich-laute Zurufe, die zwischen ein paar Frauen in der Halle hin- und herfliegen. Die einen füllen dabei sattgelbe, frisch geriebene Kartoffelmasse in weiße Leinensäcke, andere sortieren geschälte Kartoffeln vom Band, wieder andere packen vorgebratene, gefrostete Puffer in bereits etikettierte Plastetüten. Mir gefällt es am besten in der „Pufferecke". Dort greifen sich vier kleine Schaufelräder jeweils einen frischen Kartoffelschabklecks, durch eine Düse spritzen ein paar Tropfen Fett, das wie von Zauberhand verrieben wird, der Klecks sinkt nieder, wird von einem Stempel platt-

gedrückt und wandert von dort aus durch den „Ofen". Auf der anderen Seite rollen dann goldgelb gebratene Kartoffelpuffer an uns vorbei. Wir dürfen uns bedienen und sind begeistert. Wie selbst gemacht schmecken die rustikalen „Scheiben". „So soll es auch sein", schmunzelt Geschäftsführer Fritjof Hahn, der uns auf den Rundgang mitgenommen hat. „Unsere Puffer halten jedem Vergleich mit der Kochkunst einer erfahrenen Hausfrau stand." Auch Kloßmasse sowie die „Echten Thüringer Sonntagsklöße", die von Heichelheim aus in die Tiefkühltruhen bekannter Handelsketten wandern, bestehen vor strengen Prüferaugen und -gaumen. Und das hat seinen Grund: Sind doch in Heichelheimer Klößen nichts anderes als naturbelassene, beste Zutaten drin. Die Kartoffeln kommen aus kontrolliert integriertem Anbau und nur von spezialisierten Produzenten der Region, die sich in der Heichelheimer Speise- und Veredlungskartoffel Erzeugergemeinschaft zusammengeschlossen und mit der ABLIG einen Kooperationsvertrag haben. „Kartoffelkompetenz vom Anbau bis zur Veredlung" nennt das Fritjof Hahn und verweist auf den geschlossenen Kreislauf: Jeder Verbraucher kann auf der Rückseite der „Echten Thüringer Sonntagsklöße"-Verpackung das „Kartoffelsiegel" sehen und nachlesen, von welchem Bauern die Knolle stammt, wie sie heißt und wo sich das Kartoffelfeld befindet. Transparenter geht es kaum. Vom „Rest" haben wir uns selbst überzeugt: Heichelheimer Klöße werden in von Maschinen unterstützter Handarbeit so zubereitet wie daheim. 2/3 rohe, geriebene, vorwiegend mehlig-stärkereiche Kartoffeln ausgesuchter Qualität werden nach dem Sortieren, Waschen, Schälen und Reiben in Leinensäcke gepackt, in einer Zentrifuge geschleudert und mit 1/3 gekochtem Kartoffelbrei überbrüht. Nur geformt wird seit 1993 nicht mehr von Hand. Dafür haben sich die Heichelheimer eigens eine Maschine gebaut, die auch die Semmelbrösel gleich mit eindrückt. Nach dem Frosten ist die

Premiumspezialität „Echte Thüringer Sonntagsklöße" fertig und wandert bundesweit auf Mittagstische. Neben leckeren Puffern und luftig-leichten Klößen zaubern die Heichelheimer aber noch mehr aus ihren gelben Knollen. So gibt es für notorische Selbermacher echte Thüringer Kartoffel-Kloßmasse oder – in der Kombipackung mit Semmelbröseln – Thüringer Kloßteig, vorgebackene Altdeutsche Reibekuchen mit Zwiebeln und geräuchertem Schinkenspeck und in Gusseisenpfannen vorgebratene Mini-Kartoffelpuffer. Noch nicht so lange in der Angebotspalette, aber schon auf der kulinarischen Überholspur sind die süßen Dinge, die aus Heichelheim unter der Marke „Wartburger – gute Mahlzeit aus Thüringen" daherkommen: Apfel- und Quarktaschen, hergestellt nach alten Rezepturen, für die Tiefkühltruhe und zum Fertigbacken zu Hause. Ein Klassiker dagegen ist das Mischgemüse aus gewürfelten Möhren und feinen Erbsen, besonders begehrt in der kultigen original 70er-Jahre Verpackung mit dem Schneemann. Den kleinen Kerl mit

Schal und Schlittschuhen kannten bis zur Wende nur die Bewohner der ehemaligen DDR. Das hat sich längst geändert. Auch weil das Maskottchen seit kurzem „Hexenkuss" und „Hexenkerze" ziert, ein wunderbar erfrischendes, nicht zu süßes Milcheis. Die runden, mit dunkler Schokolade überzogenen Quader und Stangen am Stiel haben wir – im Ostteil der Bundesrepublik – schon als Kinder geliebt, sie verschwanden jedoch mit der Wende vom Markt und sind erst jetzt von ihrem Erfinder Hans Dieter Werther und den Heichelheimer Tiefkühlspezialisten wieder belebt worden. Und wer sich erinnert: Da war noch ein drittes Eis im Bunde. Auch das ist wieder zu haben – „Vanille Eiskrem" – in volkstümlicher Schreibweise benannt, im schlicht-transparenten Understatement-Plastebecher, ohne schreiendbunten Werbeaufdruck, dafür mit fein ausgeformten, gelben, roten oder grünen Puppenstuben-Löffeln versehen, auf die (wie früher) gängige Vornamen geprägt sind. Das Öffnen der Eisbecher, das Lesen der Namen und der obligatorische Löffeltausch war für uns Kinder damals ein beliebter „Zusatzgenuss". Ich allerdings war und bin betrübt: Meinen Namen gibt es bis heute nicht.

IMPULS E.V. · IKKAS KÜCHE

Impulse e.V. · IKKAS Küche

Im Dorfe 1
99439 Heichelheim

Telefon 0 36 43 – 77 32 94
Telefax 0 36 43 – 77 80 41

Haben Sie gewusst, dass Kürbis schon seit Jahrtausenden als Nahrung genutzt wird und dass Einkorn, Emmer und Dinkel zu den ältesten Getreidearten zählen? Ist Ihnen bekannt, dass unsere Vorfahren in Zeiten knapper Getreidevorräte dennoch Schmackhaftes und Gesundes zubereiten konnten, indem sie das Mehl für ihr Brot mit Rüben, Kürbis, Kartoffeln oder Baumrinden „streckten"? Haben Sie eine Ahnung davon, wie Hypocras (mittelalterlicher Gewürzwein) oder Aroniabeeren schmecken? Sie verneinen und sind neugierig geworden? Dann folgen Sie der Einladung von IKKAS Küche in Heichelheim bei Weimar und lassen Sie sich auf eine spannende, unterhaltsame und gaumenfrohe kulinarische Zeitreise entführen. Sie erfahren dabei Interessantes über Urgetreide, über Klosterküchen und Mittelalter, über die Kochkunst in Burgen und Schlössern und die karge Kost der niederen Stände, über Backwerk wie zur Goethezeit sowie über den Buckelapotheker. Und Sie erhalten Anregungen für eine gesunde und genussvolle Ernährung.

Die Frauen der IKKAS Küche haben sich mit Leib und Seele den Recherchen zur Küchengeschichte verschiedener Epochen verschrieben. Dafür stöberten sie in alten Rezeptbüchern, gruben mit Forschergeist nach Quellen für längst vergessene Kräuter, Gemüse, Früchte und Getreidesorten und initiierten deren Anbau in der ökologischen Landwirtschaft. Sie analysierten Geschmack und Kombinierbarkeit der Funde sowie alte Herstellungsmethoden und begannen schließlich mit dem die Tradition bewahrenden Kochkunsthandwerk. Sie kneteten und buken, sie kochten und gelierten.

Die Ergebnisse – lauter leckere und gesunde Sachen, zubereitet nach uralten Rezepturen – kann man nun im Ausstellungs- und Verkaufsraum der IKKAS Küche bewundern und probieren.

Da gibt es „Backwerk nach historischen Rezepten", vom mittelalterlichen „gutt Nonnenbrodt für die Reisen" – einem Dinkelknäckefladen – bis hin zu Kürbis-Zwieback sowie Anis Strötzel und Blütentaler nach Originalrezepten aus der Goethezeit, die auf besondere Weise die Zeitreise ins 18./19. Jahrhundert mit sozialem Engagement in der Gegenwart verbinden. Einem zweiten Bereich sind „Mancherley Kräuter und Gewürz" vorbehalten. Dort hat das IKKAS-Team unter dem Motto „Deine Nahrung soll Deine Medizin sein" allerlei Gesundes zusammengetragen wie Tees, Elixiere und Essenzen aus dem Erfahrungs-

schatz des Buckelapothekers. In einem dritten Bereich locken unter dem Namen „Eynmachung ettlichr Frücht" zahlreiche süß-würzige eingemachte Frucht-Gemüse-aufstriche wie Kürbis-Ingwer, Karotte-Anis, Himbeeren in Sekt und Gelees aus Wildkräutern und Wildfrüchten. Menschen, die das Besondere suchen, finden viele der

köstlichen Kulinarien im Internet, in einigen Klosterläden und Feinkostgeschäften sowie auf regional bedeutsamen Festen und Märkten. Damit die kulinarische Zeitreise für die Mitreisenden zum wiederkehrenden und nachhaltigen Erlebnis wird, lädt die IKKAS Küche das ganze Jahr über zu Veranstaltungen ein. Dann werden in geselliger Runde die, unter verschiedensten Mottos stehenden, Tafelfreuden an einem Probierbüfett gewürzt mit allerlei wissenswerten Fakten rund um die genossenen Speisen und deren Zubereitung, und die Gäste erfahren darüber hinaus, dass IKKAS für Initiativen, Kreativität, Kommunikation, Arbeit und Sinn steht.

HOTEL „ELEPHANT"

„Es ist mir eine Ehre und Freude, mich nach der Wiedereröffnung als erster Gast des Hauses in dies Buch einzutragen", schreibt Thomas Mann 1955 ins Gästebuch des Hotels „Elephant". Der Literat, der mit seinem Roman „Lotte in Weimar" dem Haus ein Denkmal gesetzt hat, bleibt nicht lange allein. Bis das Buch im Jahr 1962 geschlossen wird, verewigen sich etliche prominente Künstler und Schriftsteller mit poesievollen Danksagungen auf den Seiten. Heute ist dieses Gästebuch eine kulturhistorische Reliquie, die vom Hotel nur für hohen Besuch, der sich besonders Thomas Mann nahe fühlen will, hervorgeholt wird. Das hat schon kuriose Blüten getrieben: So ignorierte Norman Mailer, der im Jahr 2002 im Haus weilte, das bereitgelegte aktuelle Gästebuch, ließ sich das historische bringen, durchbrach (zum Entsetzen der anwesenden Pressechefin) den 1962 geschlossenen Reigen und setzte einfach seine Dankes-

worte auf die bereits vergilbten Seiten. Welch ein Fauxpas! Nun denn, irgendwie hatte die Aktion auch etwas Gutes (Klassik und Moderne begegnen sich), und so durfte auch Nobelpreisträger Imre Kertész noch hineinschreiben, bevor die Buchdeckel dann endgültig zuklappten.

Gesiegt hatte die Gastfreundschaft. Darin hat das Hotel schließlich Tradition. 1696 als Wirtshaus gegründet und 1741 zur Poststation erweitert, diente der „Elephant" seither als Herberge für Handels- und Kaufleute, entwickelte sich aber rasch zum Treffpunkt für Dichter, Künstler, Intellektuelle und Staatsmänner aus ganz Europa. Goethe trank hier seinen Madeira. Schiller war da, Bach, Mendelssohn-Bartholdy, Tolstoi, Ustinov, Putin, Schröder, Mailer oder Kertész – im „Elephant" traf und trifft sich bis heute, was Rang und Namen in der Welt hat. Weltmännisch zeigen sich auch Service, Ambiente und Küche des „Fünf-Sterne-Superior"-Hauses, das seit dem Jahr 2000 zur „Luxury Collection" des Unternehmens ArabellaSheraton gehört. Wer eintritt, wird mit einer charmanten Begrüßung empfangen. Charmant ist auch das Ambiente des Hauses, in dem Historie und Moderne symbiotisch verbunden sind. Zahlreiche Zitate der deutschen Bau- und Kunstgeschichte machen die architektonische und künstlerische Klasse des Hotels aus. Bauhaus, Jugendstil und Art Decó, historisches Kreuzgewölbe und zeitgenössische Malerei – im „Elephant" gerät ein Spaziergang durch 99 Zimmer, Lobby, Marlene-Bar,

Hotel „Elephant"

Markt 19
99423 Weimar

Telefon 0 36 43 - 80 20
Telefax 0 36 43 - 80 26 10

Bibliothek, Richard-Wagner-Saal, Gourmet-
restaurant „Anna Amalia", Elephantenkeller
sowie durch die individuell gestalteten
Suiten (benannt nach Thomas Mann, Lilli
Palmer, Udo Lindenberg, Alfred Ahner,
Johann-Daniel Falk) zum Grundkurs für
Kultur- und Kunstgeschichte.
Kochkunstgeschichte dagegen schreibt im
„Elephant" nur einer und zwar Marcello
Fabbri. Seit 1993 kocht der gebürtige
Italiener im Gourmetrestaurant „Anna
Amalia" derart die Sinne anregend, dass
ihm vom Guide Michelin ein Stern verlie-
hen wurde – bis jetzt der einzige in Thü-
ringen. Was die Tester der „roten Bibel"
speisten, wissen wir nicht. War es vielleicht
ein Filet vom Loup de Mer an Auberginen,
Parmigiana unter der Kartoffelkruste auf
Paprikasoße und Pesto oder eher ein gebratenes Lammkarree mit Pecorino an Ricotta-
Oliven-Taschen? Kann auch sein, dass sie
sich in seine Fenchelconsommé mit Fluss-
krebsen und Orangen-Koriander-Ravioli
oder in ein Dessert wie die geeiste Grand
Marnier Suppe mit Orangenfilets an Pfeffer-
Topfen-Eis verliebten – lauter einfallsreich
und aus frischen Zutaten zubereitete Gerichte, die das Gourmetherz höher schlagen
lassen. Wer aber feine Thüringer Gerichte
kosten möchte, tafelt gediegen im historischen Kreuzgewölbe des „Elephantenkellers".
Doch gleich, wo man auch Platz nimmt,
immer bereitet es jenes Gefühl, das schon
Thomas Mann im Jahr 1955 im Gästebuch
beschrieben hat: Freude.

Mit Nüssen gratiniertes Rehmedaillon an kleiner Steinpilzvariation und zweierlei Pfeffersoßen

Zutaten

720 g parierter Rehrücken
20 g Nüsse
70 g Semmelmehl von weißem Toastbrot
130 g Butter
1 Eigelb
800 g Steinpilze
1 Kartoffel
1 Zweig Rosmarin
1 Ei
1 Blatt Filoteig
4 Schalotten
Olivenöl
410 ml Rehfond
Pfeffer, Salz
100 g Speiseöl
20 gr. weiße Pfefferkörner
120 g Sahne
40 ml Sherry

Zubereitung

Für die Gratiniermasse 100 g Butter schaumig
schlagen, das Eigelb dazugeben und verrühren.
Die gehackten Nüsse und das Semmelmehl
zufügen. Alles verrühren und in einer Folie
zu einer Rolle pressen, die ungefähr den
Durchmesser des Rehrückens hat und in den
Kühlschrank stellen. Aus dem Rehrücken
12 Medaillons à 60 g schneiden. In einer Pfanne beide Seiten scharf anbraten und
auf ein Blech legen. Die Gratiniermasse
in ca. 3 mm dicke Scheiben schneiden
und auf jedes Medaillon legen. Im
vorgeheizten Ofen bei 200 °C für
6 Min. garen, danach unter dem Grill
goldgelb gratinieren. Die Steinpilze
entweder in Scheiben geschnitten
braten oder aus Kartoffel, geschnittenen Pilzen und 2 Schalotten eine
Masse herstellen, diese portionsweise
auf den geviertelten Filoteig setzen
und einwickeln wie Bonbons. Oder
die Masse als Füllung zwischen zwei
Steinpilzscheiben geben und panieren.
Für die erste Soße 150 ml Rehfond
kochen, würzen mit Pfeffer und Salz
und mit 30 g Butter abbinden. Für die
zweite Soße 100 g Speiseöl erhitzen,
die weißen Pfefferkörner darin backen.
2 Schalotten schneiden und anschwitzen. Die Pfefferkörner aus dem Öl
nehmen und zu den Schalotten geben.
Mit Sherry ablöschen und reduzieren
lassen. 260 ml Rehfond dazugeben,
kurz aufkochen lassen und Sahne auffüllen. Langsam ca. 15 Min. köcheln
lassen, mit Salz würzen und mit dem
Mixer aufschlagen. Auf jeden Teller
3 Medaillons legen, die Steinpilz-
variationen dazugeben und mit der
ersten Soße nappieren. Die aufge-
schäumte Soße dazu dekorieren.

GASTMAHL DES MEERES

Das Haus, in dem das „Gastmahl des Meeres" residiert, ist ein Geschenk. In zweierlei Hinsicht. So schenkte um 1800 Herzog Carl August von Sachsen-Weimar-Eisenach das wundervolle Renaissance-Gebäude im Wert von 7700 Talern seiner Geliebten, der Sängerin und Schauspielerin Caroline Jagemann, geadelte Frau von Heygendorff. Das so genannte Deutschritterhaus (der Name lässt auf seinen baulichen Ursprung in der Ordensritterzeit schließen, 1556 erfolgte nach einem Stadtbrand der Wiederaufbau des Obergeschosses und Giebels im Renaissance-Stil) erlebte in den „goldenen Zeiten" der Weimarer Klassik seine Blütezeit. Prominente Persönlichkeiten gingen damals in Fräulein Jagemanns Haus ein und aus, getafelt wurde fürstlich: „Dieser kleine Hof kostet mehr als der große ...", stichelte Charlotte von Stein in einem Brief über das Fräulein.

Bescheidener angefangen hat sicher das erste „Gastmahl des Meeres" innerhalb der DDR, das 1969 im Deutschritterhaus eingerichtet wurde, eine Erfindung des damals bekannten Fernsehkochs Rudolf Kroboth. 34 weitere „Gastmahle des Meeres" in anderen DDR-Städten sollten ihm später folgen.

1998 wurde das architektonische Kleinod am Herderplatz dann zum zweiten Mal „geschenkt" – nämlich den Weimarer Bürgern und ihren Gästen von nah und fern als bestaunenswertes Bauwerk und gastliche Stätte – nach einer umfassenden und äußerst liebevollen Restaurierung durch die Eigentümerschaft.

Heute schwingt Rainer Schimunek (seit 1979 im Haus) als Mieter und Küchenchef das Zepter in den historischen Kreuzgewölben. Und wie der Restaurantname schon sagt, hat er sich dabei vor allem dem Thema „Fisch" verschrieben. Gekocht wird gut bürgerlich, mit frischen, jahreszeitlich wechselnden Zutaten und handwerklichem Pfiff, aber ohne Schnick-Schnack. Ein Gourmettempel, in den sich keiner hineintraut, will das Gasthaus nicht sein. Die Speisekarte umfasst insgesamt fast 90 Positionen und wird bereichert von einer saisonalen Karte, die je nach Jahreszeit Maischolle, Matjes oder Karpfengerichte offeriert, sowie einer

Gastmahl des Meeres

Rainer Schimunek
Herderplatz 16
99423 Weimar

Telefon   0 36 43 – 90 12 00
Telefax   0 36 43 – 90 12 01

wechselnden Tageskarte. Traditionelle Speisen wie Seelachs mit Bratkartoffeln und Remouladensoße finden sich ebenso wie kulinarisch Verfeinertes: Kabeljaufilet mit heißen Früchten und Kartoffelbällchen, Scholle mit Kapern, Oliven und rotem Paprikagemüse oder Kingklip mit nach altem Rezept handgemachter Senfsoße. Das „Gastmahl des Meeres" ist ein offenes Haus für alle. Auch Fleischesser, Vegetarier, Trennköstler und Englischsprachige kommen hier auf ihre Kosten. Die Speisekarte heißt auf englisch „Banquet of the sea" und beinhaltet wie die deutsche neben variantenreichen Fischgerichten auch Schnitzel, Steak und Braten, Gemüseplatten und fleischlose Suppen oder Fisch mit Gemüse ohne Kohlehydratbeilagen. Zudem kann sich jeder am üppigen Salatbüffet bedienen und auch

ausgefallene Wünsche äußern. Selbst wenn einen Gast nach „marinierten Heringen mit Kroketten" gelüstet – Rainer Schimunek kocht, serviert und lächelt. Auch wenn ihm dabei „die Haare zu Berge stehen" – der Kunde ist König, und der bekommt, was er ersehnt. Ehefrau Elke kümmert sich um den Service, den stets frischen Blumenschmuck auf den Tischen, die passenden Rebensäfte und den weithin bekannten, leckeren Kaffee. Wer im wunderschönen Biergarten des Hauses sitzt, kann ihr durch die bodentiefen Fenster dabei zuschauen. Die Ausstattung ist auch im Inneren (nach Ideen der Schimuneks) sehr transparent und elegant und bringt damit die historischen Gemäuer erst richtig zur Geltung. Dunkles, poliertes Mobiliar, Weinlaubbemalungen am Kreuzgewölbe, Bilder und sparsam platzierte, wertvolle maritime Utensilien verleihen dem langgestreckten Restaurant Stil und zollen der Architektur aus dem 12. Jahrhundert Respekt. Mit dem goldenen „Fischausleger" hoch über dem Eingang hat es eine eigene Bewandtnis: Der wurde zu DDR-Zeiten in die Ilm geworfen, Jahre später von kundigen Menschen herausgefischt und wiedergebracht. Tja, das „Schenken" hat im Deutschritterhaus eben eine große Tradition.

Forellenfilet auf Zanderfilet mit Pilzkruste

Zutaten für vier Personen

400 g Zanderfilet
240 g Forellenfilet
80 g Pflanzenöl
80 g Butter
125 g Selleriestreifen
125 g Möhrenstreifen
0,4 cl Weißwein
240 g Champignons
20 g Zwiebelwürfel
80 g Weizenmehl
1 St Zitrone
80 g Parmesan
20 g Semmelbrösel
20 g Petersilie
Salz, weißer Pfeffer, Muskat

Zubereitung

Die Zander- und Forellenfilets mit einigen Tropfen Zitronensaft marinieren, würzen und mehlieren. In der Pfanne den Zander, die Forellenfilets gesondert in einer zweiten Pfanne mit Butter braten. Das Streifengemüse mit Butter, Weißwein und Gewürzen dünsten. Auf einem Backblech die gebratenen Zanderfilets mit Gemüse bedecken und das Forellenfilet auflegen. Die mit den Zwiebelwürfeln geschmorten Pilze auf das Forellenfilet geben. Gehackte Petersilie und Parmesan, gemischt mit den Semmelbröseln, darüber streuen. Mit Butterflöckchen im Grill überbacken. Zitronenecken und diversen Blattsalat anlegen.

RESIDENZ-CAFÉ

Residenz-Café

Grüner Markt 4
99423 Weimar

Telefon 0 36 43 - 5 94 08
Telefax 0 36 43 - 50 25 60

„Man tritt ein und steht im Rampenlicht, ist Kunz oder Hinz auf der Bühne der Provinz. Da wird geliebt, gelogen und gelacht, da riecht's nach Moschus und Irish Moos, da wird der Tag zur Nacht gemacht und die Welt ist überschaubar und im Grunde ganz famos. Und geht man raus, fühlt man sich größer, fühlt sich frei. Tja man gehört dazu, man war dabei..." Sänger Schlingenhof besang mit diesen Worten Ende der 80er Jahre auf einer Schallplatte seinen Lieblingsort: Das Residenz-Café in Weimar. Mit dem lyrischen Lobgesang reihte er sich ein in eine lange Liste prominenter Frauen und Männer, die das im Volksmund so genannte „Resi" seit seiner Gründung im Jahre 1839 zu einer Institution in Weimar gemacht haben. Ins „Resi" kommt, wer neu in der Stadt ist, aber nicht fremd bleiben möchte; im „Resi" nimmt Platz, wer sich von Weimar und seinen Leuten inspirieren lassen will; im „Resi" ist zu Hause, wer beim Malen, Zeichnen und Schreiben nach Ruhe sucht; im „Resi" sitzt, wer feine Speisen und Weine zu schätzen weiß.

Ob Berliner Punker, Weimarer Hausfrau,

japanische Architektin, französischer Dichter oder Wiener Lebemann – im ältesten Kaffeehaus der Goethestadt treffen sich Menschen aller Coleur, jeglichen Alters und sämtlicher Professionen. Sie suchen sich (es gibt 150 Plätze!) ihr ganz persönliches Lieblingseckchen. Das kann im schönen, mit Korbsesseln bestückten Wintergarten sein, aber auch im Rosa (Art-Deco) Salon oder an einem der Kaffeehaus-Tische im Restaurant, das in Anlehnung an den Stil der 20er Jahre eingerichtet ist. Schön und gemütlich ist es überall, auch im Goethezimmer, das so manche Festgesellschaft als Separee nutzt. Der Name ist bewusst vergeben, hatte doch der Dichterfürst seine erste Weimarer Wohnung von 1776 bis 1777 im hinter dem „Residenz-Café" direkt angrenzenden Nachbargebäude. Und so sitzen die heutigen Gäste in Goethes ehemaliger Wohnstube. Wenn das nicht inspiriert ...

Die vollständige Kaffeehausgeschichte kann man nachlesen im hübsch gestalteten Begleitheft, in dem auch die Speisekarte untergebracht ist. Während der spannenden Lektüre, die durch fast zwei Jahrhunderte führt, erfährt man mehr über den einstigen Gründer, den Hofkonditormeister August Emil Theodor Ißleib, vertieft sich in die Ära des Konditors Alfred Schmidt, schmunzelt über Marlene Dietrich, die im „Resi" für Gesprächsstoff sorgte, und liest mit Bedauern, dass in HO-Zeiten die unverwechselbare Kaffeehausatmosphäre hinausrenoviert worden ist. Dass das „Residenz-Café" mit Ambiente und Gästen heute längst wieder

Kaiserschmarrn nach Art des Hauses

Zutaten

4 Eier
60 g Zucker
250 ml Milch
250 g Mehl
50 g gehackte Mandeln
1 Apfel
50 g Rosinen
4 Kugeln Vanille-Eis
Obst
Schlagsahne

Zubereitung

Die Eier mit 50 g Zucker und Milch verrühren, Mehl dazugeben und weiter rühren, bis ein geschmeidiger Teig entsteht. Mandeln, geschnittene Apfelstücke und Rosinen zufügen. Den restlichen Zucker in etwas Öl erhitzen und karamellisieren. Den Teig dazugeben und von beiden Seiten goldgelb backen. Wenn der Teig gar ist, mit zwei Gabeln auseinander reißen und mit Eis und Sahne garnieren.

an einstige Glanzzeiten anknüpfen konnte, verdankt es seinen Würzburger Eigentümern, die das Haus 1992 aufwändig sanierten und stilvoll historisierend ausstatteten. Seitdem bevölkern diese Bühne der Provinz wieder Weimarer und Fremdlinge, Dichter und Denker, Schauspieler und Musikanten, Maler und Bildhauer, Geschäftsleute und Touristen aus aller Welt. Sie kommen täglich oder nur einmal im Jahr und ganz besonders gern, wenn im „Resi" eine der beliebten Jazzsessions läuft, Klezmer-Wochen veranstaltet werden oder zum traditionellen Rosenmontagsball gebeten wird. Hanna Schygulla saß hier bei einem Wein, Gerhard Schröder hat sich ins Gästebuch eingetragen, Günter Jauch und Marla Glen, Udo Lindenberg und Leander Hausmann wollten ebenfalls sehen und gesehen werden. Ob Bühne oder ein Stück Heimat – das „Resi" ist für alle ein ganz besonderer Ort und das zu jeder Tageszeit. Denn neben dem abendlichen Glamour, der sich hier mitunter entfaltet, kann im Kaffeehaus auch der Morgen wundervoll begrüßt werden – mit einem leckeren Frühstück. Dafür reisen Gäste sogar aus Erfurt oder Jena an. Selbst sie können dann kaum zu spät kommen: An den Wochenenden gibt es die schmackhaften Früh-

stücksvariationen aus aller Welt bis 14 Uhr. Wer länger bleiben und tafeln möchte, kann aus einer umfangreichen Liste leicht, modern und international zubereiteter Speisen wählen. „Es war schön hier", schrieb Bundeskanzler Schröder dem Geschäftsführer Hendrik Zürch ins Stammbuch. Knapper, aber auch zutreffender kann ich es auch nicht formulieren.

FEINKOST HAUFFE

Historischer Weinkeller

Feinkost Hauffe

Familie Hauffe
Kaufstraße 9–11
99423 Weimar

Telefon   0 36 43 - 51 73 14
Telefax   0 36 43 - 51 73 15

„Das Leben ist viel zu kurz, um schlechten Wein zu trinken". Das Lieblingsmotto von Jens-Uwe Hauffe ist auch meines, nur bin ich leider nicht Inhaberin eines solch schönen Geschäftes mit einer derart großen Vielfalt an guten Weinen und kulinarischen Feinköstlichkeiten, das einem schier die Augen übergehen. 400 Quadratmeter sind es insgesamt, auf denen Familie Hauffe die leckeren Zutaten für eine internationale Küche versammelt hat. Und alles, was es gibt, ist vom Feinsten. Da Geschäftsführer Jens-Uwe Hauffe selbst ein Gourmet ist und schon in aller Herren Länder unterwegs war, kann er auch zu jedem seiner Produkte eine Geschichte erzählen. Lassen Sie sich also entführen in den historischen Stadtkern und das älteste Haus der anregenden Klassikerstadt Weimar, auf eine Reise durch die Welt der kulinarischen Genüsse anderer Völker. Der „Reiseleiter" hat sich mit der beim Kochen entstandenen Geschäftsidee nicht nur einen Traum erfüllt, sondern gleichzeitig auch eine Marktlücke damit geschlossen. Seit 1998 bietet er mehr als 102 000 verschiedene Spezialitäten an, die er in seinem Geschäft, übersichtlich in vier Themengruppen zusammengefasst, präsentiert. „Vom

Fass" lautet der Name der ersten, dort finden sich rund 120 „lose" feine Öle und Essig, Whiskeys und Brände, Weine und Liköre. Gerade die Liköre sind zum Teil nach uralten Rezepturen zubereitet und sogar handgemachte „Eigengewächse" aus dem Hause Hauffe wie „Liszts Beerentraum" finden sich. „Weinwelt" nennt sich die zweite Themengruppe und der Name ist Programm. Denn hier lagern ausgewählte Rebentropfen aus fast allen bedeutsamen Weinanbaugebieten der Erde. Neben einer Weinreise, die er mit Gästen jährlich unternimmt, lädt der Experte einmal im Monat auch in den historischen Weinkeller ein, wo Weinliebhaber die Vielfalt der mit Winzerkunst veredelten Naturgeschenke probieren können. Sind diese Weinverkostungsabende schon sehr beliebt, so hat die Veranstaltung „Weimarer Feinschmecker" fast schon Kultcharakter. Dann treffen sich Gourmets, aber auch kulinarische Greenhorns im Hauffe'schen Feinkostgeschäft zu geselligen Frage- und Antwortstunden rund

um die Themen Käse, Wein, Öl und Essig, und verkostet wird dann natürlich auch. Ebenfalls großes Unterhaltungs- und Informationspotenzial haben die Spezialitätenabende, die sich jeweils einem Land und seinen Kulinarien widmen. Mit einem Vier-Gang-Menü, Theaterspiel, Weinverkostung und Fotoschau vergeht die Zeit jedesmal wie im Flug. Wer dann Lust hat, sich selbst am Herd oder kalten Büfett zu versuchen, findet auch in der dritten Themengruppe, „Feinkost und Frischkost", alles, was er dazu benötigt – ob er nun

Themengruppe unter dem Namen „Geschenke" zusammenzufassen. Es finden sich im gesamten Geschäft leckere Mitbringsel. Wie wäre es mit einem exotischen Kochbuch oder einem Likör, selbst abgefüllt in eine originell designte Flasche? Und auch Jens-Uwe Hauffes eigene Erfindungen gelten bei vielen Kunden als begehrte Präsente. So bereitet der Hobbykoch Interessenten gern „Weimarer Gaumenfreuden". Dahinter verber-

einen feinschmeckerischen Ausflug nach Mexiko, Thailand, Spanien oder Italien unternehmen will. Die Wurst- und Käsetheke bietet Würste und Schinken aus Italien, Ungarn und Spanien, Eichsfelder Originale wie Stracke und Feldkieker, französischen Gourmetkäse und Ziegenkäse in Öl. Nebenan locken fremdländische Köstlichkeiten wie Gewürze und Oliven aus Marokko, Tunesien und Ägypten. Die historische russische Küche ist mit kaltgerührtem Zitronen-Püree vertreten, während weiter vorn im Geschäft das „Dolcevita" mit variantenreichen Pasta-Kreationen eingeläutet wird. Eine schöne Idee ist es, die vierte

gen sich von ihm selbst hergestellte Nudeln und Senfe oder mit Zutaten aus dem Geschäft zubereitete Marmeladen, Honig und Pestis. Die wandern mitunter auch in die kleine Küche des Hauffe'schen Bistros in der ersten Etage und sind dort Zutat für allerlei Weltgerichte. So kann der Gast oben probieren, wie das schmeckt, was er unten einkauft. Die Tester von Fachmagazinen wie „Feinschmecker" oder „Wein-Gourmet" jedenfalls zeigten sich begeistert – vom Oben wie vom Unten.

ROMANTIK HOTEL „DOROTHEENHOF"

Wer im Romantik Hotel „Dorotheenhof" zu Weimar einmal die von Küchenchef Wolfgang Heikel bereiteten „Historischen Tafelfreuden aus 32 Schüsseln" genossen hat, weiß, warum dieses Haus eine so begehrte Adresse bei geistes- und sinnenfrohen Menschen ist. Denn die kulinarische Referenz an die Goethezeit, serviert in „fünf bis acht Aufsätzen" schmeichelt nicht nur unerhört dem Gaumen, sie ist auch authentisch. Die Weimarer Museumspädagogin Carola Sedlacek hat akribische Recherchearbeit geleistet und ist auf ihrer detektivischen Lesetour durch mehr als 20 000 Aktenseiten des Goethe-Haushalts und in Briefen von Christiane Vulpius und Goethes Mutter fündig geworden. Sie entdeckte in den Niederschriften zahlreiche von uns längst vergessene Kräuter und Gemüse wie Pastinake, Rapontica, Portulak oder Erdbeerspinat und staunte über Rezepturen wie Wildkräuterpüree mit pochierten Eiern, Salbeiküchlein oder überbackene Cardy mit Käse. Im Ergebnis der kulinarischen Forschungsreise durch den Nachlass entstand das Buch „Genießen wie Goethe". Wolfgang Heikel war dabei Adlatus und

Meister zugleich, er kochte nach Speisenfolgen jener Zeit. Damit war die Idee für die „Historischen Tafelfreuden" geboren. Und dass diese, angenehm gewürzt mit Plaudereien über Ess- und Trinkgewohnheiten der Goethezeit – als geistige Zwischengänge serviert von der kenntnisreichen Carola Sedlacek –, gerade im „Dorotheenhof" geboten werden, hat ebenfalls einen guten Grund. Goethe kannte wahrscheinlich das bereits im 18. Jahrhundert als an den Herzog liefernder Plantagenhof bestehende Anwesen und nutzte es der Legende nach als Treffpunkt für ein Stelldichein mit seiner einstigen Verlobten Anna Elisabeth Schönemann. Keine Legende dagegen ist, dass das Haus seinen heutigen Namen Carl Friedrich von Kalckreuth verdankt, der Rittmeister entlieh ihn dem Namen seiner Frau Dorothea. Kalckreuth hatte das Grundstück 1902 gekauft und darauf Wohnsitz sowie Parklandschaft angelegt. In diesem idyllischen Garten können sich die Gäste bis heute ergehen. Zum Haus gehören zudem mehr als 100 alte Obstbäume, Gingko- und Maronenbäume sowie ein großer Gemüse- und Kräutergarten, in dem heute wieder zahlreiche Kräuter und Gemüse der Goethe-

Romantik Hotel „Dorotheenhof"

Dorotheenhof 1
99427 Weimar-Schöndorf

Telefon   0 36 43 - 45 90
Telefax   0 36 43 - 45 92 00

Terrine von Zander nebst kalter Zitronensoße

Zutaten

300 g Zanderfilet
125 g flüssige Sahne
Salz, weißer Pfeffer
Zitronensaft
1 kl. in Streifen geschn. Zucchini
1 kl. in Streifen geschn. Möhre
125 g Joghurt
1 kl. Zitrone
Salz, weißer Pfeffer
Zucker
Dill

Zubereitung

Der Edelfisch Zander gehörte zu den typischen „Herrenspeisen" der Goethezeit. Für die Terrine vom Zanderfilet die Haut abziehen und das Filet in kleine Stücke schneiden, im Mixer zerkleinern oder durch ein Sieb streichen und würzen. Die Sahne, feine Zucchini- und Möhrenwürfel dazugeben und zu einer Masse verrühren. Eine Form mit Klarsichtfolie auslegen, längs geschnittene Möhren- und Zucchinistreifen einlegen, die Fischmasse einfüllen und gleichmäßig fest drücken. Mit der Folie abdecken und bei Heißluft ca. 30 Min. garen. Danach auskühlen lassen und in ca. 2 cm dicke Scheiben schneiden. Für die Zitronensoße den Joghurt verrühren und mit Salz, Pfeffer, Zucker und Dill würzen. Zitronenschale leicht abreiben und den Zitronensaft unter die Joghurtmasse geben. Dann den lauwarmen Zander anrichten und mit der kalten Zitronensoße servieren.

zeit gedeihen. Dafür gesorgt haben Sabine und Matthias Barleben, die Hausherren des Hotels. Die fein- und kunstsinnigen Gastgeber führen seit 1995 Regie und haben die Kulturstadt Weimar, Goethe, sein kulinarisches Erbe sowie die Tischkultur dieser Zeit in einen epocheübergreifenden Zusammenhang mit moderner Vier-Sterne-Hotellerie und Gastronomie gebracht. Und wie es erfolgreichen Regisseuren eigen ist, fanden sie in erfahrenen Innenarchitekten kompetente „Mitspieler", die im Einklang mit den Barlebens und mit ebenso großem Gespür für eine gute Dramaturgie Modernisierung und Ausstattung des Hauses vornahmen.

60 liebevoll eingerichtete Zimmer, davon acht Tiefurtzimmer und eine Schöndorf-Suite mit eigener Sauna, das in gemütliche Küchenstube und erhabenes Kreuzgewölbe unterteilte Restaurant, der Dorotheensaal, die Bibliothek, die Rittmeisterstube mit offenem Kamin sowie die Tagungsräume weisen weder Plüsch noch Plunder auf. Das elegante Ambiente des Hauses bestimmen edle Materialien, schöne Wohnaccessoires sowie wertvolle Werke bekannter Künstler. Kunst lässt sich dank der Zusammenarbeit mit der Weimarer Galerie „Profil" auch im Park genießen: Von Juni bis Oktober dürfen sich jährlich wechselnd junge Bildhauer

präsentieren. Zweimal im Jahr dagegen wechselt die Speisekarte von Wolfgang Heikel. Wenn der Meister seines Faches sich gerade nicht den „Historischen Tafelfreuden" widmet, kocht er typisch thüringisch und – fein miteinander verquickt – elsässisch-französisch. Dabei kommen stets frisch gepflückte Kräuter und Gemüse aus dem Hausgarten zum Einsatz. Und so könnte es sein, dass der Erdbeerspinat ein französischen Carrè d'agneau hübsch dekoriert und gleichzeitig einer der Hauptakteure in einer Thüringer Sülze mit Sommergemüsen und Wildkräutersauce ist.

CAFÉLADEN

kein Wunder, sondern den zirka 1000 verschiedenen Aromen der kostbaren Bohnen geschuldet. Kaffee ist verbunden mit Genuss und Genuss ist verbunden mit Kaffee, seit Jahrhunderten schon.

Auch Gunter Seidel hat sich schon lange dem Genussgetränk verschrieben. Seit nunmehr drei Jahren entführt er die Weimarer und ihre Gäste auf eine Reise in die wunderbare Welt des Kaffees. So empfiehlt er nach einem sinnenfrohen Spaziergang durch die Klassikerstadt einen Besuch in seinem „CaféLaden", um mit einer Kaffeespezialität das vorher genossene Vergnügen angenehm abzurunden. Wer den Laden betritt, ist im Nu berauscht von den verschiedenen Düften des im Stil einer italienischen Cafébar eingerichteten Etablissements. Ein wesentlicher Teil des kleinen Raumes, der Cafégeschäft und Cafébar zugleich ist, gehört dem schwarzen Gold ganz allein. In gläsernen Spendern lagern sortenreine Bohnen aus den verschiedensten Anbaugebieten der Welt. Auserlesene Mischungen und Espressi ergänzen das vielfältige Angebot. Es handelt sich zum größten Teil um Arabicas, das heißt um Hochlandkaffees von ausgesuchter Qualität. Sie werden von kleinen Spezialitäten-Röstereien stets frisch im schonenden Verfahren der Trommelröstung bei niedrigen Temperaturen veredelt. Durch dieses aufwändige Röstverfahren können sich die verschiedenen Aromen besonders gut entfalten. Die Geschmacksnuancen reichen von zartmild bis kraftvoll würzig mit einer betonten Säure.

CaféLaden

Gunter Seidel
Karlstraße 8
99423 Weimar

Telefon   0 36 43 - 49 58 50
Telefax   0 36 43 - 49 58 51

„Ein feines, überzeugendes Aroma mit schöner Blume, elegant und ausgewogen, unterstützt durch eine gehaltvolle Säure." Jeder Sommelier, der jetzt überlegt, welch köstlicher Wein dieser Beschreibung gerecht werden könnte, dürfte sich wohl oder übel auf dem Holzweg befinden. Denn dieses „feine, überzeugende Aroma" gehört einem Kaffee; genauer gesagt, einer Bohne des Typs „Guatemala Antiqua". Dass Kaffee mit ebenso vollmundigen Adjektiven belegt werden kann wie erlesene Rebentropfen, ist

Um aus den edlen Bohnen auch einen köstlichen Kaffee herstellen zu können, bietet der „CaféLaden" ein variationsreiches Sortiment an hochwertigem Zubehör. Angefangen bei der klassischen French-Press-Kanne über bizarrste Designer-Espressokocher bis hin zur exquisiten italienischen Siebträgermaschine beziehungsweise zum modernen Kaffeevollautomaten werden unzählige Möglichkeiten zur optimalen Kaffeezubereitung präsentiert. Alle diejenigen, die ihren Kaffeegenuss bis ins kleinste Detail harmonisch zelebrieren möchten, dürften überdies von der interessanten Auswahl an Espresso- und Kaffeetassen, Löffelchen und Streuern begeistert sein. Auch an dem für manchen Gourmet unabdingbar zu einem Tässchen Kaffee gehörenden süßen Naschwerk fehlt es nicht. Dafür hat Gunter Seidel lange nach erfahrenen und kreativen Herstellern gesucht und unter anderem einen Pralinenmeister in der Manufaktur „Confiserie Burg Lauenstein" gefunden. Weiterhin überrascht der „CaféLaden" mit internationalen Köstlichkeiten wie Schoko-

ladenfondues einer Pariser Manufaktur, feinstem italienischen Amarettinigebäck und raffinierten Schokoladenkreationen aus Belgien und der Schweiz. Diese kleinen Köstlichkeiten lassen sich die Gäste gerne zu den verschiedenen heißen und kalten Kaffeespezialitäten servieren. Insgesamt umfasst die Karte mehr als fünfzig internationale Kaffeekreationen. Sie werden traditionell mit der Siebträgermaschine zubereitet und besitzen dank des großen Könnens

der Baristas eine ausgezeichnete Qualität. Neben den vielen Variationen des schwarzen Genussgetränkes können die Gäste in einer weiteren Karte unter hervorragenden Weinen, Proseccos und Champagner wählen. Feine herzhafte Pasteten und Gebäcke werden gerne dazu gereicht. Beim Genießen sitzt man gemütlich beieinander auf dunkel gebeiztem Holzmobiliar an winzig kleinen Kaffeehaustischchen, lauscht Gesprächen, vertieft sich in die sanfte Musik. Das Licht ist dämmerig, warm im Kerzenschein und stimmt gelassen gegenüber dem ständigen

Betrieb der eilenden Menschen in der Mittagszeit. Dieser charaktervollen, duftenden kleinen Kaffeewelt in der Karlstraße gehen die Besucher nicht aus. Sobald ein Gast ein Plätzchen räumt, lässt sich schon der nächste nieder und bestellt: einen Capucchino oder Caffè mocha, einen Ristretto oder Doppio, einen Latte Macchiato oder Café au lait. Es gibt tausend Arten des Genusses. Der „CaféLaden" kennt sie alle.

**Kunstmühle Kleinhettstedt
Senfmühle**

Friedrich Morgenroth
Nr. 44
99326 Kleinhettstedt/Thüringen

Telefon   0 36 29 – 80 10 37
Funk   01 71 – 7 53 49 63
Telefax   0 36 29 – 80 10 69

Wie am Schnürchen surren die breiten Lederriemen um die eisernen Räder, mit denen zwei mächtige Mahlsteine angetrieben werden. Mahlstein Nummer 1 kreist in gemächlichem Tempo von 55 Umdrehungen pro Minute und reibt dabei die aus einem großen Bottich herübergepumpte Senfmaische zu grobkörnigem, sandgelbem Brei. Die würzig duftende Masse platscht dann durch eine kleine Metallschütte in einen hochwandigen Kessel und wird von dort aus per Maschinenkraft zum Mühlstein Nummer 2 transportiert, der in einem weiteren gemütlichen Mahlgang aus der groben Paste einen feineren, geglätteten Senf zaubert. In der Senfmühle Kleinhettstedt ist heute Produktion angesagt, und es rumpelt und rattert in allen Mühlenwinkeln.

Jochen Köhler, einer der Senfmüller, begleitet mich auf einem Hausrundgang und erteilt mir dabei einen Blitzkurs zum Thema „Wie wird Senf gemacht?". Dabei erzählt er, dass die weißen, gelben, braunen oder pikant scharfen, schwarzen Senfkörner zunächst in einem so genannten Glattwalzenstuhl zu Senfmehl gemahlen werden, bevor sie mit Wasser, Branntweinessig und Gewürzen versetzt in den Maischebottich

wandern. Dann lüftet der Fachmann noch das Geheimnis der geschmacklich unnachahmlichen Kleinhettstedter Senfe, die in ganz Deutschland und weit über die Landesgrenzen hinaus begehrt sind. Ihre einzigartig aromatische Intensität verdanken die scharfen Pasten nämlich dem vollständig erhaltenen Senföl. Kein Tröpfchen der wertvollen, aromatischen Flüssigkeit verflüchtigt sich während der – anders als in der Industrie – in der Senfmühle besonders langsam und damit wärmefrei vor sich gehenden Mahlvorgänge. Und damit Aromen, Konsistenz sowie Farbe erhalten bleiben, füllen die Senfmüller ihre 16 verschiedenen Pasten – vom Thüringer Küchensenf nach überlieferter Rezeptur über Knoblauchsenf, Meerrettichsenf und Orangensenf bis hin zum Weinsenf, Nordhäuser Doppelkornsenf und Premiumsenf – in attraktive Steinguttöpfe mit praktischem Aromaverschluss-Deckel. Nachdem der Blitzkurs beendet und die historische Handwerkstechnik aus den 20er Jahren ausgiebig bewundert ist, lockt jetzt die Besichtigung des Mühlenbauwerks selbst. Das imposante Fachwerkensemble diente über die Zeitläufte als Gips-, Senf-, Säge- und Graupenmühle sowie als Spinnerei und befindet sich seit 1732 im Besitz der Familie Morgenroth. Der heutige Senf- müller Friedrich Morgenroth gehört der achten Generation an. Mit Unterstützung der gesamten Familie hat er 1990 das weit- läufige Anwesen samt alter Technik von der Treuhand zurückgekauft, alles aufwändig restauriert und, als er beim Stöbern in alten Akten historische Rezepturen zur Senfher- stellung fand, beschlossen, die im 19. Jahr- hundert blühende Senfmüllerei wiederzu- beleben. Zur Seite steht ihm dabei neben Jochen Köhler auch Sohn Ulf, der die Aus- bildung zum Müllerhandwerksgesellen abgeschlossen hat und sich nun auf die Übernahme des traditionsreichen Familien- unternehmens vorbereitet. Sie alle packen tatkräftig mit an, nicht nur bei der Senf- produktion, sondern auch, wenn alljährlich am Pfingstmontag, zum Deutschen Mühlen- tag, Tausende in die Kunst- und Senfmühle pilgern. Dann verwandelt sich das Gelände in einen riesigen, mit Kulinarien und Musik umrahmten Handwerkermarkt, der zum Stöbern und Kaufen einlädt und zudem einen Blick hinter die Kulissen verschiede-

ner Handwerkskünste erlaubt. Und auch die Mühle selbst hält ihre Pforten offen: Den ganzen Tag finden Führungen durch das Haus statt. Wer an Pfingsten keine Zeit hat, kann die Senfmühle jedes Jahr Anfang

September, zum „Tag des Offenen Denkmals", kennen lernen. Aber auch zu jeder anderen Zeit lohnt die Reise nach Kleinhettstedt. Im Mühlen-Verkaufsraum ist das ganze Jahr hindurch die gesamte Sorti- mentspalette an Senfen zu haben. Das Angebot nutzen nicht wenige Radsportler, die auf dem direkt vor der Tür liegenden, von Ilmenau nach Großheringen führenden Radwanderweg unterwegs sind. Die per Drahtesel Reisenden ver- weilen, wie andere Mühlenbesucher auch, danach gern in der „Kaffee- mühle", einem ländlich-gemütli- chen Gastraum, den Friedrich Morgenroth im ehemaligen Kuhstall (mit Kreuzgewölbe!) hergerichtet hat. Und wer vom erlebnisreichen Mühlentag müde geworden ist, kann gleich dableiben und die er- matteten Glieder in einer der hüb- schen Ferienwohnungen zur Ruhe betten. Das Angebot gilt auch für Festgesellschaften, die vorher noch zünftig in der „Kaffeemühle" feiern möchten.

THÜRINGER WEINGUT BAD SULZA

Thüringer Weingut Bad Sulza

Kathrin & Andreas Clauß
Ortsteil Sonnendorf Nr. 17
99518 Bad Sulza

Telefon   03 64 61 – 2 06 00
Telefax   03 64 61 – 2 08 61

Wer in die Kur- und Weinstadt Bad Sulza, die „Toskana des Ostens" reist, dem winken gleich mehrere schöne Ausflugsziele. So kann man zum einen in der Umgebung des ans Ilmtal geschmiegten Städtchens auf langen Spaziergängen die Natur und die wunderbar klare Luft genießen, zum anderen lockt die berühmte „Toskana-Therme" – ein Erholungsbad mit salzhaltigem Wasser. Hier können Besucher in sinnlich inszenierte Musik- und Lichtspiele eintauchen und dabei tiefste Entspannung erleben. Wer derartige Sinnenfreuden sucht, wird auch bei Kathrin und Andreas Clauß in Sonnendorf fündig. In dem Bad Sulzaer Ortsteil, Nr. 17, haben sich die beiden 1998 einen alten Bauernhof gekauft und ihn in das nun hübsch restaurierte „Thüringer Weingut Bad Sulza" verwandelt. Der Name

ist übernommen, das ursprüngliche Thüringer Weingut Bad Sulza wurde schon 1992 als Tochtergesellschaft (GmbH) der Agrargenossenschaft Niedertrebra und erstes Weingut in Thüringen gegründet und sollte die über 800jährige Weinbautradition der Stadt fortsetzen.
Nach dem Erwerb und Umzug aus Niedertrebra sowie nach der Rekonstruktion des Bauernhofes in Sonnendorf hat der aus Stuttgart stammende Winzer Andreas Clauß jetzt in der ehemaligen Scheune die Weinkellerei (mit modernen Edelstahltanks und traditionellen, hölzernen Barriquefässern), den Weinverkauf mit Verkostungskeller und das Flaschenlager untergebracht. In den Weinbergen hat er angepflanzt und aufgerebt und damit das bestehende Sortenspektrum wesentlich erweitert. Mit inzwischen

30 Hektar Weinbaufläche an den Hängen des Ilmtals zwischen Auerstedt, Bad Sulza und Großheringen führt er nun das größte private Weingut im Saale-Unstrut-Weinbaugebiet. Die natürlichen „Geburtshelfer" seiner feinen Rebentropfen sind sowohl das besondere Klima des nördlichsten Anbaugebiets in Europa als auch die gebietstypischen Muschelkalkböden. Dazu kommt freilich die Kunst des Winzers: So pflegt der Weinbauer einen schonende Ausbauweise, „ohne viel Bewegung der Trauben und des Mostes, die technischen Möglichkeiten dennoch behutsam und klug nutzend." Das Ergebnis der rund ums Jahr dauernden

Pflege und Hege sind elegante, feinfruchtige und bereits mehrfach ausgezeichnete Weine der weißen Rebsorten Müller-Thurgau, Gutedel, Kerner, Riesling, Grau- und Weißburgunder sowie der Rotweinsorten Regent, Cabernet Dorsa, Pinotin und Cabernet Mitos. Auch Spezialitäten wie Muskateller, Scheurebe, Sauvignon blanc und Traminer gedeihen inzwischen an den Ilmtalhängen. Um den Absatz muss sich niemand Sorgen machen, die Bad Sulzaer Weine sind in zahlreichen Restaurants, Hotels und Privathaushalten als Speisenbegleiter und Gourmetgetränk überaus beliebt. Besonders der mit sechs international bedeutsamen Auszeichnungen versehene 2000er Traminer Eiswein hat es vielen angetan, weil er angenehm edelsüß den Gaumen kitzelt und sich zudem hervorragend lagern lässt. Ein Tröpfchen für Genießer. Wer sich für einen

solchen hält oder einer werden möchte, sollte der Einladung auf das Sonnendorfer Weingut folgen. So kann man auf Wunsch an einer Weinverkostung teilnehmen, die in klassischer Variante (mit Brot und Käse), rustikal (mit Wurst- und Käseplatte sowie verschiedenen Brotsorten) oder als Schlemmerabend (mit Spanferkel, Sauerkraut, Brot und Salat) in geselliger Tischrunde im gemütlichen Gewölbekeller stattfindet. Dabei lüftet Andreas Clauß (im schönen schwäbischen Dialekt) die Geheimnisse des Weines. Unterhaltsam und informativ zugleich geht es auch auf dem Bad Sulzaer Weinfest auf dem Marktplatz zu. Zigtausende Besucher zieht es jedes Jahr am 3. Augustwochenende zu dem bunten Spektakel mit Festumzug, Krönung der Thüringer Weinprinzessin und Winzern der Region. Im Oktober dagegen wird das Weingut zur Bühne, wenn Familie Clauß zum schon fast traditionellen Federweißerfest in den Innenhof ruft. Dann gibt es den spritzigen, noch gärenden Wein zum deftigen Zwiebelkuchen, während Musikanten aufspielen und der Winzer sich beim Keltern über die Schulter schauen lässt.

IM LAND DER BURGEN UND FLÜSSE

Die Heidecksburg in Rudolstadt

Großer Festsaal der Heidecksburg

„An der Saale hellem Strande stehen Burgen stolz und kühn ..." Als der Dichter und Musiker Franz Kugler die bekannten Verse von den stolzen Saaleburgen im Jahre 1826 in das Gästebuch der Rudelsburg bei Bad Kösen schrieb, waren die deutschen Burgen gerade „wieder entdeckt" worden. Es war die Zeit der deutschen Romantik. Die Gebrüder Grimm, Ludwig Bechstein, Wilhelm Hauff und andere sammelten Märchen und Sagen, die Epoche der Ritter und Knappen wurde romantisch verklärt. Thüringen als ehemaliges Grenzland zwischen slawischen, keltischen und germanischen Stämmen ist besonders reich an Zeugnissen der mittelalterlichen Burgengeschichte. Insgesamt sollen rund 400 imposante Festen und erhabene Schlösser

im Lande verteilt sein. Vor allem das Gebiet um die Saale und das wald- und wildreiche Holzland bieten einen ausnehmend reichen Schatz an steinernen Hinterlassenschaften der Fürsten und Herzöge. Umrahmt werden die architektonischen Erbschaften von üppigen Geschenken der Natur. Sanfte, dicht bewaldete Hügelketten, dunkle, geheimnisvolle Täler, blaue Wasser und dazwischen mit den mediterran anmutenden Muschelkalkbergen, der Wein- und Orchideenpflanzenwelt des Mittleren Saaletals sogar ein „bisschen Italien" – das ist die bezaubernde Landschaftskulisse rund um den Fluss. Mittendrin wohnt ein gastfreundlicher, weltoffener Menschenschlag, der die Schönheiten seiner Heimat zu schätzen, zu preisen und lebendig zu gestalten vermag.

Sportliche Weltenbummler können auf dem Saale-, Elster- und Fernradwanderweg „Euregio Egrensis" die liebliche Kulturlandschaft im wahrsten Sinne des Wortes erfahren. Abenteuerlicher geht es per Floß, Schlauchboot oder Kanu auf den Flüssen Saale und Elster zu. Gemächlich gestaltet sich die Reise per pedes und komfortabel per Automobil. Dabei sollte man Saalfeld, die „steinerne Chronik" von Thüringen, sowie ihre Feengrotten, nicht auslassen. Auch nicht die Universitätsstadt Jena, die als eine der landschaftlich schönstgelegenen Großstädte Deutschlands gilt, bekanntes Zentrum der Forschung und Technologie ist und in ihrer Umgebung, bei Dornburg, gleich drei Schlösser aufzuweisen hat. Man muss unbedingt ins Lavendelparadies Bad

Jena

Plothener Teiche

Schokolade aus Saalfeld

Auf der Saale

Blankenburg nahe dem romantischen Schwarzatal, hinauf zur Burg Greifenstein und man sollte die Leuchtenburg bei Kahla, die Heidecksburg sowie die einstige Fürstenresidenz Rudolstadt besuchen. Man darf nicht abreisen, ohne die Städte Gera und Eisenberg sowie das idyllische Mühltal, die Töpferstadt Bürgel und die Textilstadt Pößneck zu erkunden. Es empfiehlt sich zudem ein Moorbad in Lobenstein und eine Wanderung um Tautenhain. Ein Erlebnis ist auch ein Spaziergang durch den Wald um Mechelroda und – in entgegengesetzter Richtung – im Gebiet um die Plothener Teiche. Lohnenswerte Ausflugsziele sind außerdem die Bleiloch- und Hohenwarte-Talsperren sowie die Reußische Fürstenstraße, die sich als kulturhistorische Ferienroute auf 110 Kilometern von Hirschberg bei Lobenstein bis hinauf nach Bad Köstritz erstreckt, ihren Namen den in diesem Gebiet früher ansässigen Fürsten verdankt und in Weida mit der Osterburg einen der fürstlichen Stammsitze vorweisen kann.

Die an Zeugen der wechselvollen deutschen Geschichte reiche Region um Saale, Elster und Holzland, durch die streckenweise auch Klassiker-, Porzellan-, Spielzeug-, Bier- und Burgenstraße sowie zahlreiche Olitätenwege führen, zog hunderte Künstler und Gelehrte an, die hier einzigartige Werke hinterließen. So haben unter anderem Goethe und Schiller, Fichte und Humboldt, Schopenhauer und Wagner, Liszt, Fröbel und Brehm ihre Spuren hinterlassen. Dazu bereichert eine vielgestaltige Volkskultur diesen Landstrich. Fast jedes Dorf hat sich sein Brauchtum über die Jahrhunderte erhalten. Aus diesen Bräuchen sind zum Teil überregional ausstrahlende Feste erwachsen, die heute Magnete für Besucher von nah und fern sind. Da locken im Sommer der Bürgeler Töpfermarkt und das Tanz & Folkfestival Rudolstadt, die Kulturarena in Jena und die Feengrottennächte in Saalfeld, der Kuchenmarkt in Weida, das Dahlienfest in Bad Köstritz und Lavendelwochen in Bad Blankenburg. „Kuchenmarkt" ist übrigens ein gutes Stichwort. Denn die berühmten „nassen" und „trockenen" Backwerke gehören natürlich – wie überall in Thüringen – auch im Saale-Elster-Holzland zum Brauchtum und Feiern dazu. Zudem sind in der Region feine Biere aus Köstritz, leckere Lavendelplätzchen aus Bad Blankenburg, schwere Stollen und würzig geräucherte Forellen aus Krölpa, schmackhafte Biowurst aus Schkölen, Prophetenkuchen aus Eisenberg, Räucherkäse aus Hohenleuben und kernige Brote aus Triptis eine kulinarische Entdeckung wert.

Jena

Töpfermarkt in Bürgel

LAVENDEL-PARADIES

viel Auslauf genießenden Tieren und allerlei Pflanzen, lernte sie früh, wie Lebensmittel lecker zubereitet werden und dass man es schmeckt, wenn deren natürliche Inhaltsstoffe unverändert bleiben. Die Sehnsucht nach unberührter Natur und die Begeisterung für alles, was auf der Erde wächst, ist ihr bis heute geblieben. Vielleicht zog es Karin Franke in den 60er Jahren gerade deshalb nach Bad Blankenburg. Hier in der Lavendel-Region des so genannten Thüringer Kräutergartens, der sich über 80 Quadratkilometer des Thüringer Schiefergebirges erstreckt und von den Städten Bad Blankenburg, Königssee, Oberweißbach und Großbreitenbach begrenzt wird, fühlte sie sich sofort heimisch. Ihr Lieblingsplatz ist auch heute noch ein stilles, grünes Wiesenstück hoch oben bei der rund 800 Jahre

alten Burgruine Greifenstein. Dort liegt Lavendelduft überm Gras und der Blick kann weit ins Thüringer Land schweifen. Ein Paradies, das Karin Frankes Laden seinen Namen gab.

Als Referenz an ihre „Herzenspflanze" hat die Kräuterkennerin ihr Geschäft ganz in zarten Lilatönen gehalten, bis hin zur „Berufsbekleidung". Und auch sonst macht Karin Franke keine halben Sachen. Seit vielen Jahren bereichert sie das städtische und regionale Leben mit ihren Ideen. Sie initiierte das inzwischen weithin bekannte Lavendelfest (immer im August) mit der Wahl einer Lavendelkönigin sowie die Anlage von Olitäten- und Lavendelwegen

Das Lavendel-Paradies von Karin Franke findet jeder, der im wunderschönen Schwarzatal unterwegs ist und ein feines Näschen hat. Zunächst fährt man ins Zentrum des mitten zwischen grünen Hügeln gelegenen Luftkurortes Bad Blankenburg, lässt sich erst einmal nicht ablenken von all den aufwändig restaurierten Häuserfassaden und zauberhaften Gässchen (die kann man später noch erkunden), sondern sucht einen Parkplatz, steigt aus und streckt die Nase in die Luft. Und schon ist er da – der süße Lavendelduft. Wer ihm folgt, steht nach ein paar Schritten direkt vor Karin Frankes Kräuter- und Naturkostfachgeschäft. Dass die Expertin für gesunde Lebensweise („Eure Nahrung = Eure Heilmittel, Eure Heilmittel = Eure Nahrung") erst in der Mitte ihres Lebens, im Jahr 2002 den Schritt in die Selbstständigkeit gewagt hat, ist eigentlich verwunderlich. Wurde ihr doch die Berufung zur Kräuterfrau schon in die Wiege gelegt und die Erkenntnis, wie faszinierend schmackhaft naturbelassene Nahrungsmittel, Essenzen und Öle sind. Aufgewachsen auf dem Bauernhof der Großeltern bei Lobenstein, umgeben von

Lavendel-Paradies

Karin Franke
Untere Marktstraße 8
07422 Bad Blankenburg

Telefon   03 67 41 – 5 78 88
Telefax   03 67 41 – 5 77 79

in und um Bad Blankenburg. Engagement und Kenntnisreichtum wurden anerkannt: 1998 trug Karin Franke für ein Jahr selbst die Schärpe der Thüringer Olitätenkönigin. Und sie gibt ihr Wissen gern weiter. Als Geschäftsfrau verkauft sie in ihrem Laden feine Lavendelseifen, Badezusätze sowie Körper- und ätherische Öle, sie bietet Lavendel-Honig, Kräutergestecke und mit Lavendelmotiven bemaltes Geschirr an, offeriert Olitäten (aus Kräutern hergestellte Heilmittel), Naturkosmetika, -gewürze und -tinkturen sowie naturreine Spezialitäten wie Fichtenspitzensirup, Bärlauchpesto oder handgemachte Nudeln. Daneben lagern frische Früchte und Gemüse, die Biobauern aus der Umgebung liefern. Vom Näh- und Stickservice nebenan, einem Geschäft ihrer Tochter (sie war die erste Lavendelkönigin),

kommen fein duftende Lavendelsäckchen und Kräuterkissen, von Karin Franke selbst nach eigenen Rezepturen handgemachte und „paradiesisch gute" Lavendelspezialitäten.

Als begeisterte Kräuterfrau zieht Karin Franke immer wieder Interessenten an, die ihr in ihren Seminaren und auf Kräuterführungen (oder während der Lavendel-, Olitäten- und Thüringer Königinnenwochen) Löcher in den Bauch fragen, den Kräutergarten hinterm Haus bewundern oder mit ihr als kundiger Begleiterin dem Lavendelweg folgen wollen. Dann erfahren die Neugierigen mehr über die entspannende Wirkung der lilafarbenen Pflanze, welche Beschwerden ein ätherischer Ölauszug lindern hilft und wie man mit verschiedenen Lavendelsorten würzen und (leckere!!!)

Plätzchen backen kann. Dazu gibt es ein geselliges Kräuterfrüh- oder Spätstück mit allerlei kleinen Köstlichkeiten. Die lassen sich auch gern die Thüringer Hoheiten des gesamten Bundeslandes schmecken. Karin Franke hat nämlich in ihrem Laden eine „Thüringer Königinnen-Teestube" eingerichtet, in der ab und zu die jeweils regierenden Schönheiten Hof halten. Die jetzt angebrachte „Würze" des Berichts: Das Lavendel-Paradies wurde von den Lesern der bundesweit verlegten Fachzeitschrift „Schrot & Korn" zum besten Naturkostladen 2003 gewählt.

SAALFELDER FEENGROTTEN

Saalfelder Feengrotten

Feengrottenweg 2
07318 Saalfeld

Telefon   0 36 71 – 5 50 40
Telefax   0 36 71 – 55 04 40

Am einem kalten Dezembertag des Jahres 1913, so erzählt man sich, stießen vier Saalfelder Bergleute im ehemaligen Alaunschieferbergwerk „Jeremias Glück" auf ein Wunder. Auf der Suche nach einer Fee, die durch die geheimnisvollen Gänge und Stollen wandeln sollte, machten die Bergmänner nach einer Weile des Umherirrens Rast. Einer der Kameraden stieß beim Setzen ungeschickt an seine abgelegte Grubenlampe, die fiel um und ihr Licht erhellte etwas so unbeschreiblich Schönes, dass es den Bergleuten den Atem nahm. Vor ihnen erhob sich eine glitzernde Märchenwelt, deren wundervoll vielfarbiges Bild sich zudem noch spiegelte – in einem ihr zu Füßen liegenden See. Das bizarre Schau- und Farbenspiel dieser bis dahin unentdeckten, über mehr als drei Jahrhunderte gewachsenen Stalagmiten- und Stalaktiten-

landschaft erhielt den Namen „Märchendom" und zog seit 1914 mehr als 17 Millionen Zuschauer in seinen Bann.
Der „Märchendom" ist die älteste, größte
und schönste der Saalfelder Feengrotten.
Kein Wunder, dass sich hier, vor der malerischen Kulisse der berühmten Gralsburg,
besonders gern Brautpaare das Ja-Wort
geben. Doch selbst die Superlative lassen
sich noch steigern: Wenn der Bergführer
um Stille bittet und die kristalline Zauber-
unterwelt zum Hauptdarsteller in einem
grandiosen Musik- und Lichtspiel macht,
dann gibt es kaum einen Besucher, der
nicht andächtig erschauert. Und auch der
Bergführer freut sich jedesmal auf diesen,
seine Tour abschließenden Höhepunkt. Vorher jedoch zieht er mit seiner in Umhänge
gehüllten Gruppe (in 26 Metern Tiefe herr-
schen 8–10 °C) auf gut 550 Metern durch
das Schaubergwerk. Er weiß dabei allerhand
Geschichten zu erzählen: über die im Jahre
1530 begonnenen Alaunschiefer-und Vitri-
ol-Abbauarbeiten, über die wechselvollen
Zeiten der Grube und das harte Leben der
Bergleute, über Mineralien und das Geheimnis der Bergbutter, über Tropfsteine und
Sinterflächen, über eine 200 Jahre alte
Eiche, die sich sechs Meter tief in den Berg
grub und dort einen vier Meter langen
Wurzelballen hinterließ, über leuchtende
Wände und heilende Quellgrottenluft.
Gerade letztere zeigt sich – neben der atem-
beraubenden Schönheit der farbenreichen
Tropfsteinhöhlen – ebenfalls als ein Wunder
der Natur. In den Saalfelder Feengrotten

nämlich ist die Luft so rein, so staubfrei,
so gleichmäßig kühl und so feucht, dass
sie zum Lebenselexier wird für Asthma-
und Atemwegserkrankte, für Menschen mit
Neurodermitis, Heuschnupfen und anderen
Allergien. Eine klassische Inhalationskur in
den Grotten umfasst 18 Tage. Dann ruhen
die in einen Schlafsack gekuschelten Kur-
gäste auf Liegen im Heilstollen und atmen.
Tief und gleichmäßig, zwei Stunden lang,
ein- oder zweimal mal am Tag. So werden
die farbenreichsten Schaugrotten der Welt
als seelenberührender Erlebnisraum gleichzeitig zum Sanatorium, in dem man seinen
Körper nachhaltig stärken kann.

drei gastlichen Stätten, die schmackhafte kleine Snacks, spritzige Getränke und täglich frischen Kuchen
anbieten. Die kulinarischen Offerten
gelten auch, wenn jedes Jahr im
Juni zur Feengrotten-Nacht geladen
wird – einem großartigen Sommer-
spektakel im und am Berg, das
Musikanten aus aller Welt und
phantasievolle Feuer- und Licht-
spielinszenierungen jedesmal zu
einem unvergesslichen Erlebnis
für die Besucher werden lassen. Wer
im Sommer nicht kann, kommt im
Winter. In der Adventszeit zeigen

Und auch das ist noch nicht alles. Hat man
sich im Inneren des Berges gesund geatmet,
geht es hinaus in den Feengrottenpark. Dort
gibt es ebenfalls viel zu entdecken. Neben
Bergbaulehrpfad, Picknickinsel und großem
Abenteuerspielplatz lädt ein Handwerkerhof
zur Schau von landestypischen Gewerken
ein. Gleich nebenan kann man die Produkte
kaufen: Thüringer Glasfiguren und Weih-
nachtsschmuck, Töpferwaren und Olitäten,
Mineralien und Edelsteine sowie allerlei
Feengrotten-Souvenirs. Wer Hunger und
Durst bekommt, nimmt Platz in einer der

sich die Feengrotten und der weihnachtlich geschmückte Park (mit
Adventsmarkt) besonders stim-
mungsvoll. Dann sorgen Musikgrup-
pen und Chöre mit ihren über und
unter Tage gesungenen Liedern bei
den Großen für Gänsehaut, während
die kleinen Grottengäste ihre Augen
sperrangelweit aufreißen, wenn sie
in der geheimnisvoll erleuchteten
Stollenkulisse den spannenden
Geschichten von Märchenerzählern
oder Puppenspielern lauschen.

HOTEL & RESTAURANT „BERGFRIED"

Hotel & Restaurant
„Bergfried"

Familie Michel
Zum Fuchsturm 5
07318 Saalfeld

Telefon   0 36 71 – 5 54 42 00
Telefax   0 36 71 – 3 53 03

$\mathcal{S}$pät in der Nacht brennt manchmal in der Küche des „Bergfried" noch Licht. Wer dann an Einbrecher glaubt, liegt falsch. Es ist Hausherr Wolfgang Michel, der die stillen Stunden, in denen alles schläft, nutzt, um Wurst zu machen oder einen selbst geschossenen Hirsch zu zerlegen. Die Leber kommt am nächsten Tag auf die abendliche Familientafel, das Herz ist für den Hund und die frische Wurst sowie die besten Stücke vom Fleisch für die Gäste. Tagsüber kümmert sich Wolfgang Michel um alles, was rund um das Haus anfällt. Er mäht den Rasen oder repariert die Gehege, in denen Alpakas, Hängebauchschweine und Schafe ein gutes Leben haben. Ihm zur Seite stehen Ehefrau Karin, die die „gute Seele" des Hauses ist und sich dem Management und der Gästebetreuung verschrieben hat, sowie Sohn Marcus, der als preisgekrönter Koch für Küche und Restaurant verantwortlich ist. Der „Bergfried" ist ein familiär geführtes Unternehmen, das seit 30 Jahren Gäste verwöhnt. Und die kommen in großer Zahl. Allein 54 Hochzeitsgesellschaften wollten im vergan-

genen Jahr unbedingt im „Bergfried" feiern: weil das Anwesen so romantisch in die Hügellandschaft eingebettet ist und einen herrlichen Panoramablick ins Land eröffnet, weil die Gastfreundschaft der Michels legendär und die Küche besonders lecker ist. Nach der Umgestaltung des Restaurants und einem Hotelneubau (31 Zimmer) im Jahre 1996 verfügt das Haus zudem über modernsten Komfort, den Touristen, Tagungsgäste und Feiergesellschaften gerne in Anspruch nehmen. Liegewiese, Sommerterrasse, Grillplatz und Festzelt sind zusätzliche Anreize, im „Bergfried" Urlaub zum machen und von hier aus Touren auf die Heidecksburg nach Rudolstadt, auf die Burg Greifenstein in Bad Blankenburg, zur Sommerrodelbahn nach

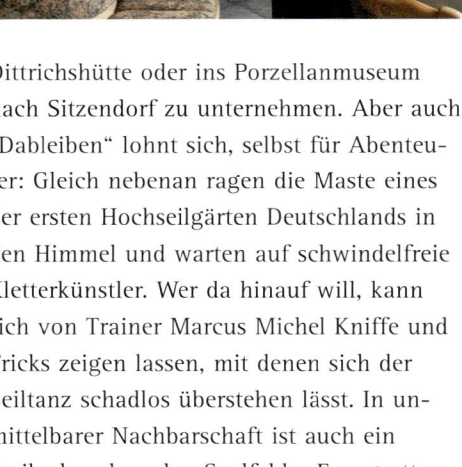

Dittrichshütte oder ins Porzellanmuseum nach Sitzendorf zu unternehmen. Aber auch „Dableiben" lohnt sich, selbst für Abenteurer: Gleich nebenan ragen die Maste eines der ersten Hochseilgärten Deutschlands in den Himmel und warten auf schwindelfreie Kletterkünstler. Wer da hinauf will, kann sich von Trainer Marcus Michel Kniffe und Tricks zeigen lassen, mit denen sich der Seiltanz schadlos überstehen lässt. In unmittelbarer Nachbarschaft ist auch ein Freibad und zu den Saalfelder Feengrotten (einem kristallinen Unter-Tage-Schauspiel ohnegleichen) geht es ab dem „Bergfried" mit der Kutsche.
Gespeist wird im ländlich-gemütlich eingerichteten Restaurant. Karin Michel hat allerlei schöne antiquarische Krüge, Tonflaschen

SAALFELD

Rehrücken

Zutaten für 6 Personen

1 ganzer Rehrücken, etwa 2 kg
1 l Buttermilch
$1/2$ Flasche guter Rotwein
2 Karotten
1 Stange Lauch
1 Zwiebel
$1/2$ Knolle Sellerie
30 g getrocknete Waldpilze
4-5 Pimentkörner
4-5 Wacholderbeeren
2 Lorbeerblätter
1 Becher Crème fraîche
3 EL Pflanzenöl
Salz / Pfeffer

Zubereitung:

Am Vorabend den Rehrücken mit dem klein geschnittenen Gemüse und den Gewürzen in Buttermilch einlegen, damit das Fleisch schön zart wird. Am nächsten Tag den Rehrücken und das Gemüse aus der Buttermilch nehmen, von allen Seiten in einer großen Pfanne in Öl gut anbraten und mit Rotwein ablöschen. Danach das Fleisch in der Pfanne in den auf 180 °C vorgeheizten Backofen schieben und etwa 30–40 Min. garen, den Backofen danach ausschalten und das Fleisch 10 Min. ruhen lassen. In dieser Zeit für die Sauce den entstandenen Fond mit dem Gemüse durch ein Sieb geben, die Flüssigkeit auffangen, mit Rotwein und anderen Gewürzen abschmecken, kurz aufkochen lassen und mit Crème fraîche binden. Den Rehrücken auf einer Servierplatte anrichten. Dazu werden Rotkohl, Thüringer Klöße und mit Preiselbeeren gefüllte Birnen gereicht.

und Kaffeemühlen zusammengetragen, die jetzt als dekorative Accessoires den Gastraum beleben. Küchenchefin Dagmar Schnell (seit 25 Jahren im Haus) wartet mit internationalen und thüringischen Gerichten auf. Im Mittelpunkt stehen dabei Wildgerichte sowie variantenreich zubereitete Forellen und Karpfen, die in hauseigenen

Teichen aufgewachsen sind. Eine Besonderheit gilt es zu erwähnen: Die Thüringer Klöße sind im „Bergfried" nicht nur nach alter Rezeptur per Hand zubereitet, es gibt sie auch wie früher nur sonn- und feiertags. Aber dann wie aus dem Bilderbuch, groß und rund, frisch und locker, mit viel Soße und einem deftigen Bratenstück vom Hirsch, Lamm oder Reh. Probieren sollte man auch den Brotzeitteller „Bergfried". Der ist gefüllt mit Wolfgang Michels würziger Wurst, mit Käse, Butter und Bauernbrot. Wem der Sinn nach Weltküche steht, wird ebenfalls bedient. Marcus Michel, der schon Sternekoch Heinz Winkler über die Schulter schauen durfte und mitunter als Vorführkoch auf internationalen Messen auftritt, zaubert auf Wunsch auch ein luxuriöses Menü. Dazu gibt's feine Saale-Unstrut-Weine und als Abschluss einen Thüringer Eisstollen mit Obstbukett und Sahne. So genussvoll gestärkt, kann man den Tag am Lagerfeuer im Garten ausklingen lassen. Und wenn danach die letzten Lichter im Haus verlöschen, macht Wolfgang Michel in der Küche das erste schon wieder an.

RATSKELLER

pasti-Variationen mit Parmaschinken, anschließend orderte er eine gefüllte Kaninchenkeule mit geschmorten Tomaten und Kartoffelkrapfen als Hauptgang und dazu einen weißen Burgunder aus der Pfalz. Als süßen Abschluss wählte er süße Cannelloni mit Ricottamousse. Seinen Durst stillte der Genießer mit einem spritzigen San Pellegrino-Wässerchen. Danach bat der Unbekannte, den Koch sprechen zu dürfen. André Dubrow eilte aus der Küche an den Tisch. Der Fremde bedankte sich bei ihm, bezahlte, erhob sich und gab sich als Tester des bekanntesten und strengsten Restaurantführers der Welt, des „Michelin", zu erkennen. Der Hausherr freute sich über das Outing, denn er wusste: Ihr Inkognito geben die unbestechlichen Prüfer von der roten Gourmetfibel nur auf, wenn ihnen das Essen geschmeckt hat, wenn Gaumen und Augen verwöhnt wurden.

André Dubrows erste Hürde (Aufnahme in den Michelin 2004 und 2005) auf dem hindernisreichen Weg zum erträumten „Stern" war geschafft. Dass es für die tatsächliche Stern-Verleihung noch viel Zeit braucht, weiß der junge Küchenchef natürlich. Doch mit Geduld, Kreativität und Anspruch kocht er sich seit zwei Jahren (seitdem er den Ratskeller übernommen hat) in die Herzen der Gourmets und wird das auch die nächsten Jahre tun, bis es so weit ist. Die steigende Zahl der Gäste (entgegen dem landläufigen Trend) spricht dafür, dass er seinem Ziel rascher als andere näher kommt.

Auf dem Weg dahin serviert der in Dresden ausgebildete, in Weimar, Wien und Düsseldorf tätig gewesene Koch von dienstags bis sonntags im historischen Ambiente eine internationale, leichte, frische Küche, die von ein paar auserlesenen, modern abgewandelten Thüringer Spezialitäten gekrönt wird. Die alle zwei Monate thematisch wechselnde Speisekarte ist klein, aber exzellent. Alles wird frisch zubereitet (inklusive der Pasta) und phantasievoll angerichtet. Auch bei den Rezepturen experimentiert André Dubrow gern. So gibt es bei ihm das

Ratskeller Saalfeld

André Dubrow
Markt 1
07318 Saalfeld

Telefon   0 36 71 – 51 75 10
Telefax   0 36 71 – 51 75 10

Ruhetag: Montag

André Dubrow ist anspruchsvoll – als Chef de Cuisine und zugleich Hausherr im Ratskeller zu Saalfeld. Seine Küche ist für Gourmets konzipiert, und so kocht er auch am liebsten für Gourmets, die seine frischen, einfallsreich kreierten Speisen zu genießen und zu schätzen wissen. Neulich hatte er einen Gast, der ihn besonders erfreute. Dieser Mann nämlich bewies Kennerschaft, er bestellte vom Feinsten. Nach dem Genuss eines Amuse-gueule (kostenloses Begrüßungshäppchen vom Koch an den Gast) verlangte der Fremde nach Anti-

Rinderfilet pochiert, in Olivensud gelegt, mit provencialischer Tomate und gebratenen Kartoffelklößchen. Ein Thüringer Waldquellforellenfilet füllt der Meister mit frischen Champignons und bettet es auf Meerrettich-Erdapfelschaum. Und das Mousse au chocolat gibt es bei ihm marmoriert. Solcherart Gaumenfreuden können die Gäste in erhabenen Räumlichkeiten erleben.

Der Ratskeller mit seinem hohen Kreuzgewölbe (erbaut 1537) erinnert an einen festlichen Rittersaal. Dunkle, schwere Holzmöbel und riesige Kronleuchter, deren imposante Glasschalen mit Licht dämpfenden Holzkorken gefüllt sind, machen das Flair des Gastraumes aus. Die Mitte schmückt ein lang gestreckter Tisch, der mit allerlei antiquarischen Büchern, Küchen- und Haushaltsutensilien dekoriert ist, ebenso wie die rund um den Raum laufenden breiten Fenstersimse. Wer intimer speisen möchte, wählt einen Platz im Salon „Filzlaus" (seit dem 16. Jahrhundert so benannt, denn der Raum diente damals als Herberge für durchreisende Fremde und Handwerksbursche, die wahrscheinlich nicht immer reinlich waren). Im Sommer lockt ein hübscher Biergarten in den Innenhof. Und auch dort kann der Gast aufs Feinste speisen.

Fische aus dem Saalfelder Stadtwappen mit Bärlauchfarce gefüllt

Zutaten

4 frische Barben (ausgenommen)
200 g Schweinenetz
Olivenöl
Salz, frischer Pfeffer
100 g Zwiebelwürfel
1 Knoblauchzehe
50 g Butter
100 g Weißbrot (ohne Rinde)
3 Eiklar
500 g Lachs- oder Zanderfleisch
310 cl Sahne
Weißwein
gehackter Bärlauch

Zubereitung

Die Barben filetieren und das Schweinenetz wässern. Für die Farce die Zwiebel- und Knoblauchwürfel in Butter anschwitzen und kalt stellen. Das Weißbrot in 10 cl Sahne einweichen. Das Fischfleisch würfeln, mit Salz und Pfeffer etwa eine 1/2 Std. marinieren. Anschließend faschieren und cuttern, dabei das Eiklar, die Sahne und den Bärlauch zugeben. Dann das Schweinenetz auf der Arbeitsfläche ausbreiten und ein Barbenfilet mit der Hautseite nach unten auflegen. Farce aufstreichen und mit einem zweiten Filet (Hautseite nach oben) abschließen. Das Filet von beiden Seiten mit Öl anbraten. Mit den übrigen Filets ebenso verfahren. Dazu empfiehlt André Dubrow sautierten Mangold und Polenta sowie einen trockenen „Kerner" – ein Saale-Unstrut-Wein vom Thüringer Weingut Zahn.

GASTHOF „ZUM GOLDENEN EINHORN"

Herren Länder vor allem Wandertouristen zu Tisch. Diese genießen die Geborgenheit, die der Gasthof heute bietet, hat sich doch auch sein Ambiente über die Jahre gewandelt. So hat Ehemann Wolfgang Kritz die Gasträume vergrößert und einen gemütlichen Tresen eingerichtet. Dort treffen sich Einheimische und Fremde, man kommt rasch miteinander ins Geschichtenerzählen und die freundliche Ansprache der Wirtsleute sorgt dafür, dass sich jeder sofort heimisch fühlt.

Und egal, ob jemand nur in Hausschuhen über die Dorfstraße gekommen oder mit dem Auto viele Kilometer angereist ist: Alle freuen sich auf eines – die urtypisch

Gasthof „Zum goldenen Einhorn"

Barbara Kritz-Schorcht
99441 Mechelroda

Telefon   03 64 53 - 8 06 35

„Das Einhorn ist ein weißes und anmutiges Tier mit dem Körper eines Pferdes. Ein Horn wächst aus seiner Stirn und macht es einmalig unter den Tieren. Es ist sanft und gutmütig, und obwohl sich seit Jahrhunderten Geschichten um das Einhorn ranken, behaupten viele Menschen, es hätte es nie gegeben ... Freundschaft lässt sich mit dem Einhorn vergleichen: auch sie beruht auf unserem Glauben. Wenn wir nicht an die Möglichkeit einer Beziehung untereinander glauben, gibt es keine Freundschaft. Doch wenn wir eine Mahlzeit miteinander teilen oder gemeinsam lachen, also etwas von uns selbst geben, entdecken wir zwei Freunde – einen in dem anderen Menschen und den zweiten in uns selbst." Mit diesen herzlichen Worten empfängt Barbara Kritz-Schorcht, die Hausherrin des Gasthofs „Zum goldenen Einhorn" in Mechelroda, ihre Gäste. Seit über 200 Jahren wird das Haus durch die Familie bewirtschaftet, so manches hat sich über die Zeit verändert. Diente das Gasthaus früher als Ausspanne, an der Reisende ausruhten, die entlang der alten Handelsstraße Leipzig–Nürnberg unterwegs waren, bittet die Wirtin heute neben Geschäftsleuten und Stammgästen aus aller

thüringische Küche, mit der schon Barbaras Mutter Elsa Schorcht den Gasthof weit über Mechelroda hinaus bekannt gemacht hat. Hohe kulinarische Gaumenfreuden bieten vor allem die von Hand gemachten Thüringer Klöße. Nirgendwo sonst in der Region sind die runden Kartoffelspezialitäten so riesig, so luftig und locker wie im „Einhorn". Das Erfolgsgeheimnis: Barbara Kritz-Schorcht geht mit ihren Klößen sehr liebevoll um, denn „wenn man die nicht gern hat, wird es nichts!" Die „gefühlvolle" Rezeptur für die einzigartigen Riesenklöße wird seit Generationen in der Familie gehütet und stammt von Ururgroßmutter Thekla. Wie früher wird Kartoffelschab auch heute noch mit heißem Kartoffelbrei überbrüht und dann sind sie auch schon fast fertig – die leckeren Beilagen zu Soße und Braten. Manchmal sind die Klöße allerdings auch Hauptakteure auf dem Teller. Dann gibt es sie pur oder goldgelb gebraten mit viel hausgemachter Pilz- oder Sahnesoße. Denn ein altes Sprichwort in der Region lautet: „Ein Thüringer Kloß muss schwimmen!" Doch auch, wenn im „Goldenen Einhorn"

die Klöße im Rampenlicht stehen, bietet die Speisekarte noch wesentlich mehr: hausgemachte Suppen, kalte Vorspeisen und zahlreiche weitere Thüringer Spezialitäten. Zum Nachtisch sollte man unbedingt vom hausgebackenen Kuchen probieren. Eine kleine Weinkarte listet Rebentropfen aus Italien, aus dem Saale-Unstrut-Weinbaugebiet und anderen Teilen Deutschlands auf, darüber

hinaus bietet sie die verschiedensten Getränke zum Erfrischen und Genießen an. Gratis dazu gibt es stets auch ein nettes Wort. Und so schließt sich in Mechelroda harmonisch der 200 Jahre alte Kreis zwischen dem Mythos vom Einhorn, der Zuneigung, die es verkörpert, dem gemütlichen Lokal, das nach ihm benannt ist, und der gastfreundlichen Wirtsfamilie.

MECHELRODA

Hirschbraten mit Preiselbeeren im eigenen Saft auf pochierter Birne

Zutaten

1,2 kg Hirschkeule
1 kl. Glas Williams Christ Birne
1 kl. Glas Preiselbeerkompott
1 Tl Butter
125 g Margarine
150 g Crème fraîche
100 ml Sahne
Wurzelgemüse
Salz, weißer Pfeffer
4 Wacholderbeeren
Zwiebeln

Zubereitung

Die Hirschkeule mit Salz bestreuen und gemeinsam mit weißem Pfeffer, Wacholderbeeren, in Ringe geschnittenen Zwiebeln und Wurzelgemüse in eine Bratenpfanne, in der Margarine erhitzt wurde, geben und in der Backröhre anbraten. Wenn das Fleisch und die Zutaten gut gebräunt sind, mit Wasser ablöschen und weiter braten beziehungsweise köcheln lassen. Von Zeit zu Zeit den Braten mit einer Gabel anstechen, um zu prüfen, ob er weich ist. Dann den Braten aus dem Bratensud nehmen, diesen durch ein Sieb in einen kleineren Topf gießen, mit 100 ml Sahne und 150 g Crème fraîche abschmecken sowie mit gekochten, süßen Preiselbeeren verfeinern. Vom Feuer nehmen und zum Schluss 1 Tl Butter einrühren. Den Braten in fingerdicke Scheiben schneiden. Das Wild mit einer halben Birne und Preiselbeeren garnieren. Die Soße über das Fleisch geben. Dazu reichen wir selbst gemachte Thüringer Klöße und mit Speck, Zwiebeln und Apfel gedünsteten Rotkohl.

HOTEL & RESTAURANT „KAINS HOF"

weiter weg locken die märchenhaft schönen Stollen der Saalfelder Feengrotten zu einem Besuch, während man auf Burg Greifenstein in der Kurstadt Bad Blankenburg eine sensationelle Falknershow geboten bekommt und in Lauscha auf eine spannende Reise durch die Welt der Glasbläserkunst eingeladen wird.

Die Touren ins Land startet man am besten vom Landhotel „Kains Hof" aus. Die schmucke Herberge, einst ein Ausspannhof, hat Platz für 64 Gäste, die Ferien machen oder ein Fest feiern möchten, auf Geschäftsreise unterwegs sind oder sich zu einer Tagung getroffen haben. Sie alle erfreuen sich schon bei der Ankunft am romantischen Innenhof, der vom 1995 liebevoll restaurierten und umgebauten, ursprünglich aus dem 17. Jahrhundert stammenden Fachwerkgehöft umgeben ist. Dort, auf einem rundum führenden Laubengang, entfalten sommers in dichten Büschen gepflanzte, rote Pelargonien ihre ganze Pracht und machen das Bild zum reizvollen Postkartenmotiv. Drinnen, im Restaurant, wird man vom charmanten und zu Scherzen aufgelegten, blutjungen Team des „Kains Hof" empfangen und kann im Erdgeschoss oder auf der Empore Platz nehmen. Das ländliche

Hotel & Restaurant „Kains Hof"

Uta Schröter
Weißen Nr. 19
07407 Uhlstädt

Telefon   03 67 42 - 6 11 30
Telefax   03 67 42 - 6 10 11

Abseits der Alltagshektik, direkt am Saaleufer gelegen, lädt Weißen zur Ruhe und Entspannung ein. In nur wenigen Autominuten von der A4 Jena, Abfahrt Göschwitz erreichbar, gelangt man auf kurzen Wegen in dieses thüringische Landschaftsidyll, das neben Natur pur noch weitere attraktive Ausflugsziele in der näheren Umgebung zu bieten hat. So liegt gleich um die Ecke die fürstliche Residenz- und Klassikerstadt Rudolstadt, nicht viel

Ambiente mit „Omas guten Sofas", rotem Steinfußboden, dunklen, den Raum teilenden Holzbalken, Spitzendeckchen und gemütlichen Korbstühlen sorgt, egal wo man sitzt, für wohlige Geborgenheit. Die Tische sind stilvoll eingedeckt mit kunstvoll gefalteten Stoffservietten und hübsch dekoriert mit floralem Schmuck. Wer nach dem kulinarischen Genuss noch Körper und Seele in

Schwingung bringen will, nutzt den Wellnessbereich. Dort lockert der beste Masseur der Region verspannte Schultern, während ein Whirlpool, die Sauna und das Solarium nebenan die entspannende Wasser-, Dampf- und Lichttherapie „übernehmen". Und wer Platz für eine Konferenz oder Feier sucht, bleibt ebenfalls nicht unbedient: Ein technisch gut ausgestatteter Gesellschaftsraum kann bis zu 80 Personen aufnehmen. Die gesamte Atmosphäre im Anwesen vermittelt die traditionelle Philosophie des Hauses: Hier werden sämtliche Gästewünsche auf hohem Niveau erfüllt. Das verspricht auch Küchenchef Robert Heidenreich, mit 22 Jahren einer der jüngsten seiner Zunft. Er bereitet ideenreiche Köstlichkeiten in Topf und Pfanne mit frischen Zutaten der Saison zu, empfiehlt sich mit leckeren Thüringer

Gebratenes Hähnchenbrustfilet mit Spinat und Käse gefüllt, Käsesauce und Bandnudeln

Zutaten

4 Hähnchenbrüste
(Filet, mind. 130 g pro Stück)
4 Scheiben Käse
80 g Blattspinat
100 g Schmelzkäse
100 g Gorgonzola
250 ml Sahne
250 g Tagliatelle
Salz, Pfeffer
Mehl
Fett zum Braten
1 El Öl

Zubereitung

Die Hähnchenbrüste waschen, abtropfen und der Länge nach zum Füllen aufschneiden. Spinatblätter waschen und grob hacken. Die Ober- und Unterseite der Filets würzen und mit Spinat und Käse füllen. Die Filets von außen würzen und mehlieren, bei geringer Hitze durchbraten. Die Sahne aufkochen, vom Herd nehmen und die Käsesorten darin auflösen. Eine Mehlschwitze zubereiten. Die Käsesauce mit Salz und Pfeffer würzen. Danach die erkaltete Mehlschwitze zugeben und langsam erhitzen, bis die volle Bindung erreicht ist. Tagliatelle im Salzwasser mit einem 1 El Öl bissfest kochen. Hähnchenbrust auf der Sauce anrichten und mit etwas gebrühtem Spinat servieren. Tagliatelle separat servieren. Mit Petersilie und fein gehacktem Paprika garnieren.

Spezialitäten ebenso wie mit Speisenfolgen, die internationale Trends in sich vereinen. Immer wieder gern bestellt wird beispielsweise die mit Spinat und Käse gefüllte gebratene Hähnchenbrust. Sehr lecker ist auch das typisch thüringische Bierfleisch mit gebratenen Kloß- und Apfelscheiben und – wie in der Region üblich – mit viel,

viel Soße. Kleine raffinierte Vorspeisen, Suppen, Salate, Vegetarisches, Geflügelgerichte und feine Desserts bereichern die abwechslungsreiche Speisekarte des Hauses, dessen kulinarische Schätze aus Küche und Weinkeller Tafelfreudige von nah und fern magnetisch anziehen.

BÄCKEREI & KONDITOREI SPITZER/SPITZERS CAFÉ

Bäckerei & Konditorei Spitzer

Trannrodaer Straße 11
07387 Krölpa

Telefon   0 36 47 - 4 26 90
Telefax   0 36 47 - 42 69 60

Spitzers Café

Breite Straße 35
0738 Pößneck

Telefon   0 36 47 - 41 31 04

„Süß macht nicht dick, Süß macht glücklich!" Ullrich Spitzer blinzelt beim Verkünden seines Lieblingsmottos amüsiert durch die Brille. Der Konditormeister hat gut Lachen, schließlich ist er schlank wie ein Gazellenbock, das einzig Fröhliche an mir dagegen sind meine viel zu vielen Fettzellen. Die lachen sich gerade mächtig ins Fäustchen, weil ich, ihre verlässliche Hüter- und Nährerin, den üppig gefüllten Auslagen von „Spitzers Café" natürlich völlig erlegen bin: Während mein Verstand noch heftig protestiert, höre ich mich ein saftiges Stück Kuchen bestellen. „Das schöne, große dort aus der Mitte" spricht mein Mund, während ich verlegen auf das Dinkelbrot schiele, das ich eigentlich kaufen wollte. Tja, so ist das bei Konditor Spitzer – die besten Vorsätze lösen sich angesichts der vielen bunten und vor allem süßen Leckereien sofort in Luft auf.
Nun gut, sitzen wir also glücklich zusammen in seinem Café im Fußgängerboulevard von Pößneck und blicken zurück auf die mehr als einhundertjährige Tradition des Hauses. So lange schon verführt nämlich

die familiäre Backkunst kleine und große Leute. 1904 gründete Großvater Josef Spitzer die Bäckerei in Krölpa, die Vater Hans 1946 in der zweiten Generation übernahm. Er führte das Geschäft bis 1985, um dann den Staffelstab an seinen Sohn, den heutigen Besitzer, und damit an die dritte Generation weiterzugeben. Ullrich Spitzer baute die Konditorei im Jahr 1995 mit einem Café aus und expandierte im Jahr 2000 mit dem Café in Pößneck sowie acht weiteren Filialen in anderen thüringischen Städten.
Das Einzigartige am jetzigen Inhaber ist aber nicht dessen Expansionsdrang, sondern sein mit Traditionsbewusstsein gepaarter Erfindungsreichtum. So zaubert er mit seinen zwölf Mitarbeitern in der Bäckerei „das, was der Mensch braucht" und bietet in der Konditorei „das, was des Menschen Luxus ist" nach althergebrachter Handwerkskunst sowie überlieferten Rezepturen. Die umfangreiche Produktpalette an verschiedenen Broten und Brötchen, Blechkuchen, Fettgebäcken und Torten wird zudem mit vielen neuen, selbst kreierten

Köstlichkeiten angereichert. Traditionell und berühmt ist der Weihnachtsstollen (der übrigens in Thüringen seit 675 Jahren gebacken wird und damit älter als der sächsische sein soll).

Das Festgebäck gibt es vom Bäcker Spitzer schon seit 100 Jahren. Wurde damals allerdings mangels anderer Zutaten Hafermehl verwendet, machen heute wesentlich edlere Grundstoffe den Spitzer-Weihnachtsstollen aus: feine Butter, in Weißwein eingeweichte Rosinen, Mandeln und Milch sind nur einige der Zutaten zum traditionellen Festtagskuchen, dessen genaue Rezeptur Ulrich Spitzer nicht über die Lippen kommt. Schade eigentlich, es gäbe sicher viele Interessenten dafür. Sein Weihnachtsstollen ist über die Landesgrenzen hinaus begehrt und zudem mit dem Thüringer Qualitätssiegel ausgezeichnet. Kulinarischen Bestand hat das Gebäck auch vor Kollegen: So heimste die Krölpaer Konditorei bei der jährlichen öffentlichen Stollenprüfung in Erfurt durch die zuständige Innung immer wieder Preise ein.

Soweit zur Tradition. Innovation ist das zweite Stichwort. Da lockt der einfallsreiche Konditor mit feinen handgegossenen Pralinen, Schokoladen und selbst gemachten

Trüffeln. Von November bis Ostern gibt es die glücklich machenden Köstlichkeiten in 20 bis 25 verschiedenen Varianten. Abgelöst wird die Pralinensaison im Sommer von handgemachten Eiskreationen. Das ganze Jahr über dagegen können Naschkatzen von des Konditors Erfindung „Trüffeltorte mit Mohnboden" oder „Sahnetorte

mit hellem und dunklem Mocca" kosten oder eine der originellen Festtagstorten bestellen, die Ullrich Spitzer individuell bäckt – zum 70. Geburtstag eines Imkers mit Marzipanbienen oder mit handgeformtem Doppelbett und kandierten Rosen für eine Hochzeit. Das Vergnügen des Meisters am Experimentieren und an der Welt überhaupt zeigt sich auch im „Holzmichelbrot" – einem Roggenmischbrot mit Fenchel, Koriander, Meersalz und Anis, das selbst Diabetikern bekommt und zum beliebten Pausensnack der vom „Holzmichel" singenden Band „Randfichten" avancieren könnte, oder im Eisbecher „Beschwipste Bienen", der gerade am Nachbartisch serviert wird. Meine Augen werden größer, die Fettzellen reiben sich grinsend die Hände, denn sie wissen, was jetzt kommt. Und so kommt es auch: Doch egal, ich genieße und bin glücklich.

FORELLENHOF OBERMÜHLE

Forellenhof Obermühle

Familie Müller
Gräfendorfer Straße 16
07387 Krölpa

Telefon   0 36 47 – 41 37 28
Telefax   0 36 47 – 41 37 28

Ruhetag: Montag

Vollbart, helle, blaue Augen und sonnen-
gegerbte Haut – Jürgen Müller verkörpert
das Klischee eines Küstenfischers. Doch
weder er noch seine Vorfahren sind je zur
See gefahren. Mit Fischen hat Jürgen Müller
trotzdem zu tun – sie sind sozusagen sein
Lebensmittelpunkt. Der Diplomfischerei-
ingenieur und Fachingenieur für Fisch-
gesundheitsdienst lebt und arbeitet in einer
historischen Wassermühle in Krölpa, gemeinsam mit seiner Frau Evelyn, die ebenfalls die Welt der Fische schon früh erkunden durfte: Sie arbeitete in sächsischen
Fischereibetrieben und ist Ingenieurin für
Binnenfischerei. Das Paar hat aus der seit
250 Jahren im Müller'schen Familienbesitz
befindlichen Obermühle einen wunderschön restaurierten Forellenhof gemacht,
der Fischzucht, Räucherei, Hofladen und
Schauaquarium in einem ist.

Wo in den Jahrhunderten vorher noch Holz
oder Getreide lagerten, Rohstoffe, die zur
Weiterverarbeitung in der Schneid- und
Mahlmühle bestimmt waren, breitet sich
heute eine dicht und bunt bewachsene, ver-
wunschene Gartenlandschaft aus, in der
schneeweiße Gänse, verschiedene Wilden-
tenarten, Seidenhühner, Gartenteichfische

Futter ständig vom Automaten, die größeren Fische erhalten zweimal am Tag aus Jürgen Müllers Hand Pellets. Wenn die hungrigen Forellen dann beim Futterschnappen die Wasseroberfläche zum Brodeln bringen, kann der Züchter gleich schauen, ob mit ihnen alles in Ordnung ist. Auf diese Weise wachsen Bach-, Regenbogen- und Lachsforellen sowie Saiblinge wohl behütet heran. 24 Monate bleiben ihnen im Durchschnitt für ein glückliches Fischleben. Mit jedem Monat dieser zwei langen Aufzuchtjahre verbessert sich nämlich die Fleischqualität. Nicht umsonst tragen einige der Müller-Fischkreationen das Thüringer Qualitätssiegel, zur Freude aller Kunden des Forellenhofes. 10 Tonnen Speiseforellen verkaufen die Müllers pro Jahr – frisch und geräuchert, im Ganzen und filetiert, als Einzelstück, Fischcreme oder appetitlich dekoriert auf einer Fischplatte – im Hofladen, an Restaurants oder Markthändler. Neben Forellen sind saisonal auch geräucherte Seefische, Störe, Aale und Hechte im Angebot. Demnächst soll es sogar hauseigenen Forellenkaviar geben. Und wer nach Zierfischen für seinen Teich oder das Aquarium sucht, ist bei den Müllers ebenfalls an der richtigen Adresse. Aquarium ist ein wichtiges Stichwort. Denn auf dem Forellenhof sind nicht allein Fischesser willkommen, sondern auch jene, die Fische einfach nur als faszinierende Lebewesen lieben. Derart Interessierte werden von Jürgen Müller mitgenommen auf eine Reise durch die Wasserwelt.

und Krebse, zwei Katzen, zwei Hunde und eine griechische Landschildkröte leben. Die zigtausend Hauptakteure, die kleinen und großen Forellen, tummeln sich in sieben naturnah angelegten Teichen, in mehreren Rundbecken und Rinnen, die einem Bachlauf nachempfunden sind. Gespeist werden die Lebensräume der Fische vom Wasser des Mühlbachs und dem eines 23 Meter tiefen Brunnens. Hat Jürgen Müller früher Satzforellen für die Aufzucht zugekauft, beherrscht er heute das Befruchten und Erbrüten der Forelleneier selbst. Das ist allerdings ein aufwändiges Unterfangen, bei dem der Züchter vor allem geschickte Hände benötigt. Mit denen streift er dem Fischmännchen die „Milch" ab, entnimmt dem Weibchen den Rogen, vermischt beides, versetzt es mit Wasser und hofft dann, dass im Erbrütungsglas die nächsten acht Wochen ohne Komplikationen vergehen und danach kleine Forellenkinder gesund und munter schlüpfen. Ist das gelungen, wird alles leichter. Der Nachwuchs bekommt sein

Bei Hofführungen durch die Forellenanlagen, durch den Garten und vorbei an riesigen Schauaquarien erfahren neugierige kleine und große Besucher mehr über den Werdegang einer Forelle von der Brut bis zum Speisefisch oder über das Räucherhandwerk, können mehr als 20 verschiedene Süßwasserfischarten bewundern und (wenn sie Glück haben) die Metamorphose einer Kaulquappe zum Frosch verfolgen. Mit dieser Leidenschaft, sein Wissen und die auf dem Hof versammelten Fischwelt-Schätze „weiterzugeben", hat Jürgen Müller den Einheimischen und Gästen im Thüringer Orlatal ein spannendes Angebot gemacht. Das soll demnächst noch erweitert werden mit einem Fischerei-Museum. Na dann, ein „Petri Heil!" auch für dieses Vorhaben.

GASTHOF „ZUM GRÜNEN BAUM"

Gasthof „Zum grünen Baum"

Familie Lippold
Gertewitzer Straße 1
07381 Bodelwitz

Telefon 0 36 47 – 41 47 42
Telefax 0 36 47 – 41 80 25

Ruhetage: Montag, Dienstag

Der Gasthof „Zum grünen Baum" im kleinen Dorf Bodelwitz, nördlich des Naturparks Thüringer Schiefergebirge gelegen, steckt voller Kuriositäten. Seine Historie, das Ambiente sowie die Speisekarte sind einzigartig in der Region und – fernab jeglicher Übertreibung – unbedingt eine Erkundung wert. Beginnen wir mit der Historie. Das Anwesen zählt zu den ältesten im Familienbesitz befindlichen Gasthäusern in Deutschland. Ein Lippold, nämlich Johann Michael, gründete es im Jahre 1734 als Metzgerei und Poststation, und ein Lippold, nämlich Marcel, führt es jetzt, in der zehnten Generation, als Restaurant. Ein Magnet war das sich stetig wandelnde und wachsende Haus in jeder Epoche. So legte schon Dichterfürst Johann Wolfgang von Goethe auf seinem Weg nach Karlsbad hier regelmäßig eine Ruhe- und Speisenpause ein, während heute Stammgäste extra der schmackhaften Küche wegen anreisen: vom Baden-Württemberger, der auf die hausgemachte Sülze schwört, über den

Leipziger, der stets nach einem Rostbrätel á la Lippold verlangt, bis hin zu den Bodelwitzern und Auswärtigen, die das Haus während der „altdeutschen Wochen" (im Januar) erobern, wenn nach überlieferten regionalen Rezepten und historischen Kochbüchern gekocht wird. Dann locken schon fast vergessene Speisen wie „Grüne Zampte" und Erdäpfeldetscher, Steckrübensuppe und gefüllte Täubchen oder gebackenes Blut und Karpfen blau. Beim Essen sitzt man rustikal auf einer gemütlichen Holzbank am Kachelofen oder an alten Skattischen auf urigen Kneipenstühlen. Wer genau hinschaut, bemerkt schon die nächste Kuriosität: Fast alle Stuhllehnen tragen „Bisswunden"! Die tief hineingeschlagenen Narben verdanken sie einem traditionellen Wettbewerb aus den 40er Jahren, bei dem jener siegte, der seinen Stuhl mit den Zähnen hochheben konnte. Ein wunderlicher Brauch, den die geselligen Bodelwitzer heute noch toppen – mit einem „Kloßschießen" zur Kirmes, an jedem 1. Advent im Saal des „Grünen

Baums". Dabei sind die Thüringer Klöße sehr liebevoll handgemacht und eigentlich eine leckere Beilage zu vielen der gutbürgerlich zubereiteten Gerichte. Heidrun und Gerda Lippold (Mutter und Großmutter von Marcel) haben in internationalen Kochbüchern gestöbert, alte Familienrezepte gesammelt und damit eine abwechslungsreiche Speisekarte zusammengestellt, die jahreszeitlich mit Wild-, Fisch- oder Spargelgerichten ergänzt wird und bei Bedarf auch leichte, international beeinflusste Gerichte bietet. Eine Spezialität des Hauses ist die „Goethepfanne" mit zarten Filetmedaillons an Letscho, Kräuterbutter, Bratkartoffeln und Buttergemüse, aber auch das Lammgeschnetzelte mit Spinat, Tomaten, Oliven und Kroketten. Steakvariationen, eine große Auswahl an Thüringer Gerichten sowie Fischvarianten bedienen die unterschiedlichsten Gästewünsche. Aus dem eigenen Backofen gibt es sogar sonntags frisches Brot und täglich verschiedene Blechkuchen. Das in der Küche verwendete Obst und Gemüse kommt aus dem Haus-

garten. Selbst gemacht sind auch sämtliche Salate, vom Kartoffelsalat bis zum Tzatziki. So viel Handarbeit verlangt viele Helfer. Da aber bei den Lippolds fünf Generationen unter einem Dach leben, ist keine Not. Selbst Urgroßmutter Elli hilft noch, wo sie kann. Die Familie rückt vor allem dann zusammen, wenn eine der zahlreichen Veranstaltungen ansteht. Räumlichkeiten dafür gibt es genügend: die Turnerstube, den Saal, den idyllischen Biergarten oder das im Stil der 20er Jahre restaurierte Fabrikgebäude („lippi's Fabrik") – ein architektonisches Kleinod, das neben einem schicken Gewölberestaurant eine Cocktailbar und Seminarräume birgt und vor allem der Musik, Kultur sowie einem guten Essen dient. Jeden Samstag spielen Musiker live auf, donnerstags gibt's Hits der vergangenen Jahre und jeden letzten Sonntag im Monat Brunch. So hat sich vor allem Marcel Lippold (wie alle seiner Vorfahren) einen Traum erfüllt. Auch seinem Urahn, Johann Michael Lippold, würde es hier gefallen.

Thüringer Erdäpfeldetscher

Zutaten

1 kg mehlig kochende Kartoffeln

1 Prise Salz

1 Ei

2 El Milch

150 g Mehl

100 Zucker

125 g Butter

500 ml Milch

Zubereitung

Die Kartoffeln am Vortag gar kochen. Dann schälen, durch die Kartoffelpresse drücken und auskühlen lassen. Am folgenden Tag das Ei, die Prise Salz und 2 El Milch hineinkneten und einen festen Teig zubereiten. Nach und nach das Mehl dazugeben, bis ein fester Teig entsteht, der nicht klebt. Den Teig auf einem gut bemehlten Brett (nicht zu dick) ausrollen, viereckige Stücke ausschneiden und diese auf beiden Seiten auf der heißen Ofenplatte backen. Danach in einer Kasserolle die Butter zerlassen und die Milch dazugeben. Mit der Masse die gebackenen Detscher bestreichen und zuckern. Die fertigen Detscher aufrollen und auf einem Teller anrichten. Zum Schluss nochmals buttern, zuckern und heiß servieren. Dazu reicht man eine Tasse Kaffee oder – wie zu Großmutters Zeiten – Malzkaffee.

LOBENSTEINER MARKT-STUBEN

Das schöne Lobenstein liegt von dichten Fichten- und Kiefernwäldern umgeben zwischen dem Thüringer Schiefergebirge, dem Saaletal und dem Frankenwald. Ist die Umgebung schon einen Ausflug wert, lohnt sich ein Besuch des Städtchen Lobenstein erst recht. Von 1647 bis 1824 war das heutige Heilbad Haupt- und Residenzsitz des Fürstentums Reuß. Sehenswerte architektonische Hinterlassenschaften wie Neues Schloss, Alte Wache, Gartenpavillon im Kurpark und Wagenremise erinnern an die einst fürstlichen Zeiten. Eine Tradition, die in Lobenstein seit Jahrhunderten gepflegt wird, ist das Kuren. Eisenhaltige Quellen und reichliche Moorvorkommen sowie das milde Reizklima führten bereits im Jahr 1864 zur Einrichtung eines Eisenmoorbades. Unter dem Motto „Moor-Wasser-Licht" hat heute die „Ardesia-Therme" die gesundheitsfördernde „Erbschaft" übernommen. Wer in der Therme entspannt und im Moor gebadet hat, kann sich anschließend von Hermann Stiegler verwöhnen lassen. Der Gastwirt hat vor mehr als zehn Jahren mit einem Umbau vom Keller bis zum Dach das ehemalige Marktcafé in einen gemütlichen Gasthof mit Hotelbetrieb verwandelt.

Seitdem lädt er in die „Lobensteiner Marktstuben" zum Speisen und Übernachten ein. 13 behagliche Gästezimmer mit romantischem Flair, das gemütliche Restaurant, der komfortable Gesellschaftsraum, die Hobbymalereien des Gastgebers im ganzen Haus sowie eine familiäre, fröhliche Atmosphäre und die Köstlichkeiten aus Küche und Keller zeichnen das Haus aus. Etwas ist anders als andernorts: Hier kocht der Chef selbst. Hermann Stiegler tummelt sich dabei gleich auf mehreren kulinarischen Spielwiesen. Ob Thüringer Küche, Lobensteiner Spezialitäten oder feine internationale Gerichte – der Küchenmeister zelebriert die Vielfalt regionaler und überregionaler Speisenfolgen mit großer Leidenschaft. Handgemachtes aus hiesigen Zutaten und Frische stehen dabei im Vordergrund. Ob Thüringer Roster, Nudeln oder Hirschschinken – nichts ist außer Haus zubereitet, sondern alles in des Meisters Küche hergestellt. Selbst die

Lobensteiner
Markt-Stuben
Gasthof & Hotel

Hermann Stiegler
Markt 24
07356 Lobenstein

Telefon   03 66 51 - 82 70
Telefax   03 66 51 - 8 27 27

Lobensteiner Bröckelbacks mit frischen Waldpilzen der Saison

Zutaten

Waldpilze
gekochte Pellkartoffeln
frische Kräuter
Zwiebeln
Majoran
Pfeffer, Salz
Speck
gemahlener Kümmel
Butter

Zubereitung

Die gekochten Pellkartoffeln werden mit den frischen Kräutern, Zwiebeln, Majoran, Pfeffer und Salz durchgedrückt und mit Speck in der Pfanne gebraten.

Die Waldpilze der Saison werden mit Speck und Zwiebeln in einer Kasserolle angebraten und mit Salz, Pfeffer sowie einer Messerspitze gemahlenem Kümmel gewürzt. Das Ganze wird gut durchgeschmort und mit einem Stich Butter verfeinert.

Kräuter wachsen im eigenen Garten, darunter so seltene wie Ananassalbei, Ysop oder Süßdolde. Gebraten wird nur mit guter Butter und an Salat kommt reines Olivenöl. Den Appetit anregen sollen beispielsweise Backpflaumen mit magerem Bauchspeck umwickelt, kross gebraten an einer mit Pernod abgeschmeckten Käsesoße oder auch ein Carpaccio vom wacholdergeräucherten Hirschschinken. Thüringer Hochzeitssuppe misst sich mit einem Hummercremesüppchen, ein Doradenfilet mit gebratenen Champignons in pikant indischer Soße mit hausgemachten grünen Kartoffelpuffern an in Speck angebratenen geschmorten Waldpilzen. Deftig-köstlich und eine Lobensteiner Spezialität ist die „Marktstuben-Pfanne" mit zart gebratenen Schweinefleischstreifen, Pilzen und Bauernwurst an Sauerkraut und Bröckelbacks. Saisonale Empfehlungen und Steakvariationen wie Filetsteak unter einer Kräuterkruste an grüner Pfeffersoße, Salate und eine vielversprechende Dessertkarte lassen kaum einen Gourmetwunsch offen. Die jeweils passenden Weine finden sich im gut gefüllten Gewölbekeller. Die ausgewählten Rebensäfte werden auch hervorgeholt, wenn wieder einmal ein Länderabend ins Haus steht. Dann versammeln sich die Teilnehmer zu einem festlichen Menü und genießen die feinen, nach der jeweiligen Landestradition zubereiteten Speisen im Duett mit feinen Weinen. Aber Hermann Stiegler ist nicht nur kulinarischer Reiseleiter, Meister seines Faches, Hobbymaler und Gastgeber. Das Multitalent versteht sich auch aufs Musizieren. Alle sechs bis acht Wochen gibt es im Saal Tanzmusik. Dann zupft der zu vielem Berufene mit Leidenschaft die Rhythmusgitarre.

SCALA DAS TURMRESTAURANT

Scala
Das Turmrestaurant

Andreas Machner
Leutgraben 1
07743 Jena

Telefon   0 36 41 - 35 66 66
Telefax   0 36 41 - 35 66 67

Über den Wolken zwar nicht, aber dennoch dem Himmel sehr nah speist man im „Scala", dem Turmrestaurant von Jena. In 128 Metern Höhe werden Gaumen und Augen auf das Angenehmste verwöhnt. Doch zuerst einmal muss man hinauf. Sportliche Leute entscheiden sich für die Treppen, 726 Stufen sind zu erklimmen. Wer es weniger anstrengend mag, nimmt den Fahrstuhl, um den Intershop-Tower, das höchste Wahrzeichen der Stadt, zu bezwingen. In 32 Sekunden wird man bis in die 28. Etage hinaufgebeamt, dann geht es zu Fuß wieder eine Treppe hinab. Da beginnt der Showdown, denn schon während man das Restaurant betritt, kann man den wunderbaren Panoramablick auf die Stadt und das Saaletal genießen. Die Aussicht ist wahrlich atemberaubend und bleibt vollständig: Die Fenster sind bodentief. Auch wenn manche Jenenser den zylinderförmigen Tower verächtlich „Keksrolle" nennen, mit der sie nicht gerade das große Los gezogen zu haben glauben: Hier oben entpuppt sich die Architektur als Hauptgewinn. Denn egal, wo man auch Platz nimmt, in jeder Biegung zeigt sich ein anderes be-

eindruckendes Stückchen Jena. Und die Sehenswürdigkeiten der Umgebung lassen sich ebenfalls von hier aus erkennen, ob Kunitzburg, Jenzig, Fuchsturm, Bismarckturm oder Napoleonstein – der Blick schweift frei und weit und findet immer wieder einen neuen Anziehungspunkt. Anziehend ist auch das Ambiente im Restaurant selbst. Andreas Machner, Inhaber des „Scala", hat es geschafft, das Außen und Innen wirklich gelungen zu verbinden. So beherrscht die runde Form der Towerhülle auch das aus edlen Materialien bestehende Interieur – vom Mobiliar, das viel Bewegungsfreiheit lässt, über die geschwungene Raumdecke, die überraschende Spiegelungen zurückwirft, bis hin zu Lampen und Geschirr. Die Klarheit und Konsequenz der Innenausstattung sowie die Reduktion auf wenige pastellige Farben und die wunderschöne, auf die Region Bezug nehmende Malerei von Frank Rub tragen zum Wohlgefühl des Gastes bei und lassen ihn sich auf einen weiteren Höhepunkt konzentrieren: die Symphonie der Speisen. Denn jetzt, nach der Ouvertüre, das Landschaftspanorama und Restaurantambiente geboten haben, soll der junge, aber welterfahrene

Küchenchef Christian Hempfe den Dirigentenstab übernehmen und sein Konzert für die Sinne darbieten. Das tut er mit einer leichten, frischen und ideenreich komponierten Speisenfolge, die bisher jeden Tester von bekannten Restaurantführern angenehm überrascht hat. Mediterran vertont und gespickt mit asiatischen Elementen kommt zum Beispiel ein Mango-Curry-Schaumsüppchen mit Poularden-Tandoorie-Spieß daher, eine Augenweide sind auch die Mille Feuille von geräucherten Jacobsmuscheln und Brickteigblättern mit weißem Tomatenreis und das Duett von Seeteufel und Lachs auf Limonenstringozzi und Tomatenconfit. Thüringer Kochtraditionen gehören nicht zum Standard, werden aber hin und wieder vom Küchenchef gern zitiert, beispielsweise mit einem Thüringer Rinderfilet auf Kartoffelschaum mit glaciertem Karotten-Zucchini-Gemüse und Portweinjus. Das gesamte Repertoire der „Scala"-Küche könnte man auf einer der zahlreichen Veranstaltungen kennenlernen, die Andreas Machner kreiert hat – vom Theaterspiel über Modenschauen und Silvesterparty bis hin zum Goethe- und Winzerabend oder der kulinarischen Zeitreise „5 Gänge aus 5 Jahrhunderten". Unter dem Motto „Tagen & Erleben" übernimmt der multitalentierte Restaurantchef zudem für Firmen und Gesellschaften die Organisation von Festen, Feiern oder Tagungen inklusive Rahmenprogramm und feiner Küche.

Dafür öffnen sich dann auch die Türen der Tagungsetage im 27. Stockwerk des Towers oder im Panoramabankett im 29. Obergeschoss. Wer von dort hinunterschaut auf das Spielzeugland, sollte allerdings schwindelfrei sein. Dann steht einem erhebenden visuellen und kulinarischen Höhenflug, 134 Meter über der Erde, nichts entgegen.

Mit Tomatenpesto und Spinat gefülltes Kalbsfilet

Zutaten

300 g eingelegte Tomaten

1 Knoblauchzehe

80 g Parmesan

50 ml Olivenöl

30 g Pinienkerne

2 Kalbsfilets

500 g Spinat

200 g Schweinenetz

Zubereitung

Für das Tomatenpesto die eingelegten Tomaten, geschälten Knoblauch, Parmesan, Pinienkerne und Olivenöl mit einem Mixer kräftig pürieren. Für das Kalbsfilet zunächst den Ofen auf 180 °C vorheizen. Dann die Kalbsfilets der Länge nach tief einschneiden und aufklappen. Beidseitig mit Salz und Pfeffer bestreuen sowie mit Tomatenpesto und Spinat füllen. Das Fleisch über der Füllung zusammenfalten, zusammenbinden und anschließend mit einem Netz überziehen oder einwickeln. Die Filets in einen Bräter legen, mit Öl bestreichen, würzen und anbraten. Nach dem Anbraten im vorgeheizten Ofen ca. 10 Min. garen. Das Fleisch nochmals 5 Min. ruhen lassen und dann in dünne Scheiben schneiden. Mit Basilikumlinguine und Ratatouille-Soße anrichten.

Guten Appetit!

ZUR NOLL

Gastgeber. Ihr Haus ist ein beliebter Treffpunkt für Menschen aller Coleur. Studenten und Professoren, Geschäftsleute und Touristen, Künstler und Musikanten, Einheimische und Fremde kehren hier ein und genießen das gemütlich-rustikale Ambiente und die kreative Küche. Dass sich jeder sofort pudelwohl fühlt, liegt an der familiären Atmosphäre, die im Lokal herrscht. Die Jahns haben viele Stammgäste, kennen aber auch jene, die nur ab und zu vorbeischauen, persönlich. Das Gastwirtspaar pflegt nämlich eine Tugend, die in Zeiten hektischer Betriebsamkeit rar geworden ist: Es vergräbt sich nicht in Küche und Büro, sondern geht auf jeden Gast zu, macht sich bekannt und kommt mit ihm ins Gespräch. Derart freundlich aufgenommen sucht sich jeder sein Plätzchen. So verschieden wie die Menschen, die sich in der „Noll" treffen, so unterschiedlich sind auch die Räume, in denen man sich niederlassen kann. Das Gasthaus verfügt über vier Etagen. In den Obergeschossen sind Pensionszimmer untergebracht, in denen man sich nach einer

Zur Noll

Familie Jahn
Oberlauengasse 19
07743 Jena

Telefon   0 36 41 - 44 15 66
Telefax   0 36 41 - 44 15 66

Mitten in der Innenstadt von Jena, in einem hübschen, kleinen Gässchen, hinter einem niedrigen, steinernen Eingangsportal aus dem 16. Jahrhundert und einer reich verzierten Holztür verbirgt sich das urige Hotel und Restaurant „Zur Noll". Seit 1995 schwingen Michaela und Andreas Jahn in dem traditionsreichen Gasthaus das Zepter – sie als Managerin, er als Küchenchef und beide gemeinsam als hingebungsvolle

ausgedehnten Erkundungstour durch die Universitätsstadt Jena, durch ihre schöne, waldreiche Umgebung und nach einem leckeren Abendbrot im Lokal zur Nachtruhe betten kann. Das zweite Geschoss beherbergt neben dem Burschenzimmer einen sonnigen Wintergarten, dessen Glasdach einen freien Blick in den Himmel erlaubt. Das Restaurant im Erdgeschoss mit seinen fein gedeckten Tischen, den romantischen

Nolls Bäckerbackofen

Zutaten

450 g Rinderfilet
450 g Schweinefilet
80 g Schinkenspeck
750 g Kartoffeln
150 ml Fleischbrühe
4 El Molke
1 Zwiebel
800 g Waldpilze
Lauch
Majoran
Salz, Pfeffer

Zubereitung

Für das Gericht (4–6 Personen) die Kartoffeln in dünne Scheiben schneiden. Einen Steinguttopf mit einer Speckschwarte und Knoblauch ausreiben. Den Topf in Schichten füllen, zuerst mit Kartoffelscheiben, dann mit Schinkenspeck, Zwiebeln und Lauch, die gleichmäßig über die Kartoffeln verteilt werden. Dazu gibt man etwas Fleischbrühe und Molke. Die Zutaten dreimal im Topf übereinander schichten. Jede Schicht salzen und pfeffern und je nach Geschmack Majoran, Salbei, Thymian oder Wacholder zugeben. Den Topf im Ofen bei 220 °C 20 Min. vorgaren. Die Waldpilze in Öl oder Butter anschwenken. Die Filetstückchen pfeffern und salzen, in der Pfanne leicht anbraten. Den Topf aus dem Ofen nehmen, die Filetstücke und Pilze großzügig auf den Kartoffeln verteilen, danach den Topf gut verschließen. Bei 180 °C noch einmal 20 bis 25 Min. garen lassen.

Landschaftsbildern und einem großväterlichen Ofen ist ebenfalls urgemütlich. Zahlreiche, zum Teil historische Musikinstrumente zeigen, dass hier auch mit Lust gefeiert wird. So lädt Andreas Jahn zweimal im Jahr an einem Sonntagnachmittag zur Küchenparty ein. Dann kocht der Chef mit bis zu 25 Gästen, danach wird bis spät in die Nacht gemeinsam gegessen, ein Rebentröpfchen genossen, Musik gemacht und getanzt. Ebenso beliebt wie die Küchenpartys sind die Live-Musik-Abende, die jeden 1. Samstag im Monat im Restaurant oder im überdachten Biergarten stattfinden. Ein weiterer Höhepunkt im Jahreskalender der Jahns und ihrer Gäste ist der 3. Donnerstag im November: Dann kommt des Nachts der frische Beaujolais Primeur ins Haus. Die Begrüßungsparty für den jungen Rebensaft dauert bis zum darauf folgenden Samstag und wird kulinarisch mit französischem Käse und köstlichen Lammgerichten umrahmt. Köstlich sind eigentlich alle Gerichte, die Andreas Jahns Küche verlassen. Seine Speisekarte zeigt sich umfangreich und vielfältig. Von Thüringer Spezialitäten wie mit Gurken, Speck und Zwiebeln gefüllten Rouladen mit Preiselbeerrotkohl und Schmelzklößen über Hauskreationen wie „Nolls Bäckerbackofen" – ein im Steinguttopf aufgeschichtetes Fleisch-Pilz-Kartoffel-Schmankerl – und „Nolls Fitnessteller" mit gebratener Poulardenbrust und frischen Früchten an verschiedenen Salaten bis hin zu mediterranen Rezepten wie Lammkarree in Kräuterkruste mit Paprikagemüse beherrscht der Küchenchef die gesamte Klaviatur der Kochkunst. Apropos Kunst: Alle sechs Wochen gibt es eine Vernissage im Haus. Dann kann man im „Zur Noll" schöne Bilder, feine Speisen und ein uriges Ambiente in ihrer Dreifaltigkeit genießen.

TÖPFERMARKT

Vielfalt und Schönheit der ausgestellten Stücke lassen das internationale Fachpublikum und Sammler ebenso erstaunen wie alle anderen Besucher von nah und fern. Doch gerade für diesen Facettenreichtum und die hohe künstlerische Handwerkskunst ist der Bürgeler Töpfermarkt über die deutschen Grenzen hinaus bekannt. Man flaniert die Marktstraße entlang, während der Blick über bauchiges, salzglasiertes Steinzeug, über handgemalte Fayencen und Keramikschmuck, über robuste Terrakottatöpfe und faszinierende Kristallglasuren schweift, und er bleibt schließlich am „Blau-Weißen" hängen, der traditionellen Bürgeler Gebrauchskeramik. Töpfermeisterin Birgit Greiner, die ein paar Gassen weiter eine der neun Werkstätten betreibt, hat Krüge mitgebracht. Ihr Geschirr unterscheidet sich jedoch von in anderen Werkstätten hergestelltem „Blau-Weißen". Die Meisterin hat die typische Bürgeler Keramik mit vielen winzigen, weißen Punkten auf dunkelblauer Engobe „modernisiert". Während man noch in die Betrachtung versunken ist, hebt gegenüber Musik an. Die fröhlichen Klänge aus Jazz, Swing oder Folk gehören zum Bürgeler Töpfermarkt ebenso dazu wie die Vereine, die ihn mittragen; wie die Gaukler und Schauspieler; wie das abwechslungsreiche kulinarische Angebot mit vorwiegend Thüringer Spezialitäten und Kuchen und das große Feuerwerk am Marktsamstag auf der Festwiese. Zudem umrahmen Schauwerkstätten alter Bürgeler Gewerke wie Korb-

In endloser Reihe strömen die Autos von der B7 kommend, in die kleine Stadt Bürgel. Streckenposten weisen den Fahrern den Weg auf eine große Wiese, die als Parkplatz dient. Die Autos machen Halt, Türen schwingen auf und ganze Heerscharen von Menschen „ergießen" sich auf das weite, grüne Rund. Die Ankömmlinge haben nur eines im Sinn: den Besuch eines der bundesweit ältesten und traditionsreichsten Töpfermärkte. Der Bürgeler Töpfermarkt findet heuer zum 30. Mal statt, und Gäste aus dem ganzen Land und darüber hinaus sind angereist. Der Tag ist sonnig, die Besucher bummeln in Richtung Töpfermarkt, der sich durch den ganzen Ort zieht. Am Eingang entrichten sie einen Obolus, hängen sich die tönerne Eintrittsplakette um und schon kann sie losgehen, die erlebnisreiche Reise durch die zauberhafte Welt der Keramik. Bis zu 95 Keramiker aus mehreren Ländern, von einer Fachjury nach handwerklichem Können und künstlerischer Ausdruckskraft aus fast 200 Bewerbern ausgewählt, zeigen jedes Jahr am letzten Juniwochenende auf dem Bürgeler Töpfermarkt ihre Geschirre und Gefäße, ihre Plastiken und Wohnaccessoires.

Bürgeler Töpfermarkt GmbH

Bahnhofstraße 30
07616 Bürgel

Telefon 03 66 92 – 2 03 47
Telefax 03 66 92 – 3 62 37

macher und Töpferei (Brennen im holz-
beheizten Freifeuerofen) das traditionelle
Markttreiben, das jedes Jahr mehr als
20 000 Gäste in seinen Bann zieht. Alle
sind auch diesmal wieder gespannt, an
wen der jährliche, deutschlandweit ausge-
schriebene Keramikpreis der Stadt Bürgel
vergeben wird. Die dafür eingereichten
Werke sind in einer Ausstellung zu bewundern und zudem zu bewerten, denn auch

von Sachsen-Altenburg über Henry
van der Velde bis hin zu Bürgeler
Töpfermeistern wie Paul und Walter
Gebauer. Heute sind es die traditionsreichen Bürgeler Werkstätten
und Töpferstudios, die Vereine
und ehrenamtlichen Markthelfer,
die den Ruf Bürgels als Töpferstadt hochhalten. Davon kann man
ebenfalls im Museum erfahren.
Neben der Neugier wird dort aber
auch das Auge „bedient". Das kann
sich nämlich satt sehen an feiner
Zierkeramik im Stile der Gotik, des
Barock, der Renaissance und des
Jugendstils, an bäuerlicher Gebrauchskeramik und repräsentati-
ven Schankgefäßen, an Irdenware
und Prunkgeschirren. Freilich gibt
es dort auch das variantenreiche
„Blau-Weiße" zu bewundern. Und
wer wissen will, was Smalte, Mal-
hörnchen und „Blaue Schürzen"
sind, sollte ebenfalls nach Bürgel
ins Museum kommen.

das Publikum darf einen Preis verleihen.
Wer mehr über die bisherigen Preisträger
erfahren möchte, kann das Keramik-Muse-
um in Bürgel besuchen, das vom gleichnamigen Förderkreis getragen wird. Dort
sind prämierte Arbeiten zu sehen. Darüber
hinaus lohnt ein Rundgang durch alle
Räume des Museums, das sich der Bewahrung der historischen und zeitgenössischen
Keramik verschrieben hat und die spannende Historie der Bürgeler Keramik nacherzählt. Die beginnt bereits im 17. Jahrhundert und wurde durch die in der Region
reich vorkommenden Rohstoffe Holz und
Ton begründet. An der Erfolgsgeschichte der
Bürgeler Keramik haben zahlreiche Persönlichkeiten mitgeschrieben – vom das Handwerk fördernden Herzog Friedrich Wilhelm

BIOLANDHOF

Biolandhof

Familie Voigt
Willschütz Nr. 13
07619 Schkölen

Telefon   03 66 94 - 2 28 47
Telefax   03 66 94 - 36 46 40

ie von einem Kulissenschieber an unsichtbarem Seil heraufgezogen schiebt sich weit am Horizont der gelbe Sonnenball langsam den Himmel hinauf. Es ist früh am Morgen und in Willschütz schläft noch alles. Nur eine ist schon unterwegs an diesem Tag, der strahlend und heiß zu werden verspricht. Christa Voigt hat sich wie jeden Morgen um diese Zeit zum Gemüsefeld aufgemacht. Sie will nach ihren Pflanzen schauen und die von der Nacht gebliebene Kühle nutzen, um zu jäten und zu ernten. Schön ist es hier draußen, denkt sie, und lässt die Blicke über das Land schweifen. Das Gemüse steht gut im Saft, ein paar sich keck dazwischen drängende Unkräuter sind schnell gerupft – die Ernte wird reich ausfallen. Während sich die Bauersfrau der Bohnenpflücke widmet, hat auch Gottfried Voigt dankbar den neuen Tag begrüßt und

sich den Arbeitsanzug übergezogen. Mit einer großen Fuhre Kartoffeln, Grünfutter und Getreideschrot zieht er in den Schweinestall. Dort wittert ein Dutzend rosa Rüssel schon die Morgenmahlzeit und empfängt den Hausherrn mit einem Grunzkonzert. Bei Volkmar Voigt in der Backstube ist deutlich das Klappern von Schüsseln zu hören. Der Biobauer will morgen Brot backen und setzt Sauerteig an. Danach geht's mit Vater Gottfried aufs Feld: Getreidedrusch und Kartoffelernte warten. Mähdrescher und Rodemaschine tuckern übers Land, die Sonne steht hoch, der Mittag naht. Die Männer haben sich eine Pause verdient. Volkmars Frau Annett ist aufs Feld gekommen, hat drei der fünf Kinder mit und das Mittagessen im Gepäck. Auch wenn seit dem Morgen viel geschafft ist, wissen alle, dass der Tag noch lang wird

zum Nackthafer – gedeihen auf dem 38 Hektar großen Land der zum Verband „Bioland" gehörenden Familie, die seit dem 16. Jahrhundert im 50-Seelen-Dorf Willschütz ansässig ist. Die Biobauern verkaufen ihr aufwändig gezüchtetes Obst und Gemüse freitags im Hofladen und samstags auf dem „Grünen Markt" in Jena. Im Sommer geht es auf den Bürgeler Töpfermarkt, Ende September zum Erntedankfest nach Gera oder aber auch in Kisten verpackt direkt an die Haustür des Kunden, der Nachschub bestellt hat. Anderes, wie Getreide und Fleisch, verarbeitet die Familie zu köstlichen Kulinarien. So mahlt Volkmar Voigt in der hofeigenen Mühle sein Getreide selbst und bäckt daraus 15 verschiedene Sauerteig-Vollkornbrote.

Es gibt Dinkelbrot, das nach Hildegard von Bingen den Körper „wärmt", Kräuterbrot mit frischem Knoblauch, würziges Hanfbrot, feines Toastbrot, deftiges Bauernbrot, knackiges Nussbrot mit Walnüssen, das Kernige, in dem sieben verschiedene Kornsorten stecken und ein schmackhaftes „Muffelbrot", das mit seiner Luftigkeit skeptische Vollkorneinsteiger überzeugen soll. Vortrefflich ist auch die Wurst, die Bauer Voigt gemeinsam mit einem Hausschlächter zuzubereiten versteht. Die Schweine dürfen über ein Jahr alt, ordent-

lich fett und saftig im Fleisch werden, bevor geschlachtet wird. In der Wurstküche entstehen dann würzige Leber-, Blut- und Bratwürste sowie Sülze und Speck. Wer kosten möchte, kommt Anfang Juni zum Hoffest nach Willschütz. Dann krempelt Mutter Christa die Ärmel hoch und backt auf bis zu 50 Blechen verschiedene Hefekuchen. Vater und Sohn gehen mit den Gästen auf Feldrundgänge, während die Besucherkinder auf dem Traktor mitfahren dürfen, Ponys reiten, aus Flachs Seile drehen, Heukränze winden und töpfern. Der Möhrenkeller verwandelt sich in eine stimmungsvolle Bildergalerie, den ganzen Tag spielt Musik und Wissensdurstige treffen sich an den Infotischen von Bioland, Greenpeace oder Thüringer Ökoherz und testen bei Quizspielen ihren Kenntnisstand. Geht dann der Tag erfüllt zu Ende, bringt Annett Voigt ihre Kinderschar ins Bett, fährt Volkmar den Mähdrescher in den Hof, kratzt Mutter Christa die letzten Kuchenkrümel vom Blech. Die Abenddämmerung bricht herein und Vater Gottfried schließt das Hoftor.

und viele arbeitsreiche Stunden vor ihnen liegen. Biologisch streng kontrollierte Landwirtschaft ist mühselig, doch die Voigts, die wie ihre Vorfahren schon seit Generationen umwelt- und gesundheitsbewusst leben und arbeiten, können sich nichts Schöneres vorstellen. Der Trend gibt den Biobauern recht und belohnt sie für ihre Mühe: Immer mehr Menschen suchen nach ökologisch angebautem Obst, Gemüse und Getreide, das naturbelassen und frei von chemischen Behandlungsprozeduren und Zusätzen ist. Die urgesunden, ökologisch herangezogenen Nahrungsmittel wie Kartoffeln, Obst, Gemüse und Getreide – vom Dinkel über Weizen und Roggen bis hin

KAFFEEHAUS GRÄFE

Kaffeehaus Gräfe

Wilfried Gräfe
Kleiner Brühl 2
07607 Eisenberg

Telefon   03 66 91 – 5 29 36
Telefax   03 66 91 – 5 29 37

𝒟as wolkige Gebirge, das da vor mir auf dem Teller liegt, ist allein schon fürs Auge ein Leckerbissen: zartgelb die Hügel und Täler, die Gipfel mit pudrigem Zucker bestäubt. Die gebackene „Mittelgebirgslandschaft" ist federleicht und duftet nach Butter und Vanille. Prophetenkuchen nennt sich diese Eisenberger Spezialität. Sie wird in Wilfried Gräfes Backstube täglich frisch gezaubert und in alle Welt versandt. Sogar in Hawaii verspeist man Prophetenkuchen aus Eisenberg. „Am besten schmecken die Täler", verspricht der Chef und hat Recht: Das buttrige Stückchen unterhalb eines Hügels zergeht auf der Zunge. Eine Erklärung, warum der Prophetenkuchen Prophetenkuchen heißt, hat Wilfried Gräfe auch parat. Nach jahrelangen Forschungen über die Namensgebung und umstrittenen Erkenntnissen hat er sich seine eigene Theorie

zurechtgelegt: „Das Gebäck heißt so, weil man Prophet sein muss, um zu wissen, ob es gelingt oder nicht." Nicht jeder bringt nämlich diesen anspruchsvollen Blechkuchen zur Perfektion. Auch wenn das Rezept in fast jedem Thüringer Backbuch zu finden ist: Der Teig für den Prophetenkuchen, auch Aufläufer, Huckelbuckel oder Eisenberger Platz genannt, benötigt eine ganz spezielle Behandlung, die eines der Geheimnisse von Wilfried Gräfe bleibt.

Kein Geheimnis ist, dass die Familie für ihre köstlichen, traditionell hergestellten Back- und Konditoreiwaren in Eisenberg und darüber hinaus schon lange bekannt ist. Vater Walter war seit 1936 in der bereits im 19. Jahrhundert bestehenden Konditorei beschäftigt. Wilfried Gräfe wuchs in der Backstube auf und ging dem Vater schon früh zur Hand. 1990 gelang Wilfried Gräfe schließlich unter schwierigen Bedingungen der Kauf von Konditorei, Bäckerei und Kaffeehaus. Er renovierte das Kaffeehaus, baute eine neue Konditorei und übernahm von einem Freund eine Steinofenbäckerei mit Sitz in Weißenborn. Dort entstehen die in der Region beliebten Weißenborner Doppelsemmeln – „Designerbrötchen mit Charakter", wie Wilfried Gräfe betont, die alle einzeln per Hand geformt, an der Luft gegart und auf dem Ofenherd gebacken

werden. Eine langwierige Prozedur, deren Ergebnisse sich aber sehen und schmecken lassen können.

Seit 1994 ist auch Tochter Daniela im Familienunternehmen. Sohn Mario, gelernter Konditor- und Bäckermeister sowie Betriebswirt des Handwerks und heute Mitinhaber, stieß 2003 dazu, nachdem er sich ein paar Jahre in Europa angeschaut hatte, was andere Fachleute seiner Zunft so machen. Er bereichert die familiäre Bäcker- und Konditorenkunst um feine Pralinenkreationen (30 verschiedene Sorten, die es auch im eigenen Kaffeehaus in Jena gibt) sowie zarte Zuckerbläsereien, die auf den Gräfe'schen Torten ein wahrer Augen- und Gaumenschmaus sind. Unter den Händen der Konditoren entstehen mitunter richtige Kunstwerke. Für eine Hochzeit backten sie einmal die gesamte Leuchtenburg nach mit Wäldern, Häusern, Hochzeitskutsche und Brautpaar. Mehr als drei Wochen Arbeit und etliche Kilogramm Marzipan steckten am Ende in dem süßen Landschaftspanorama. Eine begehrte Süßigkeit sind auch die nach alten Rezepten hergestellten, berühmten

Thüringer Blechkuchen. Die Konditorei wartet mit über 30 Sorten auf, von denen die Landsleute besonders Pflaume, Streusel und Eierschecke lieben. Blechkuchen werden in Thüringen allerorts gebacken, nur wenige jedoch wagen sich an Baumkuchen. Wilfried Gräfe hat die Nische erkannt und bietet das ganze Jahr über diese Spezialität an: in Ringen und als Baumkuchenspitzen. Das mit dunkler Schokolade überzogene Feingebäck geht übrigens gern auf Reisen in alle Welt, wohin ihm in der Weihnachtszeit oft Mandel- und Rosinenstollen, Elisenlebkuchen und Gebäckmischungen mit Zimtsternen, Schokoli und Vanillekipferln folgen. In nicht wenige Pakete, die Eisenberg verlassen, muss Familie Gräfe Prophetenkuchen packen, denn wie gesagt, auch in Hawaii und anderswo liebt man die „Täler und Hügel".

AGRARGENOSSENSCHAFT BUCHHEIM/CROSSEN E.G.

Agrargenossenschaft
Buchheim/Crossen e. G.

Crossener Straße 16/Sitz Etzdorf
07613 Heideland

Telefon   03 66 91 – 5 74 80
Telefax   03 66 91 – 57 48 26

Als attraktives Ausflugsziel im Thüringer Saale-Holzland entpuppt sich der mit Kennerblick fast fertig restaurierte Vierseitenhof der Agrargenossenschaft Buchheim/Crossen in Etzdorf. Eigentlich ist der Hof ein kleines Dorf im Dorf, denn er bietet alles, was das Leben schöner macht: reiche Flora und Fauna, gutes Essen und Freizeitvergnügen, Einkaufsspaß und geistige Anregung. Hinterm Hof erstrecken sich weitläufige Wiesen, auf denen hochbeinige Fohlen um ihre Mütter staksen, Ziegen faul in der Sonne liegen und eine kleine Ponyherde umeinander kreist.

„Zusätzlich zu Hof und Ställen bewirtschaften wir noch 2100 Hektar landwirtschaftliche Nutzfläche" erzählt Joachim Kunze, Vorstandsvorsitzender der Agrargenossenschaft. Darauf gedeihen Getreide, Winterraps, Zuckerrüben, Ackerfutter, Erbsen und Mais. Den Lebenskreislauf des Dorfes im

Dorf schließen Hofladen, Hofschänke, Hoffleischerei, Pferdepension, Reiterhalle und vermietbare Festscheune für bis zu 250 Personen samt Reiterstube. Das kleine touristische Mekka, das sich die Agrargenossenschaft hier geschaffen hat, ist seit 1991 stetig gewachsen. Hervorgegangen aus dem Zusammenschluss ehemaliger landwirt-

schaftlicher Produktionsgenossenschaften, ist das Unternehmen mit heute 50 Beschäftigten Produktionsbetrieb, Erlebnisstätte und Urlaubsadresse zugleich.

Ein sinnliches Erlebnis für sich ist die Hoffleischerei. Vor dem Eingang erinnern historische landwirtschaftliche Geräte an frühere, schwere Ackerbauzeiten. Im Laden duftet es nach Majoran und Thymian, nach Kümmel und Knoblauch, nach frischem Fleisch und frisch geräucherter Wurst von Tieren aus eigener Aufzucht und Verarbeitung. Nur das Wildbret stammt nicht vom Hof, kommt aber aus heimischen Fluren. Die Auslagen des Geschäftes sind üppig ausgestattet mit würzigen Würsten und saftigen Fleischstücken. Fix und fertig zu haben sind unter anderem Gulaschsuppe, Spanferkel- und Krustenbraten, Thüringer Roster und Grillzöpfe, eingelegter Kamm und Schweinebauch, Fleischspieße und Bauernsalat. Wer nicht selbst anrichten will, lässt liefern: Warme Braten, Suppen, Aufschnitt- und Käseplatten kommen hübsch garniert ins Haus.

Gleich um die Ecke hält der Hofladen seine Türen offen. Er wird vom Sozialverein Ländliche Kerne betrieben und ist eine wahre Fundgrube für ökologisch Gesundes und kulinarisch Traditionelles aus der Thüringer Region. Da finden sich Früchte aus Droyßig, Säfte und Gemüse aus Crossen, Käse, Pilze, Tees, Gewürze und Weine von Saale und Elster sowie hausgemachte Marmeladen und Etzdorfer Kutscherbitter aus Neukirch/Lausitz. Die Kulinarien werden

umrahmt von Wolle und Keramik, Korbwaren, kleinen Geschenkartikeln, frischen Kräutern und Pflanzen. Neu im Warensortiment ist das Zubehör für Reitsportfreunde. Ist man erschöpft vom Schauen, Stöbern und Kaufen, kann man sich in der Hofschänke niederlassen. Das bäuerlich-rustikale Ambiente bietet den gemütlichen Rahmen für ein „Essen nach Thüringer Art". Die stets frischen, naturbelassenen Zutaten liefert der Hof – je nach Saison wird die Speisekarte aufgesetzt. Gegessen wird ländliche Hausmannskost, die nach alten Thüringer Küchenrezepten zubereitet wird. Unter dem Motto „Originalität bewahren" lädt Joachim Kunze an so manchem Wochenende hiesige Landfrauen ein, die für ihre Kochkunst be-

rühmt sind. Dann gibt es Sauerbraten von Gertrud Panzer, Rinderbraten á la Rosel Kornmann oder Thüringer Rouladen von Adelheid Ploetz. Die frischen Kräuter für ihre Gerichte können sich die Köchinnen aus dem hofeigenen Bauerngarten holen, in dem alles wächst, was die Jahreszeit hergibt.

Das Motto „Originalität bewahren" gilt auch für das jährliche Hoffest, das die Agrargenossenschaft an jedem 3. Wochenende im Juni veranstaltet. Dann pilgern tausende Besucher von nah und fern nach Etzdorf und genießen das lebendige Treiben, das vor allem moderne Landwirtschaft vermittelt, aber auch mit Spielen, Ausflügen in die Historie, Tanz und Gesang aus der Region unterhaltsam vergeht. Mit dabei sind dann stets die Reitsportfreunde, für die der Hof ebenfalls ein willkommener Treffpunkt ist. Reithalle und Außenreitplatz sowie das umliegende Gelände bieten genügend Raum für Dressur, Springen, Reitunterricht und Ausflüge hoch zu Ross.

HOTEL-HOLZLAND-GASTHOF ZUR KANONE

tüm steht bis heute auf dem Anwesen der Familie Sörgel und gab ihrem Gasthof den Namen.

Seit fünf Generationen erzählen die Familienmitglieder ihren Gästen die Geschichte, während sie Teller auftragen, ein Nachtlager bereiten oder mit ihnen ein Fest feiern. Das historische Fachwerkhaus (mit modernem Hotelanbau) hält dafür gemütliche Plätze frei im Restaurant „Napoleon", im Jägerzimmer oder in der „Alten Stube" sowie im schönen „Kanonengarten". Den erobert gerade eine Reisegruppe. Die Senioren nehmen Platz unter alten, Schatten spendenden Obstbäumen, ordern Kaffee und Kuchen und schwärmen vom gerade beendeten Ausflug ins idyllische Mühltal, das wohl das Schönste in ganz Thüringen sei, von der gestrigen Schiffsfahrt auf den Saaletalsperren, von der barocken Schlosskirche in Eisenberg und den Dornburger Schlössern bei Jena. Alle diese Ziele sind von Tautenhain aus auf kurzen Wegen erreichbar. „Vor allem Touristen machen in unserem Haus Station", bestätigt Jana Sörgel, „wir beherbergen aber auch Tagungsgäste und Geschäftsleute." Die lebendige Historie, der Charme der Wirtsleute, eine originelle Küche, die Lage und das Ambiente des Hauses, das im Inneren mit zahlreichen Familienerbstücken und aufwändigen Malereien ausgestattet ist, zeichnen die gastliche Stätte aus.

Die Speisekarte umfasst eine Vielfalt an Gerichten, die der traditionellen Thüringer Küche entstammen, sich aber auch weltoffen zeigen. Eine Spezialität ist „Napoleons Gefechtspfanne" mit vier verschiedenen Fleischstücken (benannt mit Auerstedt, Trafalgar, Austerlitz und Leipzig) und einem Spiegelei als „Waterloo", dazu werden Sardellenringe, Bratkartoffeln und Salat serviert. Wer die beiliegenden Fragen nach gewonnenen und verlorenen Schlachten beantworten kann, darf sich auf einen kostenlosen Siegestrunk freuen.

Ansprechend und lecker präsentiert sich auch das Lachsfilet an Spargel, mit Zitronenbuttersoße und Herzoginkartoffeln.

Hotel-Holzland-Gasthof
Zur Kanone

Stefan Sörgel
Dorfstraße 3
07639 Tautenhain

Telefon   03 66 01 – 4 05 11
Telefax   03 66 01 – 4 05 15

Es war ein blutiger Feldzug, der Napoleons Heer im Oktober 1806 durch Jena-Auerstedt führte. Bevor der kleingewachsene General mit dem großen Hut die Schlacht gegen die preußischen Truppen gewann, erreichte er von Gera kommend auf dem Weg nach Jena das Holzlanddorf Tautenhain. Der Legende nach wurde eine Rast eingelegt am hiesigen Gasthof, die Soldaten speisten und tranken und brachen wenig später auf. Zurück ließen sie eine ihrer Kanonen. Das imposante Eisenunge-

Marinierte Wildhasenkeule

Zutaten

1/2 l Rotwein

Wacholderbeeren

Lorbeerblatt

Rosmarin

1 Zwiebel

4 Hasenkeulen

150 g Speck

Mirepoix (versch. Gemüse)

Wildfond

Salz, Pfeffer

Saure Sahne

Zubereitung

Aus Rotwein, Rosmarin, Lorbeerblatt, Wacholderbeeren und Zwiebel eine Marinade herstellen und die gespickten Hasenkeulen 12 Std. marinieren. Speck auslassen und die Hasenkeulen anbraten. Mirepoix zugeben, mit der Marinade ablöschen und mit Wildfond auffüllen. Mit Salz und Pfeffer würzen und ca. 1 1/2 Std. garen lassen. Soße binden, abschmecken und passieren. Dazu passen Thüringer Klöße und Apfelrotkohl, garniert mit 1/2 Birne mit Preiselbeeren gefüllt.

Kein Wunder, legt doch Küchenchef Thomas Sachse besonderes Augenmerk auf leichte Fischvariationen. Aber auch Wildgerichte und Thüringer Spezialitäten wie hausgemachte Wurst oder Sülze vernachlässigt er nicht. Zur Standardkarte gibt es eine saisonale, die sich im Frühsommer beispielsweise rund um Spargel oder Fisch und im Herbst und Winter um Wild dreht. Dazu kredenzen die Wirtsleute würziges Bier oder süffigen Wein. So kann man in der „Kanone" neben den Köstritzer und Wernesgrüner Bieren ein Kellerbier der Brauerei St. Georgenheim aus Buttenheim probieren, das seit 1624 als ungespundetes, unfiltriertes Bier gebraut und im Steinkrug aufgetragen wird. Neben anderen guten Tropfen gibt es, um die Geschichte lebendig zu halten, vom Thüringer Weingut in Bad Sulza extra für den Gasthof einen „Duc d'Aversteadt", einen trockenen Rotwein, gewachsen auf dem historischen Territorium der Schlacht bei Auerstedt.

Höhepunkt des Jahres für Einheimische und Auswärtige ist das Kanonenfest, das jedes letzte Septemberwochenende im Freigelände des Sörgel`schen Anwesens begangen wird. Dann schlagen Männer in historischen Kostümen ihr Zeltlager auf und stürzen sich ins Kampfgetümmel, während Händler und Handwerker, Gaukler und Musikanten ihre Stände und Bühnen aufbauen. Heiß begehrt ist auch das nur im Gasthof „Zur Kanone" zu erringende „Holzländer Patent". Wie Sie dazu kommen, verrät Ihnen Jana Sörgel bei einem Besuch in Tautenhain.

LANDIDYLL-HOTEL „ADLER"

„Treten Sie ein, Sie werden sich bei uns wohlfühlen und die ländliche Lebensfreude genießen", so lauten die ersten Worte, mit denen Neuankömmlinge per Handschlag begrüßt werden. Der Charme des Empfangs bleibt keine leere Versprechung. Die Gastgeber und ihre 15 Mitarbeiter sind aufmerksam und flink, die Küche ist hervorragend und das Haus mit Blick fürs schöne Detail eingerichtet. So kann der eintretende Gast im Restaurant zwischen verschieden ausgestatteten „Nischen" wählen. Manchem mag es als stilistisches Sammelsurium erscheinen, doch das variantenreiche Ambiente hat Konzept. Jeder soll seine Lieblingsecke finden. Sitzt der eine lieber auf hochlehnigen Stühlen mit Hussen an elegant eingedeckten Tafeln, so bevorzugt der andere mehr den rustikal-ländlichen Restaurantteil. Wertvolle Antiquitäten, die von den Gastgebern seit langem gesammelt werden, sind ebenso wie wunderschöne, alte Gobelins und Landschaftsbilder als Blickfänge sinnvoll integriert. Das Einrichtungskonzept wird in den 42 Zimmern des Hotels harmonisch abgerundet. Auch hier kann der Gast wählen, wo sein Nachtlager aufgeschlagen werden soll: im zeitlos-modernen Umfeld, im Jugendstil oder in einer gemütlichen, an das 17. Jahrhundert erinnernden Bauernstube. Als Betthupferl gibt's gesundes, frisches Obst statt Schokolade und die Getränke purzeln nicht aus der stummen

Das Hotel „Adler" liegt eingebettet zwischen Wiesen, Wäldern, Teichen und Fachwerkhäusern nur ein paar Autominuten entfernt von der A9 im Viereck von Gera, Weida, Triptis und Jena. Seit mehr als 134 Jahren empfängt das Haus Gäste. Nach wechselnden Besitzern führen seit 1990 Anita und Michael Fiedler Haus. Hof sowie Geschäfte und haben das Hotel zu einer unverwechselbaren Herberge für Touristen, Geschäftsleute und Tagungsteilnehmer gemacht.

Landidyll-Hotel „Adler"

Anita und Michael Fiedler
07589 Harth-Pöllnitz
Großebersdorf 22

Telefon   03 66 07 - 50 00
Telefax   03 66 07 - 5 01 00

Minibar, sondern werden vom freundlichen Zimmerservice gebracht.

Auch Tagungsgäste fühlen sich im „Adler" pudelwohl, selbst wenn ihr Tagwerk anstrengend ist, denn die vier Seminarräume für zehn bis 50 Personen bieten räumliche Bedingungen, unter denen sich konzentriert, aber nicht ermüdend lernen lässt: modern-

ste Technik integriert in traditionelle Holzbalkendecken-Architektur, ergonomische Möbel und Tageslicht durch „Rundum-Fenster" mit Blick ins Grüne. Wer sich entspannen will nach getaner Arbeit, fragt nach Nabhi, Padabhyanga, Ubatana oder Shiroabhyanga – Ayurveda-Massagen, die Körper und Seele zum Schwingen bringen. Gekrönt werden kann das Erlebnis von einem feinen Essen. Küchenmeisterin Anita Fiedler kocht frisch und leicht, thüringisch abgewandelt und international. Zahlreiche Stammgäste kommen extra wegen ihrer Kochkunst nach Großebersdorf. Soßen und Fonds werden noch von Hand gemacht, Zutaten „aus der Tüte" gibt es nicht, Fleisch, Wild, Eier, Obst, Gemüse und Kräuter liefern Bauern aus der Umgebung. Zur viermal jährlich wechselnden, noch handgeschriebenen Karte gesellen sich saisonale Gerichte vom kulinarischen Jahreskalender. Menüs dürfen gern „auseinandergepflückt" werden, Kinder und Wenigesser bekommen auf Wunsch halbe Portionen. Die Liaison von thüringischer und Weltküche zeigt sich beispielsweise im trauten Nebeneinander von Soljanka und Minestrone, von Wild-

schwein-Sauerbraten mit Preiselbeersoße, Apfelrotkohl mit Thüringer Wickelklößen und Perlhuhnpiccata im Käsemantel auf Tomatenragout und glacierten Bandnudeln oder von Zanderfilet mit Kartoffelschuppen und gebackener Dorade auf Zucchini-Kartoffelragout. Enden könnte man mit Mangosoufflé mit Grenadinezabaione und

Mangospalten, einer eisigen „Fruchtspielerei" mit heißen Himbeeren oder einem Stück vom hausgemachten Blechkuchen mit Sahneklecks. Spätestens jetzt, nach Abschluss des Mahls, weiß jeder, was mit dem „Genuss ländlicher Lebensfreude" gemeint war.

Lammkrone auf Ratatouille mit Knoblauchpüree

Zutaten

4 kg Lammkrone
600 g Tomaten
600 g Zucchini
600 g Paprika
100 g Ketchup
0,1 l Sahne, 0,2 l Mazolaöl
2 Eier, 200 g Butter
50 g Petersilie
Schnittlauch
1 Schale Kresse
100 g Semmelmehl
Salz, Pfeffer, Muskat
Thymian, Basilikum, Oregano
1 1/2 kg Kartoffeln
1/2 l Milch
Knoblauch gepresst

Zubereitung

Das Fleisch an den Rippenknochen leicht einschneiden und nach unten drücken. Mit einem Faden zusammenbinden. Mit Salz und Pfeffer würzen, von allen Seiten mit Öl anbraten und danach 10 min. bei 190 °C im Kombidämpfer backen. Aus Semmelmehl, Ei, Butter, Petersilie, Kresse und Schnittlauch eine Masse herstellen, diese auf die Lammkrone streichen und kurz mitbacken, bis eine goldbraune Farbe erreicht ist. Tomaten, Zucchini und Paprika in Würfel schneiden, anschwitzen, mit Ketchup und Sahne ablöschen und würzen. Kartoffelpüree mit Knoblauch versetzen.

LANDHOTEL & GASTHOF „ZUR GOLDENEN AUE"

Hoteleingang in den Himmel ragt. Mühelos vier Wochen Urlaub ließen sich hier verleben, jeden Tag auf einem anderen Kurztrip unterwegs. Ich zähle 34 ausgewiesene Ausflugsziele. „Es sind mehr als 50", weist Matthias Schumann auf meine Ungenauigkeit hin. Der gelernte Koch führt das Landhotel samt Restaurant mit seiner Familie in der 7. Generation. Der noch original erhaltene Fachwerkhof aus dem 18. Jahrhundert liegt mitten in der anmutigen Landschaft der Orla- und Roda-Auen. Geprägt ist die Naturidylle des Plothener Teichgebietes, das man auch „Land der tausend Teiche" nennt, von sanften Talmulden, Streuobstwiesen, Bachläufen und Wäldern, die sich bis Saalfeld erstrecken. Viele der landschaftsprägenden Teiche dienen bis heute der einst von Mönchen begründeten Karpfenzucht. Was die Natur an Charme vorgibt, setzt Familie Schumann im Inneren des Hauses fort, so wie es seit fast zweihundert Jahren familiäre Tradition ist. Mit „Atmosphäre, Ambiente und viel Liebe zum Beruf", benennt

Matthias Schumann die drei wichtigsten Werte, die er, seine Frau Jutta und die Söhne Christian und Tobias von den Vorfahren mit auf den Weg bekommen haben. Damit das Ambiente auch weiterhin stimmt, hat die Familie 1990 einen umfangreichen Hausumbau vorgenommen. Das ursprüngliche Gebäudeensemble wurde dabei „umhüllt" – von innen nach außen um komfortable Zimmer, Sauna, Whirlpool und Sonnenbank sowie Tagungs- und

42 Kilometer zu den Saalfelder Feengrotten, 45 Kilometer bis nach Greiz, 18 Kilometer zum Erlebnisbad Zeulenroda und gleich um die Ecke der Reiter- und Ferienhof Storchennest – das Landhotel & Gasthof „Zur goldenen Aue" in Oberpöllnitz bei Triptis ist ein wahrlich günstig gelegener Ausgangsort für spannende Touren durchs Thüringer Land. Sagt jedenfalls der von Gastwirtshand gefertigte und dicht behangene Hinweisschilderbaum, der vor dem

Landhotel & Gasthof
„Zur goldenen Aue"

Mittelpöllnitzer Straße 1
07819 Triptis

Telefon   03 64 82 - 37 00
Telefax   03 64 82 - 3 70 53

Karpfen „blau" mit Gemüse, brauner Butter und Thüringer Klößen

Zutaten

1 Karpfen (4 Pfund)
Salz
Gemüsesud aus Möhren, Sellerie, Zwiebeln, Lorbeerblatt, Piment
Mehl
Butter

Zubereitung

Einen gut gewässerten Vierpfünder-Karpfen schlachten und ausnehmen, portionieren und gut waschen. Von der Innenseite salzen und im vorbereiteten Gemüsesud, bestehend aus geschnittenen Möhren, Sellerie und Zwiebeln mit Lorbeerblatt und Piment, ca. 15 Min. bei 90° C gar ziehen lassen. Mit Butter eine Mehlschwitze vorbereiten, mit dem Fischfond aufgießen und eine Soße zubereiten. Braune Butter zur Verfeinerung auf den Karpfen geben und mit dem Gemüse und der Soße anrichten. Dazu gibt es aus der Schumann-Küche Thüringer Klöße. Guten Appetit!

Konferenzräume erweitert. Dass das Unterfangen gelungen ist, zeigt sich dem Gast, der im Haus spazieren geht. Er sollte dabei unbedingt einen Blick vom oberen Wandelgang in den von alten Fachwerkmauern begrenzten Lichthof werfen. Ländlich-romantisch zeigt sich auch das gemütliche, in der Ausstattung an die Wohnungen wohlhabender Bauern erinnernde Restaurant mit seinen wunderschönen Bleiglasfenstern sowie der Biergarten, in dem uralte Kastanien und Lindenbäume im Sommer kühlen Schatten spenden. Herzstück aber ist der Festsaal mit Bühne und Galerie. 1896 wurde der Hort fröhlicher Geselligkeit angebaut und konnte bis heute seinen Jugendstil bewahren. Den Anblick und das Flair des Saales können vor allem jene Besucher genießen, die im Landhotel auf einer der 150 Veranstaltungen im Jahr verweilen.

LANDHOTEL „ZUR GOLDENEN AUE"/STORCHENNEST

Böhmische Blasmusik oder Weihnachtsrevue, Fischerkirmes oder Hubertusfest – es gibt kaum einen Anlass, den die Wirtsleute nicht zu einem unterhaltsamen Höhepunkt zu gestalten wissen. Ganz besonders beliebt ist „Schumanns Schauküche im Festsaal". Dann bilden Vater Matthias und Sohn Christian (als Küchenchef) ein spannendes Kochduett, das unter dem Motto „Essen als Kulturgenuss" vor den Augen der Teilnehmer ein moderiertes Vier-Gang-Wunschmenü zaubert, beim anschließenden gemeinsamen Verspeisen den passenden Rebsaft kredenzt und die Rezepte hernach gern weiterreicht. Und weil nach dem vierstündigen

Kochevent von Gästen von nah und fern sowie ganzen Reisegruppen immer wieder gefragt wird, hat Familie Schumann schon den nächsten Trumpf in petto: Ab Herbst werden Prominente an den Kochtöpfen stehen und dem Publikum zeigen, wo bei ihnen „der Löffel hängt".

Bei den Schumanns jedenfalls hängt der Löffel hoch: Küchenchef Christian hat sich der tradtionellen Thüringer Küche verschrieben, in der frische, einheimische Produkte à la minute zubereitet werden und in der die berühmten handgemachten Klöße nicht fehlen dürfen. Die Speisekarte zeigt sich umfangreich und wird ergänzt mit einer monatlich thematisch wechselnden Spezialitätenkarte. Beginnen könnte man sein Mahl mit der Wildsuppe „Hubertus" im Brotlaib. Die Hausschlachteplatte mit Thüringer Leber- und Blutwurst, Presskopf, geräucherter Bratwurst, Schinkenspeck und Bauernbrot empfiehlt sich besonders dem auswärtigen Gast, der auf den Geschmack der würzigen Thüringer Wurst kommen möchte. Vegetarier müssen nicht darben, für sie hat der Koch eine Gerichteauswahl der leichten Küche zusammengestellt. Dazu gesellt sich ein ansehnliches Angebot an Fischgerichten, aber auch an Steaks und Spezialitäten aus der Pfanne wie die „Gol-

dene Aue-Hauspfanne", mit Schweinelendchen, Rindsfilet und zartem Rückensteak, Grillspeck, Rührei und hausgemachten Bratkartoffeln, serviert im Eisentiegel. Alte Erinnerungen rufen bei so manchem Gast auch die typisch thüringischen Tellergerichte wach – wie saure Nierchen, pikant nach Art des Hauses zubereitet. Zum Nachtisch sollte man die hausgebackenen Kuchen oder Apfelbeignets mit Vanilleeis und Puderzucker kosten.

Derart gestärkt lohnt ein Gang zum nur fünf Fußminuten entfernten „Storchennest", wenn man nicht ohnehin dort Quartier genommen hat. Der Reiter- und Ferienhof ist ein weiteres Standbein der Familie Schumann und begehrtes Urlaubsziel vor allem von Familien. Auf dem idyllischen Bauernhof, untergebracht in gemütlichen Ferienwohnungen mit Küchenecke lässt sich das Thüringer Landleben in vollen Zügen genießen. Mit auf dem Hof lebt alles „was fliegen und laufen kann": Kaninchen und Meerschweine, Pfauen und Hühner, Hund und Ziegenbock, zahme Eichhörnchen und Katzen. Selbstverständlich auch Pferde und Ponys, die auf erfahrene Reiter warten. Ein Hofladen bietet Wurst aus eigener Schlach-

tung, frisch, geräuchert und in Gläsern, Schinken, Salami, Ziegenkäse, frische Eier, Griebenschmalz und Brot.

Wer nicht selbst in der Küche stehen will, lässt sich in der urigen Kutscherstube nieder und nimmt eine deftige Brotzeit.

Auch einem zünftigen Grillfest am Lagerfeuer steht nichts im Wege, bevor am nächsten Tagen ein Ausflug nach Weimar, Saalfeld oder Greiz lockt.

MÜHLENBÄCKEREI LUTZ RIEDEL

Mühlenbäckerei Lutz Riedel

Schönborn 1
07819 Triptis

Telefon   03 64 82 - 3 23 49

Backtage: Dienstag, Mittwoch,
Donnerstag

Wie ein Güterzug, der langsam über die Schwellen rumpelt, hört sich die 70 Jahre alte, riesige Knetmaschine an, die in Lutz Riedels Backstube den Brotteig umwälzt. Im Schneckentempo kreisend pflügt sich der stählerne Knethaken durch die schwere Masse, die in einem imposanten Bottich lagert. Im altdeutschen Ofen gegenüber (einem selbst gebauten Unikat) knistert derweil ein gut geschürtes Feuer. Zwei Meter breit, drei Meter tief und bis unter die Decke hoch ist das Backofen-Monstrum. In zwei Stunden, wenn sich die mächtigen Holzscheite in rote Glut verwandelt haben und es im Inneren 280 bis 300 °C heiß geworden ist, wird die Asche ausgewischt und Bäckermeister Riedel schiebt den zu länglichen Broten geformten Teig hinein. 90 bis 100 Laibe gelingen mit einer Feue-

rung. Nach einer Stunde wird der Ofen geleert, die Brote werden entnommen und alles beginnt von vorn. Wenn der Bäcker nicht verschläft und um 3.30 Uhr pünktlich in der Backstube steht, dann schafft er auf diese Weise bis 16 Uhr bis zu rund 300 Brote. „Das Backen im Holzofen ist eine aufwändige Arbeit", sagt Lutz Riedel, „heraus kommt aber eine aromatische Brotspezialität, die heutzutage kaum noch so gefertigt wird."

Roggen- und Roggenvollkornbrot aus der Riedel'schen Backstube sind in der Region und weit darüber hinaus nicht umsonst heiß begehrt. Vom Volumen her kleiner und nur aus Roggenmehl, Natursauerteig, Wasser und Salz bestehend, haben die Brote eine leckere, schmackhafte Kruste, die dank der altdeutschen „Feuertechnik" nicht reißt.

Das Mehl für seine ballaststoffreichen Natursauerteig-Roggenbrote mahlt der Bäcker selbst. Schließlich lebt und arbeitet er in einer Mühle. Die gehört seit vier Generationen zum Familienbesitz, ist allerdings noch viel, viel älter: Um 1561 wird die Schönborner Mühle erstmals urkundlich erwähnt. Dreimal brannte sie allein im 19. Jahrhundert vor den Augen ihrer jeweiligen Besitzer ab, dreimal wurde sie wieder aufgebaut, bevor Urgroßvater Amandus Riedel die Mühle 1891 im Familienbesitz verankerte. So, wie Besucher das Bauwerk alle zwei Jahre zum Mühlentag besichtigen können, steht es seit 1955. Nur das Innenleben hat sich verändert. Heute sind in Mühle und Backstube 20 Kraftstrom-Motoren instal-

liert, die einer Leistung von 20 Wasserrädern entsprechen. Mit dieser Kraft könnte Müller- und Bäckermeister Riedel täglich aus rund drei Tonnen Roggen Mehl mahlen. „Die Menge reicht heutzutage nicht mehr, um eine Familie zu ernähren", sagt er, „aber sie genügt für den Eigenbedarf und unsere Brote." Seit 1990 klingelt dienstags, mittwochs und donnerstags der Wecker im Morgengrauen und für Lutz Riedel beginnt der Backtag. An solch einem Tag zaubert der Meister aber längst nicht nur duftende Roggenbrote. Er bäckt auch Weißbrot, Brötchen, Hefezöpfe mit Mohn oder Sesam und allerlei Blechkuchen, die zu Thüringen gehören wie die Rostbratwurst. Zwischendurch kümmert er sich um seinen angesetzten Roggensauerteig, der stetig mit Wasser und Mehl „vermehrt" wird. Und als wäre das nicht Arbeit genug, macht sich Lutz Riedel in „freien Minuten" mit flinken Händen an einen Blätterteig, der sich am Ende in zuckrig-süße Schweinsohren verwandeln wird. Das allerdings ist eine Kunst für sich, denn ein Blätterteig besteht aus 256 Schichten. Und so rollt der Bäcker aus, klappt zusammen, rollt aus, klappt zusammen, rollt aus und so weiter und so weiter ... Dazwischen wird gezuckert, was die Büchse hergibt. Am Schluss wird das gerollte Schichtenkunstwerk in dünne Scheiben geschnitten, in den Elektroofen geschoben und bald darauf sind die prasselnden Schweinsohren fertig.

Kann sein, dass die Uhr inzwischen 20 Uhr zeigt und die Sonne am Horizont ver-

schwindet. Er ist lang, so ein Backtag, aber nicht einsam. Denn immer wieder geht die Türe der kleinen Mühlenbackstube auf und ein Kunde füllt sich den Beutel mit Brot, Brötchen und Kuchen. Bäcker Riedel und Ehefrau Ina machen sich derweil mit dem Lieferwagen auf zur nahen und fernen Nach-

barschaft, die schon auf ihre bestellten Backwaren wartet. Und danach will auch noch der nächste Backtag vorbereitet sein. Immer dienstags, mittwochs und donnerstags.

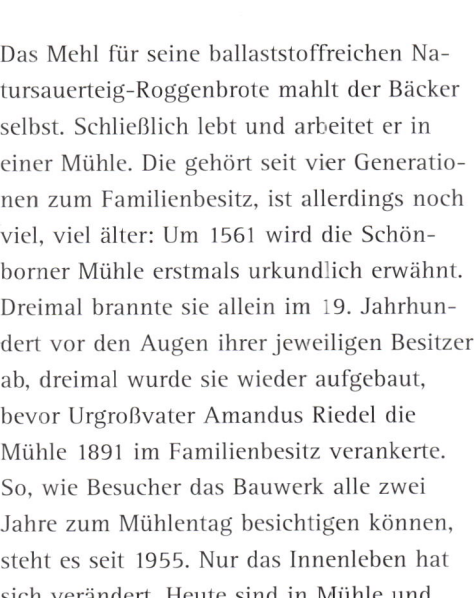

Mühlen-Bäckerei

LUTZ RIEDEL

KÖSTRITZER SCHWARZBIERBRAUEREI

gegeben wurde. Man siehet daselbst jenaische Studenten, die um des Bieres willen 4 Meilen reiten, und ich hörte im Vorbeygehen vor dem Wirtshause, da einige vor der Thüre saßen, daß einer um desselben willen in Köstritz geboren zu sein wünschte." Nicht nur die Jenaer Studenten liebten das Köstritzer Schwarzbier, auch Goethe soll – einem Brief Wilhelm von Humboldts nach – das „Schwarze mit der blonden Seele" geschätzt haben. Nicht zuletzt würdigte Altreichskanzler Fürst Bismarck den Geschmack des würzigen Getränks, als er ihm im Jahr 1892 „einen vornehmen Rang in der Aristocratie der Biere" verlieh.

An der wechselvollen Geschichte der 1543 gegründeten Köstritzer Schwarzbierbrauerei, die damit zu den ältesten Brauereien in Deutschland gehört, hat selbst ein Fürst mitgeschrieben. So steht in einem Kapitel der Firmenhistorie, dass das Köstritzer Rittergut im Jahre 1679 in den Besitz von Graf Heinrich I. j. L. Reuß-Schleiz gelangte, der die Rittergutsbrauerei in eine Hofbrauerei umwandelte. Über die späteren Zeitläufe wechselten zwar häufig die Besitzer, aber nicht die Qualität der Biere – die Hopfensäfte aus Köstritz blieben stets begehrt. Die wahre Renaissance des Schwarzbieres und die Begründung als einzigartige Spezialitätenbrauerei aber beginnt im Jahr 1991 mit der Übernahme der Köstritzer durch die Bitburger Brauerei Th. Simon, die umfangreich investierte und modernisierte.

„Das Dorf ist gut gebaut", berichtet im Jahr 1748 der Hauslehrer Anton Friedrich Büsching aus Köstritz, „die Kirche liegt auf einem Felsen von mäßiger Höhe, in dessen Fuß eingehauene Keller sind, die zu dem Schlosse gehören und zu guter Erhaltung des guten starken Lagerbieres dienen, welches im Herbst gebrauet und bis auf den folgenden Sommer aufbewahrt wird, da es eine solch schöne Farbe hat, daß ich es an der gräflichen Tafel beym erstmaligen Anblick für rothen Wein hielt und mich wunderte, daß dieser in Biergläsern herum-

Köstritzer Schwarzbierbrauerei
GmbH

Heinrich-Schütz-Straße 16
07586 Bad Köstritz

Telefon   03 66 05 – 8 30
Telefax   03 66 05 – 22 22

BAD KÖSTRITZ

werfen einen Blick auf die riesige Würzepfanne, schauen in eine Waschanlage, in der pro Stunde 55 000 Flaschen geschrubbt werden, bewundern die Schwindel erregend schnelle Abfüllanlage und staunen über beeindruckende Fakten. Heute brauen die Köstritzer pro Jahr 900 000 Hektoliter Bier, und zwar neben dem berühmten Schwarzbier auch Edel Pils und Diät Pils sowie das von ihnen kreierte und schon zum Kultgetränk

avancierte „bibop" – ein Schwarzbier mit Cola und Guarana, das erfrischt, belebt und Körper wie Geist stimuliert. Der Name des spritzigen Biermixgetränks ist nicht von ungefähr der Jazzrichtung der 40er Jahre, dem Bebop, entlehnt, haben doch die Köstritzer eine ganz besondere Beziehung zu Musik und Kultur.

So unterhält seit 1994 die auf Initiative der Brauerei gegründete „Köstritzer Jazzband" Musikfreunde in aller Welt, während sich das Unternehmen regional bei vielen Sportveranstaltungen und auch über den Thüringer Raum hinaus in zahlreichen Kulturprojekten engagiert. Ob Tanz & Folkfest in Rudolstadt oder Jazzmeile Thüringen, ob Greizer Theaterherbst oder Jazzfest Berlin – das „Schwarze mit der blonden Seele" aus dem „Haus der magischen Biere" ist immer dabei.

Einige Zeit später schon hatte sich das Unternehmen zum Marktführer unter den Herstellern dunkler und schwarzer Biere „emporgebraut" und ist seitdem in Ost wie West sowie in bisher 28 Ländern bestens bekannt.

Die Köstritzer Brauer, allen voran Braumeister Jörg Dockhorn, verführen genussfreudige Damen und Herren dabei mit allerlei kulinarischen Raffinessen zum Trinken des spritzig-frischen und noch dazu leichten Hopfensaftes. So verleihen sie ihrem besten Stück, dem Original Köstritzer Schwarzbier, einen sehr angenehmen Duft nach gerösteter Gerste und herbem Karamell. Neben dem

Duft erliegt die stetig wachsende Liebhabergemeinschaft vor allem auch den malzigen Röstaromen, die den Gaumen mit einem Hauch von Bitterschokolade und Kaffee überraschen. Die Aromen schnuppert in der Luft, wer die Köstritzer in ihrer Brauerei besucht. Dort, im „Haus der magischen Biere", ist in einer Ausstellung mehr zu erfahren über die Geschichte, Bierherstellung und Braukunst. Zudem begleiten die Mitarbeiter neugierige Ausflügler und Reisegesellschaften auch gern auf einen Firmenrundgang durch die Produktion und Abfüllanlage. Dabei genießen die Teilnehmer würzige Treber- und Hopfendüfte,

187

„SIEBEN" LADEN & CAFÉ

einen Jugendtraum verwirklichte. Drei Jahre harter Umbauarbeit stecken in dem 30er-Jahre-Bau in der Kanalstraße mit der Glück verheißenden Nummer 7. Jetzt leuchtet das Anwesen dem Ankömmling schon von weitem „heim": mit seiner orangefarbenen Außenfassade und dem klaren, tiefblauen Schriftzug.

Das Wohlgefühl, das die Besucher dann hinterm Eingang erfüllt, schafft die junge Hausherrin mit allerlei kleinen, einzelnen Dingen, die sich zu einem harmonischen Großen und Ganzen verweben. Im Café ist es nach der lebendig-herzlichen Begrüßung die Einrichtung, die Sympathie erweckt. Liebevoll aufgearbeitetes Holzmobiliar verschiedener Herkunft ist mit Ledersofas und Sesseln zu gemütlichen Sitzgruppen arrangiert. In der Mitte prangt ein Kamin, die Raumwände bestehen zum Teil aus unverputztem Ziegelmauerwerk und durch die blau gerahmten, niedrigen Fenster fällt unaufdringlich das Sonnenlicht. Die Tische schmücken Vasen mit frischen Mangold-zweigen, selbstgemachte Landschaftsfoto-grafien an den Wänden ziehen die Blicke auf sich. Selbstgemacht sind auch kleine Pappschilder, die in den Fensternischen stehen. Mit Fotos und Texten versehen,

Die Weidaer sind zu beneiden. Wer nicht in dem allerliebsten, fast 1000 Jahre alten Städtchen wohnt, muss unbedingt hinfahren: der beeindruckenden Osterburg wegen, die seit dem 12. Jahrhundert als ehemalige Residenz von Vogt Heinrich I. die Wiege des Vogtlandes ist, um das anheimelnde Stadtflair zu erleben, die reizvolle Landschaft drumherum zu erkunden und nicht zuletzt, um eine Rast im „Sieben" Laden & Café zu machen. Mit diesem gastfreundlichen Haus hat die Inhaberin Cornelia Unteutsch sich selbst und allen Besuchern ein wirklich hübsches Geschenk gemacht. Wobei: Gast ist man hier nicht – man ist hier zu Hause. Das hat vielleicht etwas damit zu tun, dass Cornelia Unteutsch hier selbst ein (zweites) Zuhause hat, mit dem sie sich

„Sieben" Laden & Café

Cornelia Unteutsch
Kanalstraße 7
07570 Weida

Telefon   03 66 03 - 4 42 33

Ruhetag: Montag

kündigen sie die jeweils ins Haus stehende Livemusik-Veranstaltung (September bis März) oder den nächsten Brunchtermin an (jeden ersten Sonntag im Monat als „Spätstück" ab 10.30 Uhr). Die Speisen dafür sind natürlich auch selbstgemacht, denn die Gastgeberin ist ein Multitalent. Sie kann nicht nur einrichten, fotografieren und Pflanzen besprechen (Schauen Sie sich unbedingt den kleinen, dicht begrünten Innenhof an, der von den hoch aufragenden Außenwänden der Peterskirche begrenzt wird und in dem man im Sommer bis 21 Uhr, am Wochenende bis 24 Uhr verweilen kann!), sie kocht und bäckt auch ganz meisterlich. Hätte Cornelia Unteutsch Zeit für eine Bewerbung und säßen wir in der Jury, trüge sie längst den Titel „Weidsche Kuchenfrau" – ein preisgekröntes Ehrenamt, das jedes Jahr im September zum „Kuchenmarkt" vergeben wird und wahrlich schwer verdient ist, bevölkern doch lauter hervorragende Hausbäckerinnen die traditionelle Kuchenstadt Weida. Blechkuchen aller Art, belegt mit saisonalen Baum- und Strauchfrüchten, feine Torten und Törtchen gibt es bei der Wirtin in keiner Theke zu sehen, sie werden im Gespräch offeriert. Und da sie Abwechslung über alles liebt, kann man jeden Tag auf ein andere süße Überraschung hoffen. Festgelegt in einer wechselnden Karte dagegen hat sie sich auf kulinarische Kreationen „gegen den kleinen Hunger", zahlreiche Kaffee-, Tee- und Cocktailvariationen sowie auf ein auserlesenes, aber preisgünstiges Weinangebot. Wie Cornelia Unteutsch es schafft, neben Kräuter- und Spargelsüppchen, Boeuf Bourgignon oder Spaghetti mit hausgemachtem Tomatenpesto, Pflaumenkuchen und Pfirsich-Amarettotorte auch noch 28 verschiedene Crêpes sowie diverse Eisdesserts zu versprechen, bleibt mir ein Geheimnis. Tatsache ist, sie schafft es. Ich war dabei, als mitten im Gästestrom auch noch Tochter „Karotte" hereinstürmte, die über dem Café ihr Hausaufgabenzimmer hat. Und ich war Zeugin, als obendrein nebenan die Ladentür klingelte und

Neugierige sich in Cornelia Unteutschs origineller Mitbringselsammlung umsahen, die Kinderbücher und Geschirr aus Künstlerhand, modische Unikate aus Leinenstoff, witzige Portmonees aus Tetraverpackungen, feine Seifen und exotische Weine anbietet. Die Hausherrin blieb trotz allem im Fluss, plauderte, verkaufte, kochte und trug auf. Als Fels in der Brandung, als Ruhepol im Mikrochaos – eben jenem Zustand, der manchmal auch bei unsereins zu Hause herrscht.

Gefüllte Nusstorte à la Mama Margit

Zutaten
300 g Walnüsse (gehackt)
1 Tl Backpulver
8 Eier
150 g Puderzucker
400 g Schlagsahne
Schokoladenguss

Zubereitung
6 Eier trennen und die Eigelb mit 120 g Puderzucker schaumig schlagen. Die übrigen 2 Eier leicht verquirlen und Nüsse und Backpulver darunter heben. Die Eigelb-Zuckermasse dazugeben. Die 6 Eiweiß zu steifem Schnee schlagen, die restlichen 30 g Puderzucker darunter rühren und den Eischnee vorsichtig unter die Ei-Nussmischung heben. Backofen auf 175 °C vorheizen und Kuchen ca. 40 min. darin backen.
Nach dem Auskühlen in der Mitte durchschneiden, mit geschlagener Sahne füllen und mit Schokoladenguss überziehen. Kühlen, anschneiden und schmecken lassen!

HOTEL „GOLDENER LÖWE"

Wissen Sie, warum die Einwohner von Zeulenroda „Karpfenpfeifer" heißen? Ich sage es Ihnen. Die Zeulenrodaer heißen „Karpfenpfeifer", weil sie stolze Menschen sind, die nicht alles essen, was man ihnen vorsetzt. Es ist nämlich überliefert, dass einst vermögende Zeulenrodaer in ein reiches Haus nach Greiz zum Karpfenessen geladen waren. Der Koch jedoch verstand nur wenig von seinem Handwerk. Er wässerte die Fische nicht, und so schmeckten die Schuppentiere schlammig. Da standen die Gäste aus Zeulenroda auf vom Tisch und „pfiffen auf den Karpfen". Heute ist der „Karpfenpfeifer" als steinernes Denkmal das Wahrzeichen des Südthüringer Kleinstädtchens.

Eine hübsche Geschichte. Erzählt hat sie mir Ute Lorbeer während meines Besuches im Hotel „Goldener Löwe". Das einladende, liebevoll restaurierte Haus liegt mitten im Herzen der „Karpfenstadt" und gehört der Familie.

„Märchenhaft residieren, königlich dinieren und kaiserlich vitalisieren" – mit diesen charmant werbenden Worten laden Ute und Lothar Lorbeer Touristen und Geschäftsleute nach Zeulenroda in ihre traditionsreiche Herberge ein. Und sie haben damit nichts schön geredet, denn das sinnenfrohe Ambiente im Inneren des Hauses und das einfallsreiche kulinarische Konzept ergänzen sich tatsächlich harmonisch. So heißt „märchenhaft residieren", sein müdes Haupt in einem der 32 gefällig und komfortabel eingerichteten Zimmer zur Ruhe betten und sich jederzeit selbst mit ausgefallenen Wünschen an die Gastgeber wenden zu können. Auch das Motto „königlich dinieren" ist nicht hochgestapelt: Die Feinschmeckerküche von Lothar Lorbeer hält, was sie verspricht. Des Küchenchefs Leidenschaft sind vor allem eigene Kreationen. Wer einen Blick in die monatlich wechselnde Speisekarte wirft, weiß, was gemeint ist. Rotkohlsüppchen mit karamellisierten Apfelspalten, gebratenes Welsfilet in Bouillon mit Kastanien, Brokkoli und Schwarzwurzel, Fasanenbrust im Kartoffelmantel auf Ananaskraut, Wildente an gebratenem Sauerkraut und Maronenpüree oder Heubraten an Meerrettichklößen und Rosenkohl – Lothar Lorbeer verlässt mit Lust zum Experiment gern eingefahrene Kochschienen. Wer Regionales kosten möchte, bleibt ebenfalls nicht hungrig. Zeulenrodaer Kartoffelsüpp-

Hotel „Goldener Löwe"

Familie Lorbeer
Kirchstraße 15
07937 Zeulenroda

Telefon   03 66 28 – 6 01 44
Telefax   03 66 28 – 6 01 45

chen, Thüringer Festtagskarpfen, Sauerbraten oder Braten von der Rehbockkeule mit Thüringer Klößen zaubert der Küchenchef à la minute auf den Tisch. Stammgäste schauen einmal im Monat bei den Lorbeers vorbei, mit dem von Gattin Ute nett gestalteten „kulinarischen Jahreskalender" in der Hand. Dann wollen sie in „essbare Landschaften" verführt werden, die „Leibspeisen von Kaiserin Sissi" probieren, den „Hochgenuss mit Blüten" erleben oder „Tafelfreuden zwischen Orient und Okzident" entgegensehen.

So mancher bleibt gleich über Nacht und „vitalisiert kaiserlich" vor dem Schlafengehen im hauseigenen Altthüringer Badehaus – in der Waldsauna mit frischen Tannennadeln, in der Schönheitsfarm, im mit Milch und Öl getränkten Cleopatrabad oder im alpinen Heubad. Wohlbehagen verspricht auch eine Entspannungspause, solo oder zu zweit, im vergoldeten Kaiserbad, das wie zu Sissis Zeiten mit edlen Ölen und Zusätzen nach geheimen Rezepturen gefüllt ist. Nach dem ausgiebigen Badevergnügen mit leiser Musik, Sekt und kleinen Speisen betten sich die so Verwöhnten gleich nebenan ins strohgefüllte, atmungsaktive Himmelbett. Für die Dreifaltigkeit von Körper, Geist und Seele bietet Familie Lorbeer das ganze Jahr über Arrangements an, die vom Kuschelwochenende für Verliebte bis hin zu Ars vivendi-Ausspanntagen reichen. Das Motto aller Arrangements kennen Sie ja bereits: „Märchenhaft residieren, königlich dinieren und kaiserlich vitalisieren!"

Wildschweinrouladen mit Wachteleiern

Zutaten

8 Wachteleier
700 g Wildschweinoberschale
Salz, frisch gemahlener Pfeffer
2 Tl Dijon-Senf
8 dünne Scheiben Seranoschinken
30 ml Pflanzenöl
150 g Zwiebeln
80 g Möhren
1/2 El Tomatenmark
4 cl Portwein
400 ml Wild-Grundfond
1 Lorbeerblatt
2 Thymianzweige
1 El gehackte Petersilie

Zubereitung

Die Wachteleier in kochendem Wasser 4 bis 5 Min. garen, abschrecken und schälen. Vom Wildschwein 8 kleine Schnitzel schneiden und diese leicht flach klopfen. Salzen und pfeffern und dünn mit dem Senf bestreichen. Auf jedes Schnitzel 1 Scheibe Schinken legen und ein Wachtelei setzen. Zu Rouladen rollen und die

Enden mit Holzspießen fixieren. Das Öl in einem entsprechend großen Topf erhitzen. Die Rouladen nachwürzen und rundherum goldbraun anbraten. Aus dem Topf nehmen und beiseite stellen. Die Zwiebeln und Möhren schälen, grob zerkleinern und in demselben Topf anbraten. Hat das Gemüse leicht Farbe angenommen, das Tomatenmark zufügen und trockenschwitzen. Mit dem Portwein ablöschen und leicht reduzieren lassen. Den Wildfond zufügen und zum Kochen bringen.

Die Kräuter und Rouladen zufügen. Den Topf mit einem Deckel verschließen und im 180 °C vorgeheizten Ofen auf der untersten Schiene 60 Min.

schmoren. Dann die Rouladen aus dem Topf nehmen, warm halten und die Sauce passieren. Das geschmorte Gemüse kann nach Belieben durch das Sieb gedrückt werden, was die Sauce zusätzlich bindet. Die Sauce nochmals erhitzen, die Wildrouladen damit übergießen und mit Petersilie bestreuen.

GASTHOF „NEU-SCHENKE"

Gasthof „Neu-Schenke"

Hans Wiener
07980 Neugernsdorf

Telefon   03 66 25 - 2 02 31
Telefax   03 66 25 - 5 03 04

Ruhetag: Montag

Der Gasthof „Neu-Schenke" in Neugernsdorf ist eine der ältesten Gaststätten Thüringens. Erstmalig 1498 erwähnt, lag das
Haus im Mittelalter mitten auf der alten
Handelsstraße Hof-Greiz-Zeitz-Leipzig. Für
Fuhrleute, Reisende und ihre Pferde war
die gastliche Stätte schon damals ein will-
kommenes Ruheplätzchen und zugleich
kulinarische Auftankstation. Über die regionalen Grenzen hinaus berühmt und auch
berüchtigt wurde das Gasthaus aber erst
zwei Jahrhunderte später durch Nicel List,
den bekanntesten Kirchenräuber des deutschen Kaiserreiches. Dieser Mann, dem samt
seiner legendären Räuberbande nicht einmal
der „Goldschrein von Lüneburg" heilig war,
suchte im Jahr 1698 ein Nachtlager in der

„Neu-Schenke". Ein fataler Fehler, wie sich
zeigen sollte: Nicel List und seine Kompli-
zen wurden geschnappt und acht seiner
Kameraden sofort im Hofe des Gasthauses
aufgehängt. Den Räuberhauptmann selbst
brachten die Häscher nach Celle und richte-
ten ihn nach einem Aufsehen erregenden
Prozess auf grausame Weise hin.

ℜEUGERNSDORF

„Die Geschichte von Nicel List ist
der erste größere Fall der deutschen
Kriminalgeschichte, der mit modernen Mitteln aufgeklärt wurde",
weiß Hans Wiener, seit 1991 Gast-
hof-Inhaber und Wirt. Seine Gäste
kommen aber nicht nur der spannenden Storys wegen in sein tradi-
tionsreiches Haus, die meisten
Besucher von nah und fern freuen
sich vielmehr auf die leckeren Speisen sowie auf ruhige Stunden im
verwunschen gelegenen, schiefer-
gedeckten Gasthaus. Ob im original
erhaltenen, urigen Restaurant mit
Kreuzgewölbe, ob im lichtdurchfluteten Wintergarten oder im
rustikalen Saal, der wie geschaffen
für eine fröhliche Bauernhochzeit
scheint, ob im üppig begrünten
Hofgarten, in der alten Gaststube
oder im Kaminzimmer, das mit
wunderschönen alten Möbeln eingerichtet ist, wohlfühlen kann man
sich hier überall. Das Auge bleibt
an zahlreichen kleinen, liebevoll
drapierten Details hängen, der Blick
kann vom Wintergarten aus direkt
in die weite, grüne Landschaft
wandern und die imposante, alter-
tümliche Wanduhr schlägt zur vol-

len Stunde gleich zweimal – wohl-
weislich, sonst würde man sicher
an diesem Ort die Zeit vergessen.
Hat man sich zurückgelehnt in die
Sofakissen, liegt wie von Zauberhand auch schon die Speisekarte
auf dem Tisch.

GASTHOF „NEU-SCHENKE"

Gekocht wird in der „Neu-Schenke"
variantenreich – einfallsreich ab-
gewandelte, thüringische Gerichte
stehen neben mediterran beeinflus-
sten, leichten Köstlichkeiten. Eine
nicht nur bei Stammgästen begehrte
Spezialität (für zwei Personen) ist
das flambierte Reußenschwert – ein
armlanger Spieß, gespickt mit Steaks
vom Rind, Schwein und Hirsch, mit
Pfifferlingen, zwei verschiedenen
Saucen, einem gemischten Salat
und Beilage nach Wahl. Ganz thüringisch gibt sich der Lamm- oder
Sauerbraten mit Klößen, Bohnen
oder Rotkraut. Über den regionalen
Gartenzaun schaut der Wirt mit
gebratenen Rinderfiletspitzen an
pikantem Gurkengemüse oder ge-

backener Zunge mit Buttererbsen. Eine kulinarische Referenz an die im Dreißigjährigen Krieg im Gasthof lagernden Schweden ist die Schwedische Schlemmerpfanne: Lachswürfel in Dillrahmsauce auf Butternudeln mit Romanescu und Champignons. Berühmt ist die Küche des Hauses aber auch für ihre Wildgerichte.

Der Hausherr widmet sich seit drei Jahren einer eigenen Damwildzucht. Die friedlich grasende, fast hundertköpfige Herde lebt gleich hinterm Gasthof und ist von der Terrasse aus gut zu beobachten. Manchmal montags, wenn Ruhetag ist, schießt Hans Wiener ein bis zwei Hirsche. Die wandern gleich darauf in die Töpfe und Pfannen von Küchenchef Sohn Christoph, der daraus die verschiedensten Wildgerichte zaubert. Die besten Teile der Tiere finden sich dann als Steaks, Sauer- oder Hirschbraten auf den Gästetellern wieder – in zahlreichen, schmackhaften Varianten vor allem im Herbst, wenn die „Neu-Schenke" zur Wildwoche ruft. Aber auch Sommergäste müssen auf Wild nicht verzichten. Ein Hirschsteak gibt's auch im Juli, dann eben mit frischen Pfifferlingen. Dazu kredenzt das freundliche und aufmerksame Servicepersonal ein edles Tröpfchen aus der umfangreichen Weinkarte, die Rebensäfte von bekannten deutschen und internationalen Winzern bietet. Platz lassen im Magen sollte man unbedingt noch für ein Tartufoeis auf Himbeercalvados-Spiegel.

Medaillons vom Damhirsch an dreierlei Saucen

Zutaten

280 g Damhirschrückenfilet
Salz, frisch gemahlener weißer Pfeffer
3 Scheiben grüner Speck
2 El Sonnenblumenöl

Zubereitung

Das Filet in drei gleiche Teile schneiden. Mit dem Anschnitt auf die Arbeitsfläche legen. Mit dem Plattiereisen leicht flach klopfen. Um jedes Medaillon eine Scheibe Speck wickeln, Enden überlappen lassen und mit Küchengarn fixieren. Die Medaillons mit Salz und Pfeffer würzen. Öl in der Pfanne erhitzen und die Medaillons darin kurz anbraten. Im vorgeheizten Ofen bei 180 °C 12 bis 15 Min. fertig garen.
Für die Wildsauce kleingehackte Wildknochen mit Röstgemüse (Zwiebel, Sellerie, Möhren) anbraten, mit etwas Tomatenmark braun rösten. 2 bis 3-mal mit Rotwein reduzieren,
anschließend mit Mehl bestäuben und mit Wasser auffüllen. 3 bis 4 Std. kochen lassen, kurz vor Ende ein Kräutersträußchen hinzufügen.
Das Ganze passieren und mit Salz, Pfeffer und Madeira abschmecken.
Für die Hagebuttensauce ein Püree von Hagebutten in Weißwein kochen, mit Zucker leicht süßen und mit Zitronensaft würzen.
Für die Kräutersauce Schalotten in Butter dünsten. Blanchierte Spinatblätter, Petersilie, Estragon, Zitronenmelisse und Schnittlauch hinzufügen. Mit Sahne auffüllen und alles mit dem Mixstab fein pürieren. Mit Salz, Pfeffer und Weißwein abrunden und mit Eigelb und Sahne legieren.
Die Medaillons mit den Saucen leicht nappieren. Als Beilage eignen sich feine Gemüse wie Möhren, Blumenkohl, Rosenkohl oder Brokkoli und natürlich Thüringer Klöße.

KERAMISCHE WERKSTATT LUDWIG LASER

sein, dass zwei Monate harter Arbeit in Sekundenschnelle ein Scherbenhaufen sind. Gelingt die Ofenladung, dann hat sich auch für den Keramiker das mühevolle Handwerk, das in seiner Werkstatt so fließend in Kunst übergeht, gelohnt. Und „mühevoll" ist keine Übertreibung, denn ehe der Freifeuerofen auf die für das salzglasierte Steinzeug nötige Temperatur von 1300 °C gebracht ist, vergehen mehrere Tage und Nächte, die der Töpfer schlaflos mit dem Nachlegen von Holz und Kohle verbringt. Gott sei Dank kann Ludwig Laser aber Maß halten, und so sind die Regale der Galerie gut gefüllt mit den im schlicht-zeitlosen, streng-klaren Design geformten Krügen und Töpfen, mit dickwandigen Schüsseln und flachen Tellern, mit handlichen Tassen und geschwungenen Kännchen bis hin zu kompletten Tafelgeschirren, denen das während der Feuerung eingeworfene und verdampfte Salz ihre einmalige Schönheit verleiht. Doch das Auge bleibt nicht nur an den salzglasierten Schönheiten hängen, sondern wandert weiter, magisch angezogen von den wundervollen Zier- und Gebrauchskeramiken mit Kristallglasur. Auch diese anspruchsvolle Glasurtechnik hat es in sich und birgt viele Fehlerquellen. Denn für die Entstehung der geheimnisvoll in der Glasur zu schwimmen scheinenden Kristalle ist

**Keramische Werkstatt
Ludwig Laser**

Obergeißendorf 28
07980 Berga / Elster

Telefon   03 66 23 - 2 12 72
Telefax   03 66 23 - 2 12 72

𝓛udwig Laser muss ein Mensch sein, der sich im Zaum zu halten weiß. Sonst könnte er wohl nicht derart vollendetes salzglasiertes Steinzeug machen Hat nämlich der Keramiker seine Neugier nicht im Griff und schaut nach dem 30-stündigen Feuerungsprozess in der „Abkühlwoche" nur ein paar Stunden zu früh in seinen selbst gemauerten Freibrandofen, kann es

198

neben der Dicke der Glasur, der Art des Glasurauftrages, der Auswahl der Rohstoffe und der Güteklasse des Tons auch die richtige Aufheizgeschwindigkeit entscheidend. Erst dann schmelzen die Zutaten wie gewollt und lassen beim Abkühlen den Kristallen genügend Freiraum zum Wachsen. Das Ergebnis ist zwar vorausgeahnt, bleibt aber dennoch immer ein Quäntchen überraschend. Neben dem Steinzeug und den Kristallglasuren beschäftigt sich der seit 1990 auf einem im reizvollen Thüringer Vogtland verwunschen gelegenen Vierseithof ansässige Töpfermeister auch mit Porzellan und der faszinierenden Raku-Technik. Diese asiatische Brennweise hat es dem aus Plauen stammenden Keramiker besonders angetan. Dabei werden die rotglühenden Gefäße mit Zangen dem Ofen entnommen und in Sägespäne, Stroh oder Papier eingelegt. Durch die rasche Abkühlung reißt die Glasur und zaubert ein zartes Rissenetz auf die Oberfläche. Der Kohlenstoff sucht sich seinen Weg in die offenen schmalen „Sträßchen" und färbt sie schwarz. Es entsteht ein Craquelée mit feinen Schattierungen oder metallischen

Effekten. Das Raku-Dekor findet sich auch auf zahlreichen unikaten Schmuckstücken wieder, die Ludwig Laser gemeinsam mit seiner Frau entwirft und brennt, auf Ringen und Broschen, auf Ohrhängern und Halsketten. Wer jetzt Lust bekommen hat, die tönernen Kunstwerke aus der Werkstatt Laser anzuschauen und zu besitzen, hat gleich mehrere Möglichkeiten. So empfängt die gesellige Familie, zu der noch die zwei allerliebsten Töchter Hanna und Laura gehören, Besucher gern auf dem denkmalgeschützten Vierseithof in der Galerie, sie reist aber auch oft und mit Lust zum Gespräch deutschlandweit auf Töpfermärkte. Der traditionsreichste in der Region ist sicherlich der Markt in Bürgel, die Lasers bieten ihre Waren aber mitunter auch auf den bekannten Märkten in Weimar, Erfurt, Berlin und Dresden feil. In den Genuss des kürzesten Weges kommen natürlich die Bergaer, denn die sitzen direkt an der Quelle. Nicht schlecht getroffen haben es aber auch die Leipziger. Ludwig Laser ist Mitbegründer der Keramikgalerie „terra rossa", die mitten im Zentrum der Messemetropole liegt. Und wer sich zur Zeit gar

nicht von zu Hause weg bewegen kann, aber trotzdem Ludwig Lasers Arbeiten kennenlernen möchte, schaut ins Internet. Dabei werden Sie mit Staunen bemerken, dass der „Feuer- und Tonmeister" auch ein sehr guter Maler, Fotograf und Zeichner ist.

SPEZIALITÄTEN-RESTAURANT „ROYAL"

französische Speise zubereitet wurde. Die Liebe, mit der das kulinarische Produkt behandelt wurde, war es, die ihn besonders begeisterte. Hingabe, Gelassenheit und Individualität sind wohl darüber hinaus Maxime, die die Philosophie der französischen Küche und Lebenskultur mit Volker Königs eigener Daseinsauffassung vereinen. So wuchs zusammen, was zusammengehörte.

1987 kaufte der frankophile Geraer das kleinste und älteste Haus (1736) auf der Sorge, einem ehemals mittelalterlichen Vorort, jetzt Fußgängerboulevard im Stadtzentrum. Seine Freunde hielten ihn für verrückt, denn nach dem Kauf hatte Volker König außer einer Ruine nichts in der Hand. Dank der Hilfe seiner mitleidenden Bekannten schuf er daraus ein architektonisches Schmuckstück – im Äußeren wie im Inneren. Jedes Stück Holz, das heute als Diele, Mobiliar oder Decken- und Wandpaneel

Spezialitäten-Restaurant „Royal"

Volker König
Sorge 19
07545 Gera

Telefon 03 65 – 5 13 74
Telefax 03 65 – 5 19 01

Ruhetag: Sonntag

„Essen Sie wie Gott in Frankreich, doch sparen Sie die weite Reise!" Ein lukratives Angebot, das Volker König seinen Gästen macht. Mit dem Spezialitäten-Restaurant „Royal" hat der ambitionierte Gastgeber französische Küche und südländische Lebensart gleichermaßen nach Gera geholt. Ausschlaggebend für den „geschlagenen Haken im Lebenslauf" des ehemaligen Leitungskaders war eine Tante, die gen Frankreich auszog und ein damit verbundenes „Schneckenerlebnis": Neffe Volker stand fasziniert dabei, als diese typisch

die originelle Innenausstattung ausmacht, ging durch die Hände des Gastwirts – wurde selbst gehobelt, gefräst, gedrechselt, geschliffen, gestrichen und montiert. Nach vier Jahren war das aufwändige Holzbearbeitungsprogramm vollbracht, das Restaurant individuell eingerichtet, die Speisekarte mit französischen und Thüringer Spezialitäten zusammengestellt und die kleine „König-Crew" für den Gästeempfang bereit. Hingabe und Individualität sollten sich auszahlen. Schon ein paar Jahre später schrieb der Gault Millau dem Gastwirt ins Stammbuch: „ Dieses Restaurant ist ein echtes Unikum. Wo sonst kann man sich im Erdgeschoss an eine gemütliche Bar im italofrankophilen Stil hocken, in der Beletage in Omas Sofaecke räkeln (und Bücher lesen, Anm. d. Autorin) und im Obergeschoss an einer runden Weinverkostungstafel das Leben schön trinken ..."

So unverwechselbar wie das Ambiente zeigt sich auch die kulinarische Offerte. Der Gourmetführer lobt die „umwerfende Auswahl an Crêpes aus der selbst geschmiedeten Pfanne des Patrons". Dabei ist nicht nur deren Auswahl umwerfend, sondern auch ihre in Europa einzigartige Größe.
Die Zutaten der Gerichte sind einheimisch, Rindfleisch zum Beispiel kommt aus der

hauseigenen, mit Preisen ausgezeichneten Galloway-Zucht aus Linda. Eine Fülle der komponierten Speisen aber sind französischer Machart, wie Bouillabaisse, Edelfischkreationen oder Grenadin nach Paul Bocuse – ein ausgelöster, gespickter Schweinerücken mit glaciertem Rosenkohl im Kartoffelnest mit gegrillter Tomate, Nusskartoffel und Rahmchampignons oder Chateaubriand oder Poussin de marches de Provence – französisches Stubenküken mit provenzalischen Kräutern und Butternudeln, überzogen mit einer Trüffel-Sahne-Sauce. Feinste Menüs, die „Paris", „Burgund", „Cote d'Azur" oder „Provence" heißen, ergänzen die Karte ebenso wie jahreszeitliche Angebote und Thüringer Kulinarien, zum Beispiel Thüringer Klöße (nach dem Rezept einer Geraer Hausfrau) mit Gänsekeule und Ananasrotkohl oder Schnippelsuppe. Wenn am Nachmittag die Kaffeekränzchen-Runden Platz nehmen, serviert der Hausherr eine der zahlreichen Tee- oder Kaffeesorten, frisch gebackene Kuchen und Törtchen, dazu ein Lächeln und charmante Worte. Auch Weinliebhaber sind bei Volker König in den besten Händen. Die „fabulöse Auswahl" (Gault Millaut) an im Keller gelagerten Rebensäften weist fast 900 Positionen aus. Eine Weinkarte spart sich der Patron, er bespricht mit dem Gast dessen Vorlieben, präsentiert dann verschiedene Flaschen und erläutert jeden Wein – auch das, wie alles, was er tut, mit großer Hingabe.

Jacobsmuscheln auf Kalbsfilet

Zutaten

4 Medaillons vom Kalbsfilet á 90 g
4 Jacobsmuscheln
2 Paprika
4 Broccoliröschen
1/2 Zucchini
4 Cherrytomaten
4 Champignons
1/2 Zwiebel
1/2 Zitrone
2 El Dijon-Senf
3 El Butter
1 El Öl
125 ml Gemüsefond
125 ml Weißwein
2 Lorbeerblätter
2 Thymianzweige
Salz, Pfeffer, Zucker

Zubereitung

Die Medaillons mit Dijon-Senf bestreichen und mit Salz und Pfeffer aus der Mühle würzen. Das Gemüse putzen und im kochenden Salzwasser blanchieren. Die Paprika schälen, halbieren und in einem Topf mit 2 El Butter und 1 El Öl weich dünsten, mit Salz, Pfeffer und einer Prise Zucker würzen. Die Zwiebel in Würfel schneiden, mit 1 El Butter anschwitzen, mit Weißwein und Gemüsefond ablöschen und mit Zitrone, Lorbeer, Thymian, Salz, Pfeffer würzen. In den kochenden Fond das Fleisch der Jacobsmuscheln geben, abdecken und an der Seite 5 bis 7 Min. ziehen lassen. Die Kalbsmedaillons im heißen Öl nicht zu scharf anbraten und dann bei mäßiger Hitze langsam rosa garen. Dabei immer wieder mit Bratensaft übergießen. Zum Schluss 1 El Butter zum Bratensaft zugeben und damit das Fleisch überglänzen. Die Muscheln über den Medaillons anrichten. Gutes Gelingen!

DIE TEE-PASSAGE

Wasser erhitzen, Teeschlagen und trinken, das ist alles!", lautete die schlichte Antwort. „Das kann ich alles schon!", rief der Junge. „Dann möchte ich dein Schüler werden", schmunzelte der Meister und gab dem gelehrigen, aber unerfahrenen Knaben damit zu verstehen, dass eine gelungene Teezeremonie doch mehr erfordert, als die vier genannten Arbeitsschritte.

Das haben auch Susan Bütger und Ylva-Maritt Dahms gelernt. Inzwischen kennen sich die beiden Geschäftsfrauen allerdings bestens aus mit Tee und Tee-Zeremonien. Seit 1996 betreiben sie in Geras schöner Innenstadt einen kleinen, hübsch eingerichteten Laden, in dem sich alles um das seit 5000 Jahren bekannte Getränk und das „Ritual der Stille" dreht. Und sie wissen auch zahlreiche Geschichten über die Historie des Tees zu berichten. Der Legenden, die sich um die Entdeckung des Tees ranken, gibt es viele. Eine davon erzählt, wie ein Zufall den chinesischen Kaiser Shen Nung (2737 v. Chr.), der sehr auf Sauberkeit achtete und sich deshalb sein Trinkwasser

Die Tee-Passage

Susan Bütger, Ylva-Maritt Dahms
Sorge 10
07545 Gera

Telefon   03 65 – 8 00 13 50
Telefax   03 65 – 8 00 13 50

Ruhetag: Sonntag

„Was ist das Wundervollste für Menschen, die einer Teezeremonie folgen?", fragte einst ein Schüler den berühmten japanischen Tee-Zeremonienmeister Sen no Rikyû (1521–1591). „Das Gefühl der Einheit von Gast und Gastgeber, geschaffen durch die Begegnung von Herz zu Herz und das Teilen einer Schale Tee", sprach Rikyû. „Und was ist der Sinn des Teeweges?", fragte der Schüler. „Wasser holen, Feuer anzünden,

abkochte, auf den Tee-Geschmack brachte: Ein Windstoß wehte einige Teeblätter in den Kessel mit kochendem Wasser, diese färbten es golden und verliehen ihm ein angenehmes Aroma. Der Kaiser probierte das Getränk und fühlte sich erfrischt. Erfrischt fühlten sich auch die Japaner, allerdings viel später: Sie lernten Tee erst im Jahre 552 nach Christus kennen. Den „köstlichen Saft" über alle Maßen verehrend, entwickelten sie alle Handlungen für die Zubereitung bis kleinste Detail zu einem Ritual. „Jeder Handgriff und jede Bewegung ist nun seit Hunderten von Jahren festgelegt und wird in genauer Weise vom Lehrer an den Schüler weitergegeben. Oberstes Prinzip ist die Harmonie des gesamten Ablaufes, der je nach verwendeten Teegeräten, nach Gelegenheit und nach den Jahreszeiten variiert", weiß Susan Bütger aus eigener Erfahrung. Ylva-Maritt Dahms und sie haben sich – neben der „Tee-Passage" – ein zweites Standbein aufgebaut: die Veranstaltungsagentur „enjoy", die eng mit dem Teegeschäft verbunden ist und „Teatime mit Kunst" in Einklang bringt. So fahren die beiden Teeliebhaberinnen mit Kunden zum Beispiel in die Semperoper, genießen dabei schon auf der Busfahrt ein Tässchen, laden zu Plauderstunden rund um das Kultgetränk oder zu einer drei- bis vierstündigen, original japanischen Tee-Zeremonie ein.

Zutaten und Zubehör dafür gibt es in großer Auswahl im eigenen Geschäft. Mehr als 150 Teesorten lagern in Dosen aromafrisch verschlossen in den Holzregalen. Schwarz, grün, aus Früchten oder Kräutern – alle Geschmacksvorlieben können bedient werden. Jeden einzelnen Tee (unter anderem vom Fachhandelskontor Ronnefeldt, dem ältesten Teehandelshaus in Deutschland) haben die beiden Frauen vorher verkostet, geprüft und sich über seine jeweilige Wirkung auf Körper und Geist schlau gemacht. Und so wissen sie,

dass Rooibos kein Coffein, dafür viele Mineralstoffe enthält und be-ruhigend auf Magen und Darm wirkt, dass grüne Tees den Geist anregen und deshalb besonders bei Intellektuellen beliebt sind und dass Oolong-Tee, eine Zwischenstufe zwischen grünem und schwarzem Tee, als ganz besonderer Gesundbrunnen gilt. Das Teeangebot wird bereichert durch eine Auswahl an Teezubehör wie Gläsern, Teegeschirr, Zuckerlöffeln und kleinen Geschenken sowie Süßigkeiten zum Tee wie Kandissticks, Brüsseler Schokolade, Präsentkörbchen mit Zucker, Tee und Tee-Ei, Konfitüren und Honig. Susan Bütger trinkt am liebsten grünen Tee mit natürlichen Aromen, während Ylva-Maritt Dahms mehr auf einen guten Darjeeling schwört. So mancher Kunde folgt ihren Einladungen und gesellt sich mit einem Tässchen zu ihnen an einen der Steh-Teetische. Als Kenner zeigt sich jener, der vor dem ersten Schluck zunächst ausgiebig die Schönheit der Teeschale bewundert.

GERAER VERKEHRSBETRIEB

Kulturgeschichte verweisen. 995 erstmals urkundlich erwähnt und mit rund 107 000 Einwohnern der zweitgrößte Ort im Freistaat Thüringen, empfängt die einstige Haupt- und Residenzstadt des Fürstentums Reuß heute in ihrer Mitte täglich tausende Besucher aus nah und fern. Die erkunden bei einem Bummel vor allem die historisch gewachsene Altstadt. Dabei machen sie nicht nur am 1573–1575 erbauten Geraer Renaissance-Rathaus Halt, auch die prächtige Stadtapotheke mit ihrem reich verzierten Erker, die sehenswerten Gründerzeitvillen oder die begehbaren „Geraer Höhler", die Anfang des 18. Jahrhunderts als Tiefkeller für das Brauwesen angelegt worden sind, lassen die Besucher staunend verweilen. Ein schöner Ort für ein erholsames Stelldichein mit der Natur ist auch der Bergfried Osterstein auf dem Hainberg, vom dem aus zahlreiche Wanderwege in den Stadtwald führen. So viel Erlebnisreichtum am Tag verlangt nach einem ebenso abwechslungs-

Geraer Verkehrsbetrieb GmbH

Zoitzbergstraße 3
07551 Gera

Telefon   03 65 – 7 39 00
Telefax   03 65 – 7 39 07 39

Unternehmen die einen Thüringenreisenden gerne Landpartien und Wandertouren, so zieht es andere auf eine ausgedehnte Städtetour durch das „grüne Herz" Deutschlands. Neben Erfurt, Weimar, Eisenach, Gotha, Jena und Altenburg ist nicht zuletzt Gera ein lohnendes Reiseziel, denn die Stadt kann wie ihre Schwestern ebenfalls auf eine reiche und spannende Architektur- und

wenn eine fröhliche Feierrunde sich entschlossen hat, die fahrende Partybahn für eine Nacht zu mieten. Dann wird die lustige Familien-, Vereins- oder Firmengesellschaft ab einer selbst bestimmten Abfahrtszeit für zweieinhalb Stunden (auf Wunsch auch länger) durch das schöne Gera kutschiert. Damit keiner der Partyteilnehmer auf dem Trockenen sitzen muss, hat Torsten Weissbach die Theke gut gefüllt. Das frisch gezapfte Köstritzer fließt in Strömen, ein guter Rebentropfen ist auch an Bord, und das kulinarische Fahrprogramm zeigt sich so vielfältig wie die Gästewünsche – es reicht von kleinen Snacks am Tisch über ein ausladendes Büfett bis hin zum festlichen Menü. Und um den Spaß noch zu erhöhen, kann man sich erfahrene Routenbegleiter einladen, die – je nach Interesse der Gäste – kenntnisreich durch die Stadt führen oder als Alleinunterhalter in die Tasten hauen, heiße Scheiben auflegen oder in Kapellenformation zum Tanz aufspielen. Na dann, gute Fahrt!

reichen Abendprogramm. Da haben die Besucher mit einem Aufenthalt in Gera gut gewählt, denn die „Gerschen" verstehen es, die Feste zu feiern, wie sie fallen und klappen keineswegs ab 18 Uhr die Bürgersteige hoch. Ob Open-Air-Spektakel „Alles Theater" im Sommer, ob Sommernachtstraum im Park der Jugend oder Höhlerfest Ende September in der Altstadt – die Geraer nutzen jedes laue Lüftchen, um die Nacht zum Tag zu machen. Dann herrscht buntes Treiben nicht nur auf Straßen und Plätzen, sondern auch auf dem Schienenweg. Dort steht die „111" im Rampenlicht – eine Party(straßen)bahn mit gastronomischem Innenleben. Jeden Donnerstagabend rollt die Bimmel auf ihrer gewohnten Linie zwischen Bieblach Ost und Lusan hin und her. Ab 20.33 Uhr (und ab dann immer stündlich) steht die Bahn, die auch über ein WC verfügt, an der Zentralhaltestelle Heinrichstraße und macht die Türen für feierlustige Nachtschwärmer auf. Für einen kleinen Obolus steigt jeder ein, der Lust auf eine unterhaltsame Fahrt durch Gera hat. Zur Begrüßung wird ein Trunk gereicht, für gute Stimmung, Musik und anregende Getränke während der Reise sorgt das Party-Bahn-Team der Weissbach Gastronomie. Wer unterwegs zusteigen möchte, hebt einfach den Arm oder wartet an ausgewiesenen Haltepunkten wie beispielsweise in Tinz,

an der Hilde-Coppi-Straße oder in Bieblach-Ost. Die witzige Idee für die donnerstägliche Stadtrundfahrt auf Schienen hatte der Geraer Verkehrsbetrieb, ein Unternehmen der Stadtwerke. Im Gastronomen Torsten Weissbach wurde ein erfahrener Gastgeber gefunden, der weiß, wie man ein bunt gemischtes Publikum begeistern kann. Dass ihm das gelingt, zeigen die fast immer vollbesetzten Zweier- und Vierertische mit ihren 32 Plätzen. Und auch die Stehplätze bleiben selten ungenutzt. Schon gar nicht,

FLEISCHERFACHGESCHÄFT SCHRAPS

Fleischerfachgeschäft Schraps

Reiner Schraps
Reichsstraße 58/60
07545 Gera

Telefon   03 65 – 3 40 27
Telefax   03 65 – 7 11 34 90

Für Wurst vom Fleischer Schraps brechen Liebhaber sogar das Gesetz. So schmuggelte einst ein von Schraps verwöhnter Gourmet dessen Wurst bis nach Amerika, weil er im Urlaub nicht darauf verzichten wollte. Die Einfuhr von Lebensmitteln in das Land überm großen Teich ist allerdings strengstens verboten. Hätten die amerikanischen Zöllner den Mann erwischt – es wäre ihm schlecht ergangen. So aber ging die Geschichte vom Wurstschmuggler gut aus, ebenso wie die spannende Bratwurst-Story, die Vater Reiner und den Söhnen Stefan und Holger Schraps selbst widerfuhr in den Vereinigten Staaten. Ihnen war nämlich aufgetragen, zum jährlichen „German Fest" in der amerikanischen Partnerstadt Geras,

Fort Wayne, ihre berühmten Thüringer Roster anzubieten. Da nun aber alle aus dieser Fleischerfamilie Frische-Fanatiker sind und fertige Würste zudem nicht eingeführt werden durften, wartete in Amerika ein großes Problem. Denn dort war weder frisches Schweinefleisch noch ganzer Kümmel zu finden – die beiden wichtigsten Zutaten für die original Thüringer Roster à la Schraps. Erst nach langem Suchen, abenteuerlichen Verhandlungen und kurz vor dem Festbeginn fanden sich endlich Zutaten und Zubehör, um frische Bratwürste herzustellen.

Das würzig-leckere Grillgut lieben auch die Thüringer. An besonders guten Tagen, wenn die Sommernächte lau sind, verkauft die

kleine Mutzbratenstücke, die wie Schaschlik auf einem Holzspieß stecken.

„Frische" bei allem ist das Zauberwort – gute, naturbelassene Zutaten die Formel, nach der bei Schraps das Fleisch verarbeitet wird. Die Zauberer sind Vater Reiner (seit 1967) und Sohn Holger als Fleischermeister, während sich Sohn Stefan und Mutter Hannelore dem Kaufmännischen und Management verschrieben haben. 40 Mitarbeiter sind angestellt im Familienbetrieb, der noch vier weitere Filialen in Gera unterhält. Reiner Schraps, der die Firma inzwischen an seine Söhne übergeben hat, fährt nach wie vor alle zwei Tage selbst in den Schlachthof und sucht das Fleisch aus. Er prüft mit unbestechlichem Expertenblick Form und Farbe und misst mit einem Leitwertmesser den Wassergehalt. In der Fleischerei wird nach dem Zerlegen der stets ganzen Schweine, Kälber oder Lämmer nochmals abgewogen und geprüft, welche Stücke in der Theke landen und welche in der Wurst.

„Gute Wurst kann man nur machen, wenn das Rohmaterial gut ist", sagt Holger Schraps. Das gilt auch für die Zutaten. Pfeffer wird noch selbst gemahlen, Geschmacksverstärker sind verpönt, Aromastoffe bleiben aus der Fleischerei verbannt und Kunstdärme kommen nicht zum Einsatz. Die 25 bis 30 täglich frisch zubereiteten Wurstsorten werden vor Verkauf von den Familienmitgliedern verkostet und bewertet – mit Protokoll versteht sich. Die strengen Qualitätskriterien, die selbst auferlegt sind, haben sich gelohnt: 21 seit 1998 verliehene Goldmedaillen für 21 verschiedene Schraps-Produkte stehen dafür. Die Renner sind Knackwurst, Pfefferlinge, Paprika- und Rindfleischknacker,

Familie bis zu 5000 Roster. Und selbst wer an einem späten Freitagnachmittag danach verlangt, erhält frische Ware: Kann sein, dass die Würste dann gerade mal eine Stunde alt sind. Und dass man nicht nur Roster auf den Grill legen kann, zeigt sich auch im Ladengeschäft der Geraer. Insgesamt rund 28 verschiedene Fleischspezialitäten warten darauf, probiert zu werden, unter anderem Schweinemadaillons, Wild- und Lammspieße oder verschiedene Rostbrätel. Die originellste Erfindung ist aber „Mutz am Stiel",

Sülzwurst, die gesamte Hausmacherwurststrecke, Römerbraten und natürlich Thüringer Roster.

Und wie es sich für einen „Fünf-Sterne-Fleischer" gehört, gibt es auch köstliche Eigenkreationen. Dazu gehören beispielsweise luftgetrocknete Salami und Schinken, Käse- und Schinkenwürstchen. Neben dem „Kreieren" ist das „Jagen" eine weitere Liebhaberei. Reiner und Stefan Schraps frönen diesem Hobby in einem gepachteten Thüringer Jagdgebiet. Von dem Wild, das sie erlegt haben, sind die besten Stücke für die Kunden bestimmt, kommen aber auch als leckere Wildgerichte und -suppen auf den Mittagstisch im Hauptgeschäft. „Euren Eintopf könnte ich eimerweise essen", schwärmte neulich ein Kunde. Nach dem Genuss eines Tellers Gulasch weiß ich, dass er mit seinem Lob nicht übertrieben hat.

Altenburger Bauernpaar

Altenburger Schloss

Das Altenburger Land ist ein Geheimtipp. Hier, wo die nördlichen Ausläufer des Westerzgebirges sanft in die Leipziger Tieflandbucht übergehen, überrascht den Ankömmling eine bezaubernde Hügellandschaft mit zahlreichen grünen Tälern und murmelnden Fluss- und Bachläufen, mit imposanten Talsperren und verwunschenen Seen- und Teichlandschaften. Naturschutzareale mit seltenen Pflanzen und Wasservogel-Schongebiete wechseln sich ab mit alten Bauernhöfen in markanter Fachwerkbauweise. Zum Wandern und Radwandern laden mehr als

300 Kilometer markierte Wege durch den Landstrich ein. Natursehnsüchtige und Historienliebhaber können das zauberhafte Sprottental erobern, die Wasserschlösser in Windischleuba oder Dobitschen erkunden, Schloss Ponitz, die Feudalburg Posterstein oder die Orangerie im Seckendorff bestaunen.

Während es im dörflichen Leben gemächlich zugeht, trifft man in den zur Region gehörenden Städten auf pulsierende Betriebsamkeit. So erwarten den ins Altenburger Land Reisenden neben der anrührenden Naturkulisse auch anregende Kulturerlebnisse, liebevoll gepflegte Traditionen und vor allem die viel gerühmte Thüringer Gastlichkeit. Kulturelle Abwechslung versprechen die Skatstadt Altenburg, die Knopfstadt Schmölln sowie das ehemalige Tuchmacherstädtchen Meerane, das – durch einen Grenzstein geteilt – kurioserweise in Sachsen wie in Thüringen liegt.

Besonders in Altenburg locken zahlreiche Sehenswürdigkeiten, die an den einstigen Ruhm als Residenzstadt und den heutigen Ruhm als Skatstadt erinnern. Ein Bummel

Altenburg

durch den über tausendjährigen Ort könnte zunächst zum hoch aufragenden Schloss führen. Das beeindruckende Architektur-ensemble entstand in einem Zeitraum von neun Jahrhunderten und ist von einem wunderschönen Park umgeben, den Peter Joseph Lenné 1826 gestaltete. Hat man dort die Ruhe und Schönheit der Anlage genossen, lockt der Besuch des Schloss- und Spielkartenmuseums. Dort ist die spannende Geschichte des Kartenspiels – der weltweit bekannteste Trumpf von Altenburg – nachlesbar. Seit über 400 Jahren werden in der Stadt Spielkarten hergestellt. Zudem ist in

Altenburg vor 200 Jahren das Skatspiel erfunden worden. Der originelle Skatbrunnen, das Skatgericht und die Skatschule sind heute Pilgerstätten für Kartenspielfans aus aller Welt. Wer sich für frühitalienische Tafelmalerei interessiert, ist in einem der bedeutendsten Museen Deutschlands, im Lindenau-Museum, am richtigen Ort. Hier befindet sich die größte Sammlung dieser Kunst außerhalb Italiens. Ähnlich wertvolle und dennoch andersartige Attraktionen hat auch Schmölln aufzuweisen. Das Wahrzeichen der im Tal der Sprotte liegenden Ansiedlung ist der Ernst-Agnes-Turm, der

schon von weitem den Weg auf den Pfefferberg weist. In Schmölln, das seine Blütezeit in der Mitte des vergangenen Jahrhunderts der Fabrikation von Steinnussknöpfen verdankte und deshalb bis heute Knopfstadt genannt wird, beeindruckt vor allem das gotische Rathaus mit seinen Vorhangbogenfenstern und der spätgotischen, kräftig profilierten Eingangstür. Zudem wurde in Schmölln nicht nur der erste Turnverein Thüringens gegründet (vor 150 Jahren), sondern auch eine kulinarische Spezialität erfunden: der Original Schmöllner Mutzbraten.

Mutzenbraten

Das leckere, über offenem Birkenholzfeuer gebratene, mit Majoran, Salz und Pfeffer gewürzte Fleischstück gibt es in nicht wenigen der gemütlichen Landgasthöfe, Restaurants und Hotels des Altenburger Landes zu kosten. Die gastlichen Stätten warten aber auch mit anderen schmackhaften Spezialitäten der Region auf. So erfrischen die würzigen Biere der Altenburger Brauerei die Kehlen durstiger Gäste von nah und fern, die dazu gern einen der süffigen Altenburger Liköre genießen. Höchst angenehme Gaumenfreuden bereiten auch der „Altenburger Ziegenkäse", die leckeren Bauernkuchen der Landfrauen oder der berühmte Altenburger Hugglkuchen. Die regionalen Köstlichkeiten gehen nicht nur in alle Welt, sie sind auch auf jedem der traditionellen Feste und Märkte zu finden, die im Altenburger Land jährlich tausende Besucher aus aller Herren Länder anziehen.
Ob Bauernreiten oder Handwerkermärkte, ob Schloss- oder Skatbrunnenfeste, ob Pfefferbergspektakel oder Orgelsommer – die Einwohner der Region im östlichsten Zipfel von Thüringen verstehen es hervorragend, ihre Gäste kulinarisch und kulturell zu verwöhnen.

Knopfmuseum Schmölln

Burg Posterstein

ALTENBURGER ZIEGENKÄSE

ihnen stehen jeweils bis zu dreißig mit Käsebruch gefüllte Formen. Der Käsebruch ist auf dem Weg ins Stapellager, wo er die nächsten 18 Stunden stehen und Molke abgeben wird. Dabei „helfen" ihm die Käser: Sie wenden die Paletten bis zum nächsten Tag in immer größeren Abständen. Ist die Molke abgeflossen, werden die Käse gesalzen und wandern ab in die Reifekammer. Dort, unter besten „klimatischen" Bedingungen mit 97 Prozent Luftfeuchtigkeit und 15 °C Reifetemperatur, bleiben sie – regelmäßig per Hand um 180 Grad gedreht – die nächsten sieben Tage. Am dritten, vierten Tag wächst den runden Käselaibern ein schneeweißer, flauschiger Pelz – sie haben ordentlich Schimmel angesetzt. Die Käser freut der Anblick, verspricht er doch eine „gute Ernte": Auch diese Charge Ziegenkäse wird wieder bestens gelingen. Eigentlich keine Überraschung in der Weichkäserei Altenburger Land. Das sanft gewellte, fruchtbare Altenburger Land ist eine der wenigen Regionen in Deutschland, die mit einer kulinarischen Spezialität Berühmtheit erlangt hat. Hier, wo Kühe und Ziegen seit Jahrhunderten einträchtig miteinander leben, schlug 1897 die Geburtsstunde für den längst über die deutschen Grenzen hinaus bekannt gewordenen „Altenburger Ziegenkäse". Die Besonderheit dieses Käses ist gleichzeitig sein Markenzeichen: Frische Kuhmilch und aromatische Ziegenmilch werden gemeinsam zu einem feinen Weichkäse verarbeitet. Die innovative Rezeptur stammt aus den Gründerjahren. Und so wie es

Weichkäserei Altenburger Land

Theo-Nebe-Straße 1
04626 Lumpzig / OT Hartha

Telefon 03 44 95 - 77 00
Telefax 03 44 95 - 7 70 28

$\mathfrak{W}$ie eine Guillotine saust das fast einen Meter lange, spitzwinklige Messerblatt immer wieder in die mit Käsereikulturen und Lab eingedickte Milch und teilt die weiße Käsegallerte mit Schwung in kleine Würfel. Gegenüber der Fließstreckenstation, auf der sich die Milch in Käsewürfel verwandelt, fahren koffergroße, gelbe Kunststoffpaletten ein Förderband entlang. Auf

damals schon ihre Vorfahren taten, mischen heute die Käser der Weichkäserei Altenburger Land rund 85 % Kuhmilch und 15 % Ziegenmilch zu einer Käsereimilch, aus der sie dann unter Zugabe einer Prise Kümmel den leckeren Käse zaubern. Die Einzigartigkeit von Rezeptur und Geschmack hat neben Liebhabern in aller Welt auch die Europäische Union beeindruckt. Sie adelte den „Altenburger Ziegenkäse" als Herkunfts- und Rezepturenspezialität mit einem europaweit geltenden Schutzsiegel.

An diesen Herkunftsschutz sind strenge Bedingungen gebunden. Die Kuh- und Ziegenmilch muss ebenso wie die Käsereibetriebe, die sie verarbeiten, aus der Region stammen. Zudem darf der Käse nur nach der überlieferten Rezeptur hergestellt werden. Etwas anderes, als diese Bedingungen zu erfüllen, haben die Weichkäser in Hartha auch gar nicht im Sinn, schließlich liegen ihre fein aromatischen Kulinarien deutschlandweit auf der Überholspur. Mit 60 Prozent Marktanteil ist „Der Grüne Altenburger" längst Marktführer unter den Ziegenweichkäse-Herstellern. Die Käseesser hierzulande lieben neben dem Premium-Produkt „Altenburger Ziegenkäse" vor allem den pur aus Ziegenmilch gemachten Camembert, der von Feinschmeckern und Kuhmilchallergikern gleichermaßen wegen seiner Milde und Cremigkeit gelobt wird. Die Käse haben mit 30 bis 60 Prozent verschieden hohe Fettanteile, sodass bewusste Genießer zwischen cremiger Leichtigkeit und sahniger Vollmundigkeit wählen können. Der Weichkäse aus Hartha ist aber nicht nur ein kulinarischer Verführer, sondern auch ein gesunder

Altenburger Bauernpfanne mit Ziegenkäse

750 g gekochte Kartoffeln
1 Zwiebel
30 g Butterschmalz
Salz, Pfeffer
Muskat
1 dicke Scheibe gekochter Schinken (ca. 125 g)
1 Frühlingszwiebel
250 g Altenburger Ziegenkäse (45 % Fett i. Tr.)
6 Eier
6 El Milch

Zubereitung

Die Kartoffeln schälen und in Scheiben schneiden. Zwiebel schälen und fein würfeln. Das Butterfett erhitzen. Die Kartoffeln darin knusprig braun bra-

ten und leicht salzen. Zwiebelwürfel zugeben und einige Minuten mitbraten. Den Schinken in dicke Würfel schneiden und zufügen. Die Frühlingszwiebel in Ringe, den Ziegenkäse in Scheiben schneiden. Die Eier mit der Milch verquirlen, salzen und pfeffern. Mit etwas Muskat abschmecken und über die Kartoffeln gießen. Mit Frühlingszwiebeln bestreuen. Die Eiermasse in der Pfanne stocken lassen. Mit dem Ziegenkäse belegen. Bei geschlossenem Deckel ganz kurz anschmelzen lassen. Sofort servieren. Altenburger Ziegenkäse ist besonders mild und fein aromatisch im Geschmack. Sein leichter Kümmelzusatz harmoniert hervorragend mit vielen Kartoffelgerichten.

Begleiter. Enthält er doch Eiweißbestandteile, Vitamine und Mineralstoffe von gleich zwei Milchsorten, die als sehr empfehlenswert für unsere Ernährung gelten. Die Franzosen haben das Multitalent des Ziegenkäses längst erkannt. Das Gourmet-Land steht ganz oben in der Ziegenkäse-Verbraucherliste. 60 Millionen Kilogramm der würzigen Köstlichkeit lassen sich die Franzosen Jahr für Jahr auf der Zunge zergehen. Doch auch die Deutschen setzen zum Spurt an: Seit Anfang der 90er Jahre hat sich der Konsum

von Ziegenkäse mehr als verdoppelt und steigt weiterhin kräftig an. Die Weichkäserei Altenburger Land schreibt mit ihren schmackhaften Weichkäsespezialitäten an dieser Erfolgsgeschichte entscheidend mit. Von allen in- und ausländischen Weichkäsen mit Ziegenmilch wählen zwei von drei Ziegenkäseliebhabern den „Grünen Altenburger" aus Thüringen.

HOTEL BELLEVUE

Hotel Bellevue

Heidi Klotzek
Am Pfefferberg 7
04626 Schmölln

Telefon   03 44 91 - 70 00
Telefax   03 44 91 - 7 00 77

Jürgen Drews verteilt „Kornfeldgrüße", ein Gast sieht im Restaurant „Hotel Bellevue" die Perle der hiesigen Gastronomie und eine Hochzeitsgesellschaft verlangt nach dem Genuss des Bärlauchsüppchens, dass das Braupaar jetzt jeden Samstag hier heiraten möge. Keine Frage: Wer sich auf den Weg zum Schmöllner Pfefferberg gemacht hat und im Hotel eingekehrt ist, lobt die kulinarischen Genüsse, die außergewöhnliche Gastfreundschaft und das stilvolle Ambiente über den grünen Klee.

Das freut Heidi Klotzek. Für die Restaurantfachfrau, seit dem Jahr 2003 Inhaberin des Hotels, hat sich also die Mühe der letzten Monate gelohnt. Und auch Küchenchef René Girke ist hochzufrieden, dass seine von der französischen und italienischen Küche geprägten Kreationen so gut bei den Gästen ankommen. Die leichten, variantenreichen Gerichte hat er in einer kleinen, aber feinen Karte zusammengefasst, die zweimal im Jahr wechselt. Ein kulinarischer Kalender gibt einen Überblick über zusätzliche, jahreszeitliche Angebote. Gibt's immer noch Unentschlossene, führt meist die wöchentliche Empfehlung des Küchenchefs zur Speisenwahl. In aristokratischem Ambiente genießen die Gäste ein feines Frühlings- oder Wintermenü, das in der wärmeren Jahreszeit beispielsweise aus perfekt pochierter Lachsroulade mit Kräuterfüllung, Ratatouille und Pestokartoffeln, Bärlauchschaumsuppe, Schweinefilet im Kräutermantel und Rhabarbertimbale mit Nougatparfait und Pfefferminzzabaione bestehen könnte, das sie sich aber auch aus einzelnen Gerichten selbst zusammenstellen können. Die Basisprodukte für seine Rezepturen holt sich René Girke aus der Umgebung von Schmölln, während der Zubereitung „würzt" er mit internationalen Erfahrungen, Talent und kochkunsthandwerklicher Kreativität. „Nomen est omen" schreibt der Gault Millaut und würdigt damit sowohl das Küchenkonzept als auch die Lage und Architektur des Hauses. Denn die sind wahrhaft „bellevue": Hoch über dem Ort Schmölln, auf dem Gipfel des Pfefferberges

Pochierte Roulade vom Zander und Lachs im Wirsingmantel

Zutaten

4 Zanderfilet à 150 g (enthäutet)
300 g Lachs (enthäutet, filetiert)
300 ml Sahne
8 Blätter Wirsing (blanchiert)
1 Eiweiß
Saft einer Zitrone
Salz, Pfeffer

Zubereitung

Für die Roulade das Lachsfleisch mit dem Eiweiß und der Sahne in die Moulinette zu einer Fischfarce aufmixen und mit Salz und Pfeffer würzen. Ein Wirsingblatt flach auslegen, mit Fischfarce einstreichen. Zanderfilet (gewürzt mit Zitrone und Salz) auflegen, erneut mit Farce einstreichen und mit einem zweiten Wirsingblatt belegen. Das Ganze in Frischhaltefolie zu einer Roulade rollen. Die Roulade in Aluminiumfolie einrollen und die Enden fest zudrehen. Die Roulade in kochendes Salzwasser legen und ca. 20 Min. auf kleiner Stufe ziehen lassen.

Die pochierten Filets im Wirsingmantel servieren wir mit Ratatouille und Pestokartoffeln.

liegt die schiefergedeckte, schlossähnliche Gourmet-Residenz, seinerzeit von einem Konditor im Jugendstil erbaut, 1994 detailgetreu rekonstruiert und da, wo nötig, mit aufmerksamem Architektenblick gelungen saniert.

Das elegante Restaurant erstreckt sich über mehrere Räume, ist in cremige Weiß- und Gelbtöne getaucht und mit schönen alten Möbeln und fein eingedeckten Tischen bestückt. Im Sommer laden ein bezaubernder Garten mit alten Linden und Blumenrabatten sowie zwei Terrassen zum Verweilen ein. In 15 individuell eingerichteten Hotelzimmern fühlen sich Touristen ebenso wohl wie Geschäftsleute oder Feierteilnehmer. Nicht nur Gäste, sondern auch der zitierte Restaurantführer zählen das „Bellevue" zu den sechs besten Häusern in Thüringen. Damit es weithin noch bekannter wird und weil sie ihre Gastgeberschaft als Berufung

empfindet, bittet Heidi Klotzek ab September immer am letzten Sonntag zum Tanztee. Dann spielen Musiker auf und Mutter Gerda zeigt, was sie als Kuchen- und Tortenbäckerin zu zaubern versteht. Wer möchte, kann sich aus der umfangreichen Weinkarte ein Tröpfchen bestellen. Das gilt auch für jene Besucher, die jeden zweiten Sonntag im Monat zum Brunch kommen. Von 10 bis 15 Uhr sind die Tische beladen mit kalten und warmen Speisen. Wer vorbestellt und mindestens 20 Freunde mitbringt, bekommt sogar einen original Schmöllner Mutzbraten – eine deftige, über Birkenholzfeuer gebratene Köstlichkeit (vor allem für auswärtige Gäste). Die Schmöllner kann man damit kaum überraschen, sie sind mit dem würzigen Fleischstück groß geworden, das in ihrer Stadt von einem findigen Fleischer kreiert wurde. Ein Gerücht besagt, dass jeder zweite Schmöllner seinen eigenen Mutzbratenstand hat. Wer an einem lauen Sommerabend hoch oben auf dem Pfefferberg von der Terrasse des „Bellevue" auf das Panorama der Stadt hinunterblickt, dem steigt der Mutzbratenduft, der aus den Schmöllner Kleingärten zieht, appetitanregend in die Nase.

SKATSCHULE

Meine unumgängliche Empfehlung zum Besuch der einstigen Fürsten-Residenzstadt ist eine Folge der sinnenfrohen Erfahrung des historischen Flairs, sie beruht auf dem Wissen um die mit einer Kindesentführung verbundenen, spannenden Geschichte und sie gründet sich auf die erfindungsreiche Protagonistenrolle, die Altenburg im Kartenspiel spielt.

Sie sind verwirrt? Das macht nichts, schließen Sie sich meiner Stadtführung an und Ihnen wird klar werden, wovon ich spreche. Zunächst wandeln wir auf Baumeisterspuren durch Altenburg und halten Ausschau nach den zahlreichen steinernen Zeitzeugen verschiedenster Epochen, die hier fast wie an einer Perlenschnur aufgereiht sind.

So erzählen die Fassade und das Innenleben des auf einem Porphyrfelsen errichteten Schlosses allein aus neun Jahrhunderten Baugeschichte. Der über die Zeiten weitgehend geschlossen erhaltene Altstadtkern wird vom Nikolaiturm, der in einem der ältesten Altenburger Stadtteile zu bewundern ist, repräsentiert. Als eine architektonische Perle ganz anderer Zeit, nämlich der Neorenaissance zeigt sich das vor über einhundert Jahren vierflügelig und mit Lichthof erbaute heutige Landratsamt. Wahrzeichen der von Barbarossa gegründeten Stadt sind zudem die fünf Marktplätze, der Haupt-, Topf-, Weiber- und Kornmarkt sowie der Roßplan, und – neben anderen Türmen – die Roten Spitzen, die dem von auswärts kommenden Besucher schon von fern signalisieren: „Du näherst dich der

Altenburger Tourismus-Information der Altenburger Skatschule GmbH

Moritzstraße 21
04600 Altenburg

Telefon 0 34 47 – 55 18 38
Telefax 0 34 47 – 51 99 94

Unterwegs in Altenburg kommt man aus dem Staunen nicht heraus. Die Stadt mit den zahlreichen kulinarischen Trümpfen, über die wir im Vorspann bereits berichtet haben, ist zudem ein beeindruckendes architektonisches Historienkaleidoskop, das außerordentlich ausflugsfreundlich in Mitteldeutschland gelegen ist. Die zentrale Lage ermöglicht den von hier aus Reisenden kurzwegige Touren zu den schönsten Zielen in Sachsen, Sachsen-Anhalt und Thüringen. Doch vor der Tour ist das Verweilen in der über 1025-jährigen Stadt, der weder Brände noch Kriege Schaden zufügten, ein Muss.

Innenstadt." Nicht weit davon entdeckt der Stadtflaneur weitere Bauten verschiedener Stilepochen wie Kirche, Rathaus und Lindenau-Museum. Doch halt, nun ist es an der Zeit, eine kulinarische Pause in einem der schönen historischen Restaurants einzulegen. Würzen wir die Tafelfreuden mit dem Bericht über die erwähnte Kindesentführung, die sich in der Nacht vom 7. zum 8. Juli 1455 im Altenburger Schloss zugetragen hat. Der Übeltäter war Kunz von Kauffungen, ein kriegerischer Ritter und Straßenräuber. Dieser Mann kämpfte zu jener Zeit an der Seite des Kurfürsten von

gen Böhmen, doch wurden die Räuber unterwegs erkannt. Ihr Anführer, Kunz von Kauffungen starb am 14. Juli 1455 auf dem Marktplatz, öffentlich mit dem Schwert wegen Landfriedensbruch hingerichtet. Die Prinzen Ernst und Albrecht hingegen kehrten unversehrt an den Hof zurück. Jahre später – anno 1485 zu Leipzig – waren es diese beiden

Sachsen (Friedrich der Sanftmütige), der einen Krieg gegen seinen Bruder Wilhelm führte. In diesem Bruderzwist wurde Kunz bei Gera gefangen genommen, konnte sich aber mit 4000 Gulden freikaufen. Er forderte vom Kurfürsten den Ersatz des verlorenen Geldes, doch dieser verweigerte die Zahlung. Kunz von Kauffungen fühlte sich schlecht behandelt und ersann, um seiner Forderung Nachdruck zu verleihen, den Plan, die minderjährigen Prinzen Ernst und Albrecht aus dem Altenburger Schloss zu rauben. Es kam, wie es kommen musste: Zwar gelang die Entführung der Prinzen

hochwohlgeborenen Nachkommen, die ihre Besitztümer teilten und damit die Wurzeln für die heutigen Freistaaten Sachsen und Thüringen legten. Na bitte, hab ich zuviel versprochen? Das ist doch einmal eine spannende Story. Neben dem Historiendrama steht in Altenburg noch ein weiteres Spiel im Mittelpunkt. Die Stadt kann nämlich mit Stolz auf den Beinamen Skat- und Spielkartenstadt verweisen. Spielkarten werden hier schon seit 1543 hergestellt, den Skat jedoch hoben erfinderische Kartenspieler erst Anfang des 19. Jahrhunderts aus der Taufe. Sie mischten dabei experimen-

tierlustig Regelelemente des wendischen Schafkopfs, des L'hombre, des Tarock und Solo und nannten die Kreation 1813 erstmals Skat. An das „Taufereignis" erinnert auf dem Altenburger Brühl ein im Jahr 1903 erbauter Skatbrunnen mit vier steinernen, in Spielleidenschaft sich balgenden Wenzeln. Er ist das weltweit einzige Denkmal, das einem Kartenspiel gewidmet ist und ein Mekka für Glück suchende Spieler, die hier des Nachts ihre Karten ins geweihte Wasser tauchen. Kann sein, dass sie dabei auf einen Richter treffen: Seit 1927 entscheidet in Altenburg das Skatgericht über strittige Fragen. Haben Sie noch Fragen? Ja? Na dann, auf nach Altenburg!

ALTENBURGER BRAUEREI

Altenburger Brauerei

Brauereistraße 20
04600 Altenburg

Telefon   0 34 47 - 31 29 10
Telefax   0 34 47 - 31 29 19

Eine Brauerei in Frauenhand, das ist selten in Deutschland, wenn nicht gar einzigartig. Doch in der Altenburger Brauerei steht diese „Einzigartigkeit" leibhaftig vor mir: Drei Frauen haben hier die Geschicke von 85 Mitarbeitern in der Hand – die Besitzerin Christine Leikeim, die Geschäftsführerin Petra Haase und Antje Dathe, die Braumeisterin. Das weibliche Triumvirat hat zahlreiche Wechselfälle des Lebens und aufregende Brauereigeschichtsepisoden mit Bravour überstanden und aus der zur Wendezeit bröckelnden Bierproduzentenburg ein architektonisches und besucherfreundliches Schmuckstück gemacht. Dort wird nicht nur köstlicher Gerstensaft gebraut, sondern auch Historie und Gegenwart der Braukunst anschaulich erzählt. Zahlreiche Touristen nutzen jährlich eine Erkundungstour durch die über tausendjährige Residenzstadt Altenburg, die Hochburg des

Skatspiels und der Spielkarten, um der Brauerei davor oder danach einen Besuch abzustatten. Dabei erfahren sie auf einem Rundgang durch Produktion, Sudhaus und Museum und im aufwändig sanierten, historischen Ambiente der Gründerzeit und des Jugendstils mehr über die Kunst des Bierbrauens und deren Tradition im Altenburger Land. Die ist nämlich uralt: Heinrich der Erlauchte, Markgraf zu Thüringen, verlieh der Stadt bereits im Jahr 1256 das Braurecht.

Die Altenburger Brauerei wurde im Jahre 1871 unter damals modernsten Gesichtspunkten errichtet. Die leckeren Biere erfreuten sich rasch großer Beliebtheit und so musste bereits im Jahr 1912 die Sudhaus-Produktion erweitert werden. Bis zum Jahr 1914 entstand eines der technisch ausgefeiltesten und schönsten Jugendstil-Sudhäuser Europas, das bis zum Jahr 1999 in seiner ursprünglichen Erbauungsform genutzt wurde. Heute, nach der Sanierung, erstrahlt es in neuem Glanz. Hinter der historischen Sandsteinfassade mit den kleinen Türmchen, Rundbogen- und Bleiglasfenstern ist die moderne Technik nun versteckt unter original erhaltenen kupfernen Läuterbottichen und Sudgefäßen, über die sich wie ehedem ein imposantes Kreuzgewölbe spannt.

Gegenüber vom Sudhaus erheben sich zwölf riesige Zylinder. Eng aneinander geschmiegt, als wollten sie sich wärmen, dienen die im Jahr 2000 und 2003 installierten Türme dem Bier als Gär- und Lagerkeller und der Stadt Altenburg als Wahrzeichen. Für Besucher ein Ereignis ist auch die Besichtigung der Abfüllanlage mit neuer Bügelverschluss-Anlage: 30 000 Flaschen pro Stunde werden hier "zugebügelt".

In den Flaschen befinden sich würzige Biere allerlei Sorten und nach dem Reinheitsgebot von 1516 gebraut. Bis zu 200 000 Hektoliter Gerstensaft in Bügelflaschen verlassen das Brauereigelände jährlich, darunter Spitzenprodukte wie Altenburger Premium, Altenburger Radler, Altenburger Schwarze, Altenburger Festbier, Altenburger Black Radler und Altenburger Lager. Nicht in der Bügelflasche, sondern im Partyfass gibt es zudem fünf Liter Premium. Den besonderen Geschmack ihrer Biere zaubern die Altenburger mit ausgewählten Aromahopfen-

sorten und einer Spur mehr an Hopfen sowie mit kristallklarem Brauwasser, das aus 150 Meter Brunnentiefe gepumpt wird. Vom würzigen Geschmack überzeugen kann man sich in der nagelneuen "Sudhaus-Stube", die ein wahres Kleinod ist. Die edle Inneneinrichtung der gastlichen Stätte ist dem Jugendstil nachempfunden und bietet 60 Gästen Platz. Wer vorbestellt, kann ein vom besten Koch Altenburgs, Renè Friedmann, zubereitetes Biermenü genießen, aber auch Bier verkosten. Derart gestärkt geht es ins Museum. Dort, in der einstigen Direktorenvilla aus der Gründerzeit, wird die Geschichte von Böttchern und Brauern, von Altenburger Brautraditionen und ihrer Vermarktung anschaulich nacherzählt. Für kulturhistorisch Interessierte spannend dürfte auch die im Stil der 20er Jahre eingerichtete Gaststube sein. Dieser Schankraum ist nur etwas fürs Auge, während im 400 Quadratmeter großen Brauereisaal, einem liebevoll restaurierten Relikt aus den 50er Jahren, mit Eichenstabparkett, Bühne und modernster Tagungstechnik zünftig gefetet und gespeist, aber auch konzentriert getagt werden kann. Hier fühlen sich Kultur-, Sport- und Brauchtumsvereine aus Altenburg ebenso zu Hause wie bis zu 350 Menschen umfassende Gesellschaften. Selbst kurzfristige Saal-Buchungen seien möglich, verspricht das betriebsführende Frauen-Terzett.

Altenburger Bierfleisch

Zutaten

800 g Schweineschulter oder Kamm
40 g Margarine
200 g Zwiebeln
1 El Tomatenmark
20 g Knoblauch
200 ml Altenburger Schwarzbier
Pfeffer, Salz
Lorbeerlaub

Zubereitung

Das Schweinefleisch in Würfel à 50 g schneiden, mit Salz und Pfeffer würzen und Margarine braun anbraten. Zwiebeln würfeln, Tomatenmark und Zwiebeln zugeben und ebenfalls braun rösten. Anschließend alles mit Altenburger Schwarzbier ablöschen und würzen. Den Braten zugedeckt in die Röhre geben und schmoren lassen. Die Flüssigkeit von Zeit zu Zeit mit Jus aufgießen. Nach ca. $3/4$ Std. probieren, ob der Braten weich ist, ihn herausnehmen und den Bratensaft durch ein Sieb passieren. Das Schwarzbierfleisch anrichten und mit Soße übergießen. Am besten serviert man dazu Apfelrotkohl und Thüringer Klöße.

VILLA „IL MIO" AM HOTEL „SCHWANEFELD"

**Villa „Il Mio"
am Hotel „Schwanefeld"**

Andreas Barth
Schwanefelder Straße 22
08393 Meerane

Telefon   0 37 64 - 40 50
Telefax   0 37 64 - 40 56 06

Auf dem weitläufigen Anwesen von Hotelier Andreas Barth in Meerane können die Gäste in Minutenschnelle Ländergrenzen überschreiten. So kann es vorkommen, dass ein Gast sein Mittagessen in Sachsen im Hotel „Schwanefeld" einnimmt und zum Cocktail in die zum Haus gehörende Villa „Il Mio" nach Thüringen „wandert". Lange dauert die Wanderung nicht, nach ein paar Schritten ist er da. Mittendrin steht der Grenzstein, der das idyllische Gelände teilt. Stammt das historische Gebäude, das sich von einer sächsisch-thüringischen Zollstation über die Jahrhunderte in das heute komfortabel-moderne Tagungshotel „Schwanefeld"verwandelt hat, aus dem Jahr 1692, so ist die Villa „Il Mio" wesentlich jünger. 1907 hat ein italienischer Baumeister das an Toskanaurlaube erinnernde Haus entworfen. Der an die Architektur des sonnigen Stiefellandes angelehnte Baustil hat seinen Grund: Meerane war einst eine berühmte Tuchmacherstadt, in der reich gewordene Fabrikanten sich imposante, mediterran inspirierte Stadtvillen errichten ließen. Wie einige andere ist auch die

Villa „Il Mio" erhalten geblieben. Andreas Barth hat sie mit liebevollem Kennerblick rekonstruieren lassen und vor drei Jahren als Entspannungs- und Erlebnisraum eröffnet.

Wer eintritt (abends ab 17 Uhr), bewundert neben der Klarheit des Grundrisses und dem beeindruckenden Treppenhaus mit einem bis in die dritte Etage reichenden Lichthof als erstes die schönen Materialien, mit denen das Innere ausgestattet wurde. Hohe, bemalte Bleiglasfenster dämpfen angenehm das Licht, dunkles, poliertes Holz macht die Einrichtung gediegen, großformatige Landschaftsbilder, die mit ihren Motiven das südländische Flair unterstreichen, ziehen die Blicke auf sich. Die hohen und weiten Räume lassen viel Luft zum Atmen, Denken und Bewegen. Zwei Bowlingbahnen und ein Billardzimmer werden rege genutzt von zumeist jüngeren Hotel- und Tagungsgästen, andere treffen sich auf einen Plausch im Kaminzimmer, in der Cocktailbar oder im Caféhausbereich. Gespeist werden darf überall. Und wie sollte es anders sein: Auf den hungrigen Gast warten allerlei italienische Gerichte. Feine Pasta und knusprige Pizzen in jeweils knapp 15 Varianten sowie Fleisch- und Fisch, mediterran zubereitet, stehen auf der umfangreichen Speisekarte. Antipasti wie Funghi Presci al Pepe (frische Champignons in Pfeffersoße mit warmem Knoblauchbrot), Bruschetta oder Carpaccio Classico sind ein gelungener Einstieg in einen langen kulinarisch-geselligen Abend in der Villa „Il Mio". Mit ihrer leckeren, abwechslungsreichen Küche und dem Ambiente für Fernwehsüchtige ist die Villa nicht nur ein begehrter Treffpunkt für Hotelgäste, die vom Tagwerk ausspannen wollen. Sie zieht auch zahlreiche Gesellschaften an, die hier ganz unter sich Hochzeiten, Geburtstage, Firmenjubiläen feiern. Und nicht zuletzt ist das Haus auch ein Mekka für Liebhaber von live gespielten Rhythmen der Klassik, des Jazz oder Rock

Lammkarree mit Salbei-Ricotta-Walnusscreme

Zutaten

2 Lammkarree je 400 g
1 kl. Bund Salbei
1 kl. Bund Basilikum
200 g Ricotta-Frischkäse
50 g gehackte Walnüsse
1 kl. Bund Rosmarin
100 g Rucola
50 Pinienkerne
400 ml Demi glace
je 5g rote, grüne Pfefferkörner
100 ml guter, alter Balsamico-Essig
1 Knoblauchzehe

Zubereitung

Die Lammkarree bei mittlerer Hitze mit ein paar Rosmarinzweigen und Salbeiblättchen

rundum goldbraun anbraten und mit Salz und Pfeffer würzen. Dann für ca. 10 Min. bei 190 °C Ober- und Unterhitze mit der gepressten Knoblauchzehe im Backofen fertig garen.
Für die Salbei-Ricotta-Walnusscreme Rucola, Salbei und Walnüsse sehr fein hacken, die Ricottacreme aufschlagen und die Kräuter und Nüsse unterheben, mit etwas Salz und weißem Pfeffer würzen. Vor dem Anrichten die Lammkarrees warm stellen und den Bratenfond mit der Demi glace und Balsamico ablöschen.
Wir richten das Lammkarree mit Salbei-Ricotta-Walnusscreme auf einem Zucchini-Strauchtomatenbett mit Balsamico und gerösteten Pinienkernen auf Safran-Risotto mit Steinpilzen und würzigem Fontina an.

und Pop. Nach dem Konzert könnte man wieder hinüber nach Sachsen schwenken. Denn im Hotel „Schwanefeld" lässt es sich ebenfalls wunderbar speisen und relaxen. Bis zum Jahr 1858 war das Vier-Sterne-Hotel eine wichtige Ausspann-Station an der herzoglich-altenburgischen und königlich-sächsischen Grenze. Heute beherbergt es vor allem Touristen und Tagungsgäste.

110 weiche Betten, zehn mit allen technischen Raffinessen ausgestattete Seminarräume, die rustikale Kutscherstube sowie das gemütliche Restaurant und die angenehm beschattete Terrasse machen den Komfort und die Behaglichkeit des Hauses aus. Auf dem Gelände spazieren gehend und die uralten Bäume bestaunend, fällt einem auch eine hübsch restaurierte Scheune ins Auge.

Dahin lädt Andreas Barth jeden Sonntagnachmittag zum Kaffee ein. Feine Pralinen und Kuchen kommen aus der hauseigenen Konditorei. So verwöhnt macht ein erneutes Hinüberwechseln nach Thüringen an die Cocktailbar der Villa „Il Mio" doch doppelt Freude.

KULINARISCHE EMPFEHLUNGEN

KULINARISCHE EMPFEHLUNGEN

KULINARISCHE EMPFEHLUNGEN

KULINARISCHE EMPFEHLUNGEN

VERZEICHNIS DER REZEPTE

ISBN 3-8295-6416-3

ISBN 3-8295-6402-3

ISBN 3-8295-7309-X

ISBN 3-8295-7301-4

KULINARISCHE
ENTDECKUNGSREISEN ...
... DURCH DIE SCHÖNSTEN URLAUBSREGIONEN

ISBN 3-8295-7310-3

ISBN 3-8295-6413-9

ISBN 3-8295-6417-1

ISBN 3-8295-6423-6

ISBN 3-8295-6419-8

ISBN 3-86528-300-4

ISBN 3-8295-7303-0

ISBN 3-8295-7302-2

ISBN 3-8295-7304-9

ISBN 3-8295-7308-1

ISBN 3-8295-6420-1

ISBN 3-8295-6421-X

IM HERBST 2004

ERSCHEINEN...

Silke Martin / Brigitte Offenberg

Eine kulinarische Entdeckungsreise durch Rheinhessen

160 Seiten, 300 Farbfotos, Rezepte und 1 Karte
ISBN 3-86528-304-7
€ (D) 29,90, € (A) 30,70, sFr 47,80

Udo Eckert / Mechthild Schneider

Eine kulinarische Entdeckungsreise durch Bayerisch Schwaben und das Allgäu

160 Seiten, 300 Farbfotos, Rezepte und 1 Karte
ISBN 3-86528-305-5
€ (D) 29,90, € (A) 30,70, sFr 47,80

Dr. Ute Paul-Prößler / Johann Scheibner

Eine kulinarische Bierreise im Herzen Bayerns

184 Seiten, 400 Farbfotos, Rezepte und 1 Karte
ISBN 3-86528-309-8
€ (D) 29,90, € (A) 30,70, sFr 47,80

Uta Wagner / Nadia Richardt / Regina Jacobsen

Eine kulinarische Entdeckungsreise durch Schleswig-Holstein

160 Seiten, 300 Farbfotos, Rezepte und 1 Karte
ISBN 3-86528-308-X
€ (D) 29,90, € (A) 30,70, sFr 47,80

Angela Liebich / Micaela Seiferth-Wilde

Eine kulinarische Entdeckungsreise durch Thüringen

232 Seiten, 500 Farbfotos, Rezepte und 1 Karte
ISBN 3-86528-302-0
€ (D) 29,90, € (A) 30,70, sFr 47,80

Cornelia Haller / René Paetow

Eine kulinarische Entdeckungsreise durch Oberösterreich und das Salzburger Land

232 Seiten, 500 Farbfotos, Rezepte und 1 Karte
ISBN 3-86528-306-3
€ (D) 29,90, € (A) 30,70, sFr 47,80

Udo Eckert / Mechthild Schneider

Kulinarisches Reisebuch

192 Seiten, 24,6 x 27,7 cm, 400 Farbfotos, Rezepte und Karten
ISBN 3-86528-307-1
€ (D) 29,90, € (A) 30,70, sFr 47,80

Klaus Bednarz / Petr Blaha / Armin Faber

Spitzenweine aus Österreich

192 Seiten, 500 Farbfotos, Karten
ISBN 3-86528-303-9
€ (D) 34,90, € (A) 35,90, sFr 55,80

Gertrud und Eberhard Löbell / Björn Kray Iversen

Die kulinarische Pfalz

272 Seiten, 600 Farbfotos, Rezepte und 1 Karte
ISBN 3-86528-311-X
€ (D) 34,90, € (A) 35,90, sFr 55,80

Angaben für alle Titel: Hardcover – 24 x 30 cm – Fadenheftung

Alle Titel erhalten Sie bei Ihrer örtlichen Buchhandlung. Für weitere Informationen über unsere Reihe wenden Sie sich direkt an den Verlag:

UMSCHAU :

Neuer Umschau Buchverlag | Maximilianstraße 35 | 67433 Neustadt/Weinstraße
Telefon 0 63 21/877-852 | Telefax 0 63 21/877-859
e-mail: info@umschau-buchverlag.de | www.umschau-buchverlag.de

IMPRESSUM

© 2004 Neuer Umschau Buchverlag GmbH, Neustadt an der Weinstraße

Gestaltung und Satz
Kassler, Grafik-Design, Leipzig

Reproduktion
Lithotronic-Media, Frankfurt/M.

Texte
Micaela Seiferth-Wilde, Leipzig

Fotografie
Angela Liebich, Leipzig

Karte
Elsner & Schichor, Karlsruhe

Herausgeberin
Katharina Többen, Neckargemünd

Druck und Verarbeitung
Media-Print, Paderborn

Printed in Germany
ISBN 3-86528-302-0

Die Ratschläge in diesem Buch sind von den Autoren und dem Verlag sorgfältig erwogen und geprüft, dennoch kann eine Garantie nicht übernommen werden. Eine Haftung der Autoren und des Verlages für Personen-, Sach- und Vermögensschäden ist ausgeschlossen.

Sofern nicht anders angegeben sind die Rezepte für vier Personen vorgesehen.

Besuchen Sie uns im Internet
www.umschau-buchverlag.de

Titelfotografie
Rücken vom Rhönlamm im Steinpilzmantel mit Gemüselasagne, gebackenen Kartoffelpilzen und Grießroulade, Romantikhotel Sächsischer Hof

Wir bedanken uns für die uns freundlicherweise zur Verfügung gestellten Fotos bei:
hve Eichsfeld Touristik, Leinefelde
Ralf Halbhuber, Studio 1, Heiligenstadt
Thüringer Tourismus GmbH, Erfurt
Tourismusverband Kyffhäuser e.V., Bad Frankenhausen

Angela Liebich & Micaela Seiferth-Wilde